·江淮名师成长之路·

心向彼岸，道在路上

—— 一位青年特级教师的成长省思

骆正位◎著

安徽师范大学出版社
·芜湖·

图书在版编目(CIP)数据

心向彼岸,道在路上:一位青年特级教师的成长省思/骆正位著.—芜湖:安徽师范大学出版社,2019.3(2025.1重印)

ISBN 978-7-5676-3567-8

Ⅰ.①心… Ⅱ.①骆… Ⅲ.①教育工作-文集 Ⅳ.①G4-53

中国版本图书馆CIP数据核字(2018)第107120号

XIN XIANG BI'AN,DAO ZAI LU SHANG

心向彼岸,道在路上

——YI WEI QINGNIAN TEJI JIAOSHI DE CHENGZHANG XINGSI

——一位青年特级教师的成长省思

骆正位 著

责任编辑:王一澜

装帧设计:丁奕奕

出版发行:安徽师范大学出版社

芜湖市九华南路189号安徽师范大学花津校区 邮政编码:241002

网 址:http://www.ahnupress.com/

发 行 部:0553-3883578 5910327 5910310(传真) E-mail:asdcbsfxb@126.com

印 刷:阳谷毕升印务有限公司

版 次:2019年3月第1版

印 次:2025年1月第2次印刷

规 格:700 mm × 1000 mm 1/16

印 张:15.25

字 数:242千字

书 号:ISBN 978-7-5676-3567-8

定 价:65.00元

江淮名师成长之路
编委会

（按姓氏笔画排序）

总　序

从理论上说，教师专业发展存在“补缺”和“成长”两种主要模式。前者主要是为了弥补教师在教育教学上存在的某些缺陷而开展的培训活动，旨在提供一种外在于教师的知识、技能，以弥补教师存在的这些素质上的不足和缺陷，促进教师的客体性发展；后者主要指与教师对其自身教学实践进行持续性探究相伴随的各种发展活动，促进教师的主体性发展。近些年来，我国教师专业发展多采用是的一种客体性的发展方式，即试图通过各种各样的培训来弥补教师存在的知识、能力或观念的“缺陷”，以期达至专业发展之目的。相对于教师培训这种客体性的发展方式，是教师作为教育活动和专业发展的主体，基于教育实践进行自我式、伙伴式或团队式的探索发现、经验总结、深度反思，实现经验的生成和分享，实现一种主体性的专业成长。

为此，近年来我们发起成立的安徽省教师教育协同创新中心，在开辟教师教育协同创新实验区，开展教师职前培养模式改革的同时，注重与一线优秀教师的合作和协同，发掘他们在教育实践和职业生涯过程中积累形成的成长经验，并将此作为成功案例进行系统整理和编辑出版，提供给广大在职中小学教师在专业发展过程中分享。特别是安徽省政府及教育主管部门先后从全省中小学教师中遴选了一批“江淮好教师”“江淮好校长”“江淮好班主任”，他们的事迹虽然得到表彰和一定的宣传，但都不够系统、深入和完整，难以反映这些优秀教师在各种岗位上探索成长的心路历程。为此，安徽省教师教育协同创新中心联络这些优秀教师进行深度讨论和策划，希望他们将专业成长的历程和经验，以教育生活史的方式进行叙事和讲述并整理出来。这不仅有利于他们自己进一步的探索和成长，更是准备投身教师职业的师范生和广大中小学教师在职学习的活教材，也有利于他们探索和总结教师成长、发展的规律，促进教师专业发展研究和教师培训模式的创新。

《中共中央 国务院关于全面深化新时代教师队伍建设改革的意见》指出，“兴国必先强师”，“教师承担着传播知识、传播思想、传播真理的历史使命，肩负着塑造灵魂、塑造生命、塑造人的时代重任，是教育发展的第一资源，是国家富强、民族振兴、人民幸福的重要基石”，并提出“培养造就数以百万计的骨干教师、数以十万计的卓越教师、数以万计的教育家型教师”。习近平总书记在全国教育大会上进一步指出：“建设社会主义现代化强国，对教师队伍建设提出新的更高要求，也对全党全社会尊师重教提出新的更高要求。人民教师无上光荣，每个教师都要珍惜这份光荣，爱惜这份职业，严格要求自己，不断完善自己。”新时代教育呼唤党和人民满意的高素质、专业化、创新型教师队伍。围绕新时代教师教育建设，党和国家制定出台了一系列重要的教育政策措施，但最关键的还是广大教师自身的思想自觉和行动自觉，牢记使命、不忘初衷，爱岗敬业、教书育人，改革创新、服务社会。

我们遴选的这些优秀教师都是扬名一方的江淮名师。他们或在城镇或在乡村，工作的环境和条件各不相同，但他们都执着于教书育人，有着热爱教育的定力、淡泊名利的坚守，更有着在教育实践中不断探索、创新的活力和韧劲。他们将自己的成长之路系统回顾和梳理出来，从中看到他们探索的步履、成长的足迹、成功的欢欣。我在阅读过程中一次次为他们的故事所感动，也从他们的成长之路中得到启示和教益。相信准备投身教师职业的师范生和广大中小学教师，通过这些江淮名师成长的活生生的故事和心语，同样能够领略和分享到乐育英才的成就感和幸福感。

这套丛书由安徽师范大学教育科学学院周兴国教授和我总体策划，辛治洋教授、李宜江教授、聂竹明教授、吴支奎副教授、徐赟副教授、孟庆娟老师和柳丽娜博士、马兴博士等做了大量的具体工作，尤其得到各位作者的鼎力支持，安徽省教师教育协同创新中心和安徽师范大学教育科学学院提供了出版资助，在此一并致谢！

是为序。

阮成武

二〇一八年十一月一日

成长，有模有样

所有成长都有它独特的模样。

有些人与你朝夕相处，所以你能亲眼见证他的成长，他的变化；而有些人相隔千里万里，你所见有限，却也分明能想象到他拾级而上的过程。我是从课堂走出来的，自然愿意看到更多的年轻教师热爱儿童，热爱教学，希望他们能够胸怀理想，并矢志不渝地实践、思考、长大。青年教师是种子，是风，是白云背后的蓝天，他们播下希望，摇动森林，成全底色。所以，当我看到我熟悉或不熟悉的年轻人诗意地栖居在教育的土地上，那般沉醉幸福，那般风雨兼程，我的心里便会升腾起无尽暖意。因为，只要他们还在进步向前，教育就永远有力量。

骆正位老师是众多“70后”教师中颇具代表的一位——沉静、稳重、好学、真诚。我在北京，他在安徽，却因为共同的语文教师身份，也因为几次特别的交往，我们居然熟识了。2008年，安徽芜湖的一次学术交流活动，是他代表主办方负责联系我、接待我，热情礼貌、谦逊周到是他留给我的最初印象；2009年，在贵阳的又一次观摩活动中，他与我一样受邀上课，我与他便有了一次深入的对话；2010年，我邀请他和他的校长到清华附属小学上课讲学，他质朴的课堂教学与思考给与会老师留下了深刻的印象；2013年，再到芜湖，我上课，并邀他现场评课分享，这算是我和他又一次关于课堂教学的对话；2014年，他的名师工作室成立，我送去了视频祝福，希望给他更多的勉励与力量。当时间来到2018年夏天，当看到他的这本书稿时，我再次感受到的是这位青年教师一直保持的行动与执着，一直深沉的热爱与坚守，一直存留的梦想与初心。与其说我看到的是一本书，不如说我看到了一位普通教师不断向上、不断成长的模样，也自然很高兴地接受了为他的书写序的邀约。

这是一本看得见真诚、朴实，又不乏思想与情感深度的书。它呈现的是

“一位”特级教师的成长经历与思考，却也为“所有”期待成长的教师勾画出了基本的方略和路径。于是，我很想借此机会再谈谈我对“成长”的理解。

你定要有跨入教育门槛的心向锻造。孔子有云，“虽不能至，心向往之”。都已经决定要做一名教师了，如果还不试着去解决“为什么做老师”“要不要做好老师”这些关乎心向的问题，那教育之门就不会真正向你打开，你就不能像骆正位老师那样饱含真情地走进师范生活，接受师长、同学、课堂、生活的洗礼，完成从学生到教师的“开悟”与“蜕变”。我喜欢他这样的表达：“既然选择做老师，那就做个像样点的老师，让自己变得‘学高’，满腹经纶、口吐莲花，成为孩子们心目中崇拜的人，感觉应该不错；让自己尽量‘身正’，堂堂正正、有模有样，做好人，做好老师，人生应该可以圆满。”

懂得感恩或许是不断成长的金钥匙。我隐隐觉得“感恩”是这本书的另一条线索。每一段行走，每一次体验，每一轮感悟，每一回进步，我都能读到骆正位老师深埋心中的感恩：对环境，对老师，对领导，对同事，对朋友，对学生，甚至对素未谋面的人。他一定知道，自己的成长，除了有赖于强大的内驱力，还有赖于这个时代以及这个时代里他遇见的每个人。于是，他才有这样的感悟：“……我说的‘朋友圈’其实更像是广义上的职业生活圈。它给我提供了一种心理环境，一种成长土壤，一种外在动力，在我二十多年的职业生涯里，它构成了我积极向上的重要外因。”

对儿童无所谓就难成所谓的好老师。骆正位老师对儿童的爱与陪伴，让我读来动容，颇觉欣慰。他说：“他们相信我说的所有的话，他们便教会我说好我的话；他们在乎我做的每件事，他们便引导我做实我的事；他们需要课堂有意思，他们便教会我琢磨课堂的意思；他们需要被欣赏，他们便教会我懂得欣赏。”这像是一种宣言。没错，它就是一种宣言，一种在乎儿童、研究儿童、读懂儿童的宣言。它更为所有年轻的老师指出了一条路：若想成长儿童，就一定要先成长自己；若想对话儿童，就一定要完成自己内心关于儿童的对话。儿童永远是教师越来越好的理由与动力。

你非得在课堂教学里摸爬滚打不可。好老师，好课堂；好课堂，好老师。教师的阵地在课堂，教师的核心价值也必须靠课堂去实现。骆正位老师能够找到职业的幸福感、归属感，一定程度上取决于他在课堂教学中确立了自身的价值追求，并持之以恒，不断探索。对常态课保持反思，对比赛课追求本色，对研究课发掘深度，成全了他在课堂教学中的专业理解："对课的评价，我更愿意看学生在课堂里的状态，'教'如果不落实到'学'上来，无异于'花拳绣腿'，甚至'本末倒置'。"这种笃定与从容，轻视课堂、敷衍教学的人是无法感悟到的。

读书与写作是专业进阶的不二法门。我希望每一位老师都要"做有专业尊严的老师"，而"专业尊严"的底气来自读写的厚积。初见骆正位老师，他是青涩的，而十年后读到他写的这本书，文字里流淌的感性是充沛的，理性也颇具亮度。我不知道他这些年如何管理着自己的时间，但可以确认的是，他一定在阅读、写作、思考，否则他怎么能得到这样的解放和领悟呢："如果说在我用写的方式面对生活之前，我还能凭着自己的乐观、豁达，凭着自己的'朋友圈'去消解和忘记问题，写作之后，我则找到了一条恒久、稳定的突围手段，少了挣扎，少了迷茫，少了无谓的伤怀和埋怨。"

借力环境或者改造环境全在于自己。印度心灵导师克里希那穆提说："你必须非常真切地理解这一点，你不可能拥有你自己的方式。要么你学会通过了解和理智去适应，要么你被新的环境制服。"骆正位老师适应环境的"理智"是借力和改造。二十多年的工作经历，他能被环境积极地牵引、带动而不至松懈，他也能用心地参与环境改造而不至"走失"。于是，环境便是给他的恩赐，环境也是锻造他的熔炉："感恩她吧！因为一直有她才会有现在的你和未来的展望。感恩她吧！只有她才会毫不掩饰地给你真容，推你向前。"哈哈，如此多情地对待环境，我都止不住要乐出声来。

看啊，我最亲爱的老师们，这本成长省思给我们呈现了一个具有普遍意义的成长样态，如果你愿意，你也能有模有样地徜徉出属于你的精彩的职业人生。

窦桂梅

二〇一八年七月十八日

很远，也很近

彼岸，很远
那是只有心灵
可以到达的地方
彼岸，也很近
每一步都能遇见
多彩的风景

这些年，我常常不自觉地算一笔账：我在师范学校学习了三年，真正成为小学教师整整二十五年，两者相加，我与教师职业同轨已有二十八个寒暑春秋。即便算上延迟退休的时间，我的职业生涯也只剩下二十年多一点。此时，你会感受到“弹指之间”“日月如梭”的无情，也会觉得“流年似水”“时光荏苒”的直白冰冷。时间，过得可真快！所有人都无法改变它不断向前的脚步——无论你勤奋还是懒惰，成功还是失败，都一样会度过你的时间。不同的是，有的人在自己的时间里可能会留下熠熠生辉的精彩脚印，而有的人可能会徒留伤感、怨怼、懊恼与悔恨。我好像不算虚度，自然有些许收获。

做教师，是我成年人生的过去式和现在时，不出意外，也必将是我事业的尾章与归宿——毕竟，我已在做教师的过程中把自己深深烙进了这个职业，也在做教师的过程中把自己变成了现在的样子。人生有限，我们没有太多的时间去左顾右盼，三心二意，既然已经遇见教师这个职业，我为什么不认认真真地做一回教师呢？我给自己取了个网名叫“风中立人”，是想借此勉励自己：“人生为一大事来，我愿在风中守候，书写站立的大写的人。”这就是我的“彼岸”。

“彼岸”很远很远，远到我一直靠近，却仍未触及。

如果我把当好教师、“书写站立的大写的人”作为自己今生的“大事”，那何时才能确认我“当好”了教师？怎样才算成了“站立”的“大写”的“人”？或许，我永远无法找到确切的答案，得到清晰的评价。但这又有什么关系呢？我需要这样的憧憬和浪漫，需要带着对“彼岸”的好奇、冲动、固执去奔跑，去寻找，去靠近，只为那可能的抵达与拥抱。失去了这份向往，我便成了没有根茎的树，没有骨架的马，撑不了多久就要倒塌、趴下；就算是蠕动，我也没有扭动腰肢的力量，没有寻找庇护所的勇敢。这二十多年里，我曾经困在这个职业的清贫中，徘徊过、犹豫过，想到过远离；也曾经无奈于环境支持的无力，焦虑过、错愕过，梦想着攀升；还曾经经受过各种发展的挫败，动摇过、失望过，几乎要放弃。可是，就在这成长的困境里，我幸运地遇到了一个又一个“重要他人”，校长、同事、名师、朋友……他们用他们的信念、昂扬、乐观、成就勉励着我，开导着我，看着他们，听着他们，读着他们，我最终不致沦落；我更在一拨又一拨孩子的陪伴下，感受着生命的魔力，体验着成长的奇妙，他们给我的信任、包围、拥抱以及因为他们而得到的嘉许、赞扬，不断为我注入继续前行的能量与希冀；还有我最亲爱、淳朴的家人，他们是我得以留守、坚持下去的强大背景，我辛苦时他们慰劳我，我松懈时他们敦促我，我失败时他们给我鼓励，我成功时他们振臂欢呼，他们从不向我苛求什么，永远那么温暖地等候、围绕，给我无穷向前的信心。于是，就在这奔跑的路上，我“被一只蜗牛牵着”，闻到花香，感到微风，看到了满天的星斗，听到了鸟叫虫鸣。彼岸虽远，我却能总在路上。

其实，“彼岸”又近在咫尺，每天都可以与我们照面。

课堂中有彼岸。课堂，就是教师与学生一道成长的地方。教师能走多高，学生就能走多远。教师如能不断提升自己的教育教学技能，并不断发现教育教学的奥秘，学生就一定能学得更加开阔，学得更有成效。这二十多年，我一直未曾离开的就是课堂。我调动自己全部的热情去向优秀的人学习，去改进自己的教学，去听课赛课，去议课探讨，去阅读深思，去研究课题。在一个台阶一个台阶往上攀登的时候，我学会了反思，获得了理性，挑出了毛病，优化了策略，也便在课堂教学的高处看到了不一样的风景。我突然明白，我站立的此处不就是我过去的彼岸吗？我都已经来了，还有什么理由不再次出发，去寻找新的生长点，新的彼岸？

陪伴中有彼岸。我总觉得，好老师的“理想信念”“道德情操”“扎实学识”以及“仁爱之心”都要体现在对学生的影响上，否则，至少他不能算是好老师。我被这个职业深深吸引的关键在于儿童，是他们的澄澈、天真令我动容，是他们的拔节、颖悟令我敬畏。我正是在陪伴中领悟到，好教师就是要把理想信念渗透于儿童的幸福与成长中，就是要把道德情操倾注于为儿童的护航上，就是要把扎实学识用在理解儿童、促进儿童、发展儿童上，就是要将满腔的仁爱灌注到“为了儿童”的大事业上。我们迈出的每一个正确的步伐，我们陪伴他们的每一个日子，都是心的朝圣与摆渡——彼岸，就在我们的脚下。

阅读中有彼岸。我一直在读书，但真正自觉地去读是因为做教师的喜悦与恐慌。教育那么有意思，我怎么能总是那么无知地在外围徘徊？我的教学与名师的教学差的不是技巧，而是底蕴，我需要在阅读中丰满；我的课堂更多的是经验，缺少学理的支撑，我需要在阅读中融通；儿童那么需要我的趣味、我的坚守，我需要在阅读中改变我的无力与凌乱。别人的脚步总走在我前面，我怎么能气定神闲地虚度时光？我读校长推荐的书，读书中论及的书，读名师写成的书，读寻找答案的书，读难读必读的书。读书，让我变成了另一个我——这个我，更相信未来，更相信彼岸，更有强健的身板，策马扬鞭。

写作中有彼岸。阅读与写作是亲兄弟，互帮互助，互相影响。阅读刺激着我写作的冲动，而写作也鼓动着我读更多好的书。读着那么多名师、专家写成的书，我突然发现我和他们过着一样的生活，却麻木着我的脚下与眼前。他们写课堂，我也有课堂，我为什么不去记录我与孩子共生的课堂？为什么不去寻找更好的路径、方法？他们写学生，我也有学生，我为什么不去凝视孩子？为什么不在儿童的表现中读懂儿童？他们写生活，我也有生活，我为什么就不能在生活中沉潜？为什么总被生活的光怪陆离牵绊？文字堆砌着时间里的我，也见证着我的直立与成长。蓦然回首，写作正领着我冲破阻障，争取到一张通向远方、逼近彼岸的船票。

同行中有彼岸。我的进步离不开团队，所以，我愿意把自己的成长经验分享给更多的后来者，让他们也能借力团队，快速成长。学校有庞大的青年教师群体，他们是未来和希望。我既然先行了一步，关于课堂，关于阅读，关于理想，关于行动，就可以贡献我的体验，带着他们少走弯路，让他们从一开始便能彰显教师专业的昂扬。我的身边还有来自工作室的老师，还有看着我们行走的后生，我便常常成为“伙伴”，成为“导师”，和他们一起读书、上课、反思、交流。他们困惑的领域是我不断耕读、追问的焦点。在他们身上我看到了过去的我，也在帮助他们的同时成全着现在的我，造就着未来的我。和他们一起朝向彼岸，这路上才不孤单。

未来已来，未来还在未来。心向着彼岸进发，令今生无悔，赏一路繁花！

以此，为序。

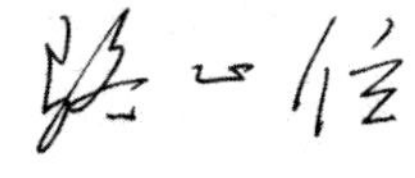

二〇一八年七月十日

目　录

第一章　师范开悟

职业人生宛如一场大戏，你就是那集编、导、演于一身的主角，不管你相信不相信，戏的开端与结局总有着千丝万缕的因果联系。我的职业人生在中等师范启幕，而当下的一切似乎都是过去投射过来的影子或者叫“效应”。别不相信“戏”的逻辑，它实际上藏着生活的真谛。

一、师范·生活

陶醉这里的生活，是真的
珍惜这样的学习体验
是真的，师范
我就这样来了

不是每一次选择都是深思熟虑后的决定。我成为一名师范生，似乎并没有什么征兆或复杂的酝酿和思考，一切都来得那么自然，一切也推进得那么妥帖。

20世纪90年代初期，绝大部分初中学子参加中考并不都是想往重点高中挤的。因为包分配，很多面向企业、事业单位输送人才的中专学校几乎成为首选；其次会想到也包分配、也有生活补贴的中等师范学校。隐约记得，我在中考前填报志愿时，父母、我以及关心我的师长们还是颇费心思的。我的成绩一直不错但不拔尖，我最终决定填报所谓的“定向”师范，一是考虑这样会多一个考学的机会——即便考不上，还有上县一中的可能；二是真考上师范，便有了个“铁饭碗”，对于苦读了这么多年的我来说，这个选项颇具诱惑；三是读不读大学对于当时的我还太远太模糊，心里并没有太大的渴望。因为家人不反对，我便坐等命运的安排。

于是，挑灯夜战，积极备考；

于是，第一次跨入改变人生轨迹的县中考场；

于是，在田间干活时收到了南陵师范录取通知书；

于是，父母张罗了喜宴热烈庆贺；

于是，接受难忘的面试，还唱了《在那遥远的小山村》；

于是，在北京第十一届亚运会开幕的那一天，父亲送我走进了校园，耳边满是“我们亚洲，山是高昂的头……”歌声回荡。

这是一个我后来才慢慢知道其实并不算大的校园，但对于我这样一个在农村长大的，只经历过村小、初中校园的少年来说，我的又一个母校——南陵师范已经够大、够神秘，她让我用了很长的时间去认识她、了解她、适应她、拥抱她。这里，最终成为我人生中跨越一大步的起点，成为我职业生涯中永难忘记的乐园。

我被这里完全不同于初中的青春氛围深深吸引，被来自各地的陌生而友好的同学吸引，被脱离父母关照完全自我独立的生活节奏吸引。只是，此时的我对“师范生”还没来得及细细琢磨，对未来的人生也暂时没空理会。但我必须严肃郑重地说：陶醉这里的生活，是真的；珍惜这样的学习体验，是真的——师范，我就这样来了！

现在想来，真像是冥冥中有谁在安排。而这个安排我人生转轨的人他一定知道我从小就喜欢小孩子，看到可爱的娃娃我总愿意多陪着他们玩一会儿，总喜欢与他们逗逗乐；他一定知道我心思单纯，我只是想再好好读书——是那种不再有苦苦考试压力的好好读书；他一定知道我“壮怀激烈”，对英雄对仁人志士无比敬慕，对国家的进步无比自豪，心潮澎湃；他应该还知道我颇有“文艺范儿”，喜欢唱歌，喜欢画画，喜欢看电视电影，字也写得不错。正是这些特质，让我很快适应并喜欢上了师范的学习生活，这里有太多以前没有的，吸引我的，我需要的东西。

首先，这里设置了丰富的课程。为顺承初中的学习，师范学校开设了语文、数学、物理、化学等课程，意在让我们这样的师范生的文化课有进一步提升，至少应基本达到高中文化水平。然后，还有我特别喜欢的书法、美术、音乐、体育课，甚至还有劳技课、国防课。少了决定命运的升学考试压力，我真正体会到了学习的快意淋漓，体会到在实践中学、在做中学的满足。当然，这里还有丰富得令人窒息的活动，歌咏比赛、运动会、写字比赛、羽毛球赛、学雷锋活动……这些我曾经梦想过的学习生活，就这样变成了现实。于是，安静的夜晚，我躺在床上，在心里甜蜜地默念着：选择师范是对的，选择师范是对的……

其次，这里创造着全新的生活。读书人都会做一个诗意的梦，那梦里有琴棋书画，那梦里有轻歌曼舞，那梦里有同窗好友，那梦里有朗朗乾坤。我在师范切实体验着完全不同于以往的生活内容和生活方式。九个人同住一室，上百人同住一院，要自己安排自己的课余生活，自己规划自己的时间。你若松散，没有人总盯着你，但你却觉得过意不去；你若勤奋，也没人总夸奖你，但你内心会自我认同。与其说这是一段生活体验，不如说是它让我逐步褪去青涩，懂得自律、自省与独处。这里的一切对我都是新鲜的，这里的挑战对我都是新的命题，可你不会厌倦，因为你总会从中获取快乐、成长、充盈与满足。

再次，这里给了我选择的机会。师范以前的生活，我更多是被动地适应，或者说是按照老师的、父母的要求在学习、生活，但这里之所以充满魅力，除了有“规定”“规范”，还有可以让你选择的空间，正是这种“可以选择”在不经意间检验着你的自我期许和兴趣倾向，成熟着你的理性判断和意志品质。人的成长需要经历这样的过程。师范生活中，课余时间你可以自行安排，兴趣爱好你可以自由培养，如何消费由你自己做主，怎样学习全凭你的自觉。一种从未有过的“自由”空气扑面而来，你能做的就是判断、抉择、实践，再判断、再抉择、再实践。花季在这里铺展，也在这里蜕变。真好！

最后，这里赋予我满满的想象。学校教学楼上方书写着八个大字：学高为师，身正为范。它阐释着“师范”的意涵，也鞭策着我们这些涉世未深的未来教师。每天上课走向教学楼或者散步时昂首，这八个字便映入眼帘，直向内心扎根。再加上老师们的“传道”，这八个字几乎成为我三年师范生活一道无形的令牌，也成为我对似乎已成定局的未来人生的基本要求——既然选择做老师，那就做个像样点的老师，让自己变得“学高”，满腹经纶、口吐莲花，成为孩子们心目中崇拜的人，感觉应该不错；让自己尽量“身正”，堂堂正正、有模有样，做好人，做好老师，人生应该可以圆满。

二、师之启蒙

他们用最朴实的师者形象
深深影响着我们
给了我做一名教师的
美好想象

我的父亲是个性格爽朗的商人，从我开始上学起，记忆中总有他表现出的对老师的无比敬重，以至于对老师，我从来都有一种无言的敬畏和亲近感。这大概与父亲的影响多有关联。

小学的老师不用说，那是同处一个行政村的熟人熟事，父亲与老师的交流自然没有问题。令我称奇的是，父亲居然愿意也能够与我初中的、师范的班主任都有所交流——现在看来，处在那个年代，父亲能够对自己儿子的成长如此关注，能够与老师做那样深度的交流，委实不易。特别值得一提的是，父亲与我读师范的班主任吕绍发老师年龄相仿，他们在我毕业后很多年，还通过电话祝贺新年，相互来往。父亲是我的第一任恩师，而求学的路上，尤其是师范学校的三年生活中，我更是幸运地遇到多位恩师，他们都对我产生了不小的影响，很多细节仍历历在目。

诚然，我所就读的南陵师范学校，不是多么了不得的高等学府，但20世纪90年代前后，这里确有着令人称羡的雄厚师资。因此，这所学校在当时的全省乃至全国中等师范学校中都算是有实力、有活力、有竞争力的好学校。那个年代学校不兴排名，我们读书时也不会关心这个，只是觉得我的老师们敬业、严格、认真、有水平，我爱上他们的课，极想变得像他们那样博学、善教，极想与他们接近。于是，心向就变得很明确：认真地上好他们的课，博得他们的认可。

吕老师，陪伴我三年的班主任，一位出生于20世纪50年代的“学雷锋标兵”，做他的学生，自然想赢得他的欣赏。见他的第一面是在报到当天的宿舍里。我们刚领完编有号码的脸盆、饭缸、被单、被套、蚊帐等物品进入寝室布置，一位个头不高、脸庞瘦削、短发花白、面带笑容的长者走进我们的寝室，经一位熟识他的同学介绍，知道他是我们的班主任。他特别来看看他的学生们，用一种家长式的关怀、体贴完成了与我们大多数人的第一次谋面。接下来，他的身影便常常出现在两个地方，一个是教室，一个是寝室。来教室是给我们上“心理学”，是查看我们的学习状态；到寝室则是盯我们的生活起居，不允许翘课或懒于内务。就这样，我们班级的纪律好、学风正，各方面的表现多能得到授课老师的好评，得到学校的表扬。一批个性强、性格倔的同学，在吕老师面前毕恭毕敬，不是因为他要求严，也不是怕他“搞心理学”，而是诚服于他的敬业，他的认真，他的在乎，他的走近。我三年师范的安静求学，吕老师恰似一位严格而又贴心的家长给了我有力的护航，这份幸运现在想来仍心存感动。

于我而言，吕老师还是我的二胡启蒙老师——我在师范学校的第一个课余兴趣班的老师。他免费培训，我开心学习。从此，一扇奇妙的艺术之窗慢慢向我打开，我的师范生活开始变得缤纷多彩。

在学生的眼中，吕老师是一位纯粹的长者。他执着于他的事业，他的岗位，他的课堂教学；他醉心于他的学生，他的班级，他的教育管理。胡冬银同学毕业前送了一张周恩来画像给他，并赠言“爱满天下”，老人家硬是像宝贝一样地贴在他的客厅里二十多年不曾更换。他和师母都说，他敬爱周总理，喜欢这幅画，所以一直保存。我更愿意说，画中的“爱满天下”是他老人家精神的写照，也应是他一直用来勉励自己的为师者的方向。

必须要承认，书法学习是我师范生活中的一抹亮色。也许是父亲爱字，也常在我小的时候写毛笔字的缘故，我在小学就对书法表现出和别人不一样的兴趣，甚至在全乡的毛笔字比赛中凭着天赋的字感获了奖。但真正接触书法，真正入门，还是在师范，在金学明老师的课堂。金老师在我进入师范读书时已经50多岁，临近退休，头发花白，但精神矍铄，不紧不慢，给人很强的安全感。他选择柳公权的字教我们入门，一个笔画一个笔画、一种结构一种结构地教，认认真真，扎扎实实，让我们懈怠不得。因为我有一定的基础，金老师自然很快发现了我，并常常拿我的作业表扬一番。这当然地给了我心理暗示，给了我不少的信心。在金老师的鼓励和悉心指导下，我们还学习了赵孟頫的行楷，自学了王羲之的行草，学习书法的热情也日益高涨。正是在师范学校学习书法的经历，使得写字（还不敢称为书法）成为我二十多年来一直不曾放弃的爱好和牵挂。毕业后，我和师兄姚金中一道去看望过退休的金老师，老人家依旧平和，依旧亲切，能清楚地记得他的这两位学生。虽然白发多了不少，但满屋子的书香墨宝，足见他生活得闲适、满足。感谢老师，他不仅教会我书法，更教会我如何安静，如何坚持，如何慎独。是书法，开始了我全新的人生领悟之旅。

师范生活中，令我难以忘却的还有杨雪梅老师。她是美术老师，我们入学时，她也是刚刚毕业不久，文静优雅，对工作充满热情，我们这些从农村来的男孩自然被她吸引。她告诉我们，如果感兴趣，可以利用晚自习的时间免费参加她的美术辅导班。一开始确实去了不少同学，但画着画着，能坚持下来的便为数不多了，我是少数坚持下来的学生之一。是杨老师将我带入了专业美术之门，甚至在相当长的一段时间里美术几乎成了我专攻的方向。因为我很想借此圆大学梦，很想借此有深造的机会，很想借此创造更好的未来。杨老师当然知道我们这些坚持着的学生心里在想什么，她当然也就是这样带着我们不断追梦。她耐心、细致，始终保持着她惯有的恬淡和宽容，可恰恰是她的耐心与宽容，让我们这些学生们不好意思马虎，不忍心懈怠，生怕让她失望。这段梦最终因为我得以就职于安徽师范大学附属小学（以下简称“安师大附小”）而告终，但我不能不感恩那段经历，感恩敬爱的杨老师。

师范的三年生活，给我影响、令我敬仰的老师何止以上三位！有太多的老师为人师表，值得敬爱。

你能想象到老师会在周末的时候到寝室看望学生，并对学生像兄长一样弹吉他，聊人生吗？我的体育老师——舒龙，他做到了。

你能想象到劳动技术老师真的会将课堂搬到田间地头，实地考察，实物分析吗？我的劳技老师——朱益群，他做到了。

你能想象到语文老师煞有介事地告诉同学，骆正位的这篇小小说写得好，并认认真真地朗读了全文吗？我的文选老师——邓柏林，他做到了。

当然，我还记着我的物理老师米云升，化学老师程源南，数学老师何嗣江，音乐老师吴卫胜，地理老师白代娣……

他们用最朴实的师者形象深深影响着我们，给了我做一名教师的美好想象。我不能确认是哪一位老师从根本上影响着我的职业取向和后天的感悟，但这个可爱的老师群体，着实从根本上为我们树立了高高的师范，大大的坐标。

“学高为师，身正为范”，这是他们给我的职业启蒙。

三、我的兄弟姐妹

大家都一样的质朴
一样的青葱
一样的爱做梦

我就读的是普师班，亦即普通师范班之意。当年，与普师班同时开设的还有技工班、民师班，好不热闹。相比之下，普师班的学生年龄小一些，技工班稍长，民师班的学生很多都是和我们老师一样的年龄了，他们是要通过这里的就读实现转正。当然，普师班是南陵师范的主体，一个年级三个班，共三个年级，我在九〇级三班。

全班有四十多位同学，分别来自当时的芜湖、繁昌、南陵三县，多半是农家子弟，少数来自城镇。但大家都一样质朴，一样青葱，一样爱做梦。在我们的青春相互交集的三年里，大家能从茫茫人海中相遇，本就是很神奇的事情，如果把很多人因此结下了深厚的友谊，甚至成为一生同行的伙伴算上的话，就更令人感叹生活，感恩岁月了。

四十多位同学，四十多个兄弟姐妹，这是我师范生活的另一种收获，也是我在那块人生高地上看到的最活泼的风景。他们每个人都有自己的特质，每个人都有自己的个性，或张扬，或文雅，或谨慎，或大方。他们很多人的样子已经深深烙进了我的记忆，而记忆的内容全是20世纪90年代开始的那最起初的三年。

刘天西，这位长得短短粗粗，有着结实身板的家伙，号称咱107寝室“老大”，和另一位“老大”愣是三年的时间也没扯清。同室的兄弟乐见他们掰扯，毕竟为清淡的学生生活带来不少欢笑。我和他之所以走得近，联系得紧，还是源于共同的爱好——绘画和书法。这位老大可是太勤奋了，常常会在我疲倦或是略显懈怠的时候，用他的努力为我打一剂强心针。有整整两个暑假，我俩还有几位其他不固定的同学借宿学校学习美术，共度了多少个清苦却快乐的时光，友情自然也因此夯实。我记得，三年里我俩最为疯狂的一次，是利用周末的时间自己坐车到泾县买文房四宝，惊动全室兄弟；最为励志的一次，是我俩步入安徽师范大学校门的时候，笑谈一定要考进这所高校。结果，我俩都没有做成那个美丽的梦。我被录用到了安师大附小，开始了职业生涯；他依然保持着勤奋的本色，成为地方优秀的小学教师，在我诸多的室友中他是第一个评为小学高级教师的人。可令人遗憾的是，在我们2008年毕业十五周年同学会之后的第二年，他便在一场车祸中离开了我们……这个属牛的家伙，就这样把硬实、勤奋、耿直的样子深深地锁进我的记忆，他那不服输的劲儿一直给我以鞭策。

老八，是寝室兄弟对高恒怀的习惯称谓。他在寝室九个人中间排行老八，我与他只是月份上的一点点差异，成为寝室里唯一比他小的人。他不大爱运动，却喜欢拉二胡、弹吉他、吹口琴、练书法；他憨厚却不乏幽默，常常为大家带来欢笑。他的诸多爱好与我形成交集，我们在一起的机会自然就多了；也因为我们俩情趣相投，年龄相仿，在一起的交流自然更多，相互之间无话不谈。记得我俩在池塘边练习相声并在班级联欢会上表演，自此为他奠定了“谐星”的地位；记得我带他参加美术班同学聚会，他高唱《红高粱》插曲《酒神曲》，一唱成名；记得咱俩一起切磋书法，深夜不愿睡下；记得一个冬天我全身过敏，他硬是耐心地做我的“痒痒挠”。这种相伴，现在看来不仅是相互的鼓励、取暖，更是兄弟般的情感历练，让我们在人生的花季学会了如何共处，学会了彼此欣赏。

“老九，你肯定行！”这是一个晚自习前，女生佘晓媚同学边上楼梯边送给我的鼓励。安师大附小确定在南陵师范招老师的消息出来之后，我们临近毕业的全年级同学当然炸开了锅。这消息几乎令人难以置信。更多的同学放弃了争取，而我也处在半信半疑、欲说还休的状态。毕竟南陵师范学生基本是定向回乡镇，最好的是进县城，能够毕业分配到芜湖市，还是安师大附小，我几度怀疑这个消息的真实性。当然，我没有坚定参与选拔的态度，还因为一些不够确定的信息干扰。这个时候，很多同学都鼓励我参与，佘晓媚是其中的一位。她在同学中以性格爽朗、说话直接著称。经她这么一鼓励，我还真是放下了之前的犹豫、疑虑，决定放手一试。这一试不要紧，全班同学都在选拔课上成为我的“学生”，和我配合着上了一节《狐狸和乌鸦》。在大家的鼓励、支持下，最终我脱颖而出，成为7位推荐选聘的学生之一，到安师大附小实习、考核，并最终留在了安师大附小。回头看看，似乎有“蝴蝶效应”的影子，而那个带来原初动力的翅膀就是我的兄弟姐妹。

抹不去的那片亮色，属于三年的师范时光，而太多同学给我留下的不只是印象——

形象、歌喉俱佳的吴兴梅，常常带着我们在晚自习的时候练习唱歌，那“驿动的心”随着流行歌曲唱出了欢愉，唱出了花季的活力，花季的梦。

高大魁梧的“大师兄”周能文，其敦厚、持重一直是大家学习的榜样，而南师“校卫队”选择他当队长，更是看重他良好的组织和处事的能力。

颇有美术细胞，也常常有艺术装束的鲁坤元，在他的影响下，我第一次让自己的头发卷了起来，愣是在毕业前夕成全了自己唯一一次具有革命性的潮流发型。

文艺范儿的甘琼，因为属龙，且在班级最小，便被昵称为“小龙女”。她常常写文章在校刊《青年潮》发表，而我作为团委宣传委员有机会刻到她的文字，也偷偷学上几招。

当然，还有首任班长、至今被称为“老班长”的江文学，有酷爱锻炼、一身肌肉的丁方升，有和我轮流为对方打饭的恽廷中，有睡在我上铺的潇洒的陶家金，有和我搭档的副班长方晓红……

说不完的生活，说不完的情结，而主宰生活、点亮生活的永远是人。

那些鲜活的面孔，成为我从教多年来无法释怀的记忆。因为，对我这样一个全日制最高学历为中师的人来说，他们成全了我的“高校”梦，他们给了我完整、美妙的学习体验，他们给了我取之不竭的职业动力和行走的理由。过去的那一段不全是欢声笑语，可蓦然回首，每一种样式和内容，都有着令人着迷的甜蜜的味道。

同学，我的兄弟姐妹——他们注定是我人生的宝贵财富。

四、美妙的课余

一部分来自老师
一部分来自课余生活
一部分，来自那个
纯粹的年代

二十多年前的师范课余生活，已经远去，却是离我最近的课余了。毕竟没有读过全日制的大学，所以师范的课余成为我最常忆起的一种生活。

读书期间，心中总隐隐有这样的感觉，即将要做老师了，“一专多能”应该是我未来的模样，并觉得只有这样才能更好地吸引学生，成为他们喜爱的那种老师。当然，更是源于我的兴趣爱好本身就广泛，师范学校这样没有“高压”的地方，自然就成为我尽情享受课下，不断试探新奇的天堂。实践证明，这种多方面接触、尝试、体验的学习经历，对我之后从事的教育教学工作，确实助益良多。

我热爱运动，也多少有一些运动的潜质，于是，打篮球、打排球、踢足球、晨跑，凡是校园里有的，或是有老师业余时间愿意教的，我都积极参加，积极体验。其中打篮球是占用时间最多的运动项目。这不能不说是受舒龙老师的影响。到现在我都记得他在课堂上富有激情的一段话语：到了地方工作之后，如果球打得好，自然能得到更多的关注和机会，赢得更多的尊重和欣赏，也能强身健体，丰富生活。这么一引导，全班90%以上的男同学都常常泡在篮球场上。有时，约上邻班的同学来一场友谊赛，吸引诸多女同学加油、助威、欢呼，也是男生世界里不错的桥段。我的球打得不算太好，但动作规范，投篮手感不错，所以常能得到老师夸奖，也因此愈发喜欢它。

运动项目里，羽毛球完全是自发的、自悟的。多半是在体育课的自由活动时间里打着玩，或者是在吃过晚饭、晚自习之前这段空隙，几个同学找工友老马借副拍子便干上了。你来我往，还有楼上楼下各年级校友的观看，楼前花坛内的一小块空地居然成了大家交往的舞台、表演的舞台，技术也就这么练出来了。我还因为打得不错，代表班级参加过全校羽毛球比赛。所以，我必须承认，玩羽毛球这件事给了我极为美妙的课余体验。

我热爱艺术，且在这方面找到了自信，乃至赢得了同学和校友的称道。三年里，我报名参加吕老师免费的二胡兴趣班，放弃暑假进画室跟老师学美术，书法上勤学苦练，唱歌方面也算很有范儿，吹口琴吹得得意洋洋，吹笛子也有模有样，甚至还很是入迷地学习弹吉他好一段时间……一个来自农村的少年，对艺术的向往在那个相对自由、可选择的学生时代达到了沸点，甚至还肆无忌惮地有了做艺术家的梦。在诸多艺术学习的项目中，坚持时间最长、赢得赞誉最多的还是我的书法和绘画，这两者让我成为班级和学校的“名人”，成为大家心目中的“能人”。师范生爱字，而我常能在各种平台如书法比赛、宣传橱窗、校报校刊、班报班刊中得以展示，久而久之，“字写得好”让我成为这一届同学中的代表性人物，以至于后来的很多年，前后几届的校友还常常会提到橱窗里我写的毛笔字。

因为热爱艺术，我得以在师范生活中有了更多的交往，包括和很多搞艺术的老师、学长有交流，和其他班级志趣相投的同学成为好朋友。更重要的是，因为你有“特长”，你便获得了很多其他人不大容易得到的机会。我在学校选拔学生到安师大附小进行实习考核上的课里，就用自己漂亮的板书和亲手画的水粉画征服了评委老师，并改变了我的职业走向，这不能不说，兴趣特长为我赢得了机会——我一不小心成了那个“有准备的人”。

即便再没有别的什么内容了，文体方面的爱好已经足以令我的课余生活多姿多彩。也确实如此，因为有这么多的实践、体验，有这么多事情让我忙活，我的师范生活充实、浪漫、有趣不在话下。与此同时，我还没有忘了我是个学生，是个“读书人”，常常会到书店逛逛，买些闲书读，《红岩》《地球上的红飘带》《钢铁是怎样炼成的》等都是那个阶段啃下来的；常常会在周末去图书馆读些杂志，做点笔记，于是“遇见”了斯霞、于漪、李吉林、于永正。

三年的生活中，课余给了我们重要的精神食粮。我们还会利用周末三五成群、呼朋引伴地去录像厅看一两部录像，感受一下“都市”生活；会去郊外采风写真，以画画的名义到大自然的怀抱里做另一番观察与体味；会在农忙时节去同学家帮个忙，其实更重要的是享受同学相聚并打打牙祭的美妙……

以上种种，构成了风景独特的师范课余生活，成了我师范记忆最深刻的一部分。

还有什么比玩中学、学中玩更吸引人的呢？20世纪90年代的师范生活是清苦的，但因为有了这么多小学、中学时代想玩玩不到的、想看看不着的、想体验没有机会的稀罕物、稀奇事，所以便很容易满足，也不觉得清苦了。特别值得一提的是，这三年里，我的各科期末总成绩的班级排名一直在前十名徘徊，为我挣得高分的往往是音乐、美术、体育等学科。这些“玩”中学的学科于我个人综合素养的形成发挥了重要作用。事实上，我后来做了老师才慢慢发现，很多老师在我们学习玩、学会玩的过程中扮演着师傅、向导、同伴的角色，硬是把我们藏在天性中爱玩的部分唤醒、发掘、盘活，并通过他们亲手教或是任你学的方式成全着你。

这也许就是师范？而课余活动恰是师范极为典型的缩影？不管怎么说，这里的老师知道他的学生需要什么，于是他们极尽所能地给；这里的老师知道他的学生即将成为什么，于是他们将学生朝着心仪的方向赶；这里的老师一定有着一颗年轻的心，所以他们才会那样陪着学生玩，陪着学生聊，陪着学生疯。这一切，为占绝大多数的来自农村的孩子营造了一个极具磁力的场，让我们对教师职业产生了越来越强烈的向往。至少在师范读书的中期，我已经矢志于做一名教师。而这神奇变化的根由，一部分来自老师，一部分来自课余生活，一部分来自那个纯粹的年代。

五、当“干部”

朋友越来越多
视野越来越开阔
生活，自然也变得
越来越有意思

小学只记得四五年级做过班长，中学从初二开始一直担任班长，这种心理“惯性”导致我刚进师范时对只能做个“组长”非常不适应，但你又不得不调整自己。毕竟，这里的同学多是从各乡镇中考前几名的学生中挑选来的，在初中可都是佼佼者，谁也不输给谁。首任班长江文学就明显比我沉稳、老练，在第一天见面的时候他就能很熟络地关照同学，协助老师，难怪被班主任看重，一去就被任命为班长。不服不行，好好学吧。

普师二年级时，江文学被推荐到学生会，班长一职空缺，于是班主任组织“民选”，结果我居然当选。这是同学们对我多大的信任啊！他们许是看到我认真、专注、不惹事，还有一些写啊画啊的小本领，兴趣还算广泛，待人还算友善，所以把信任票投给了我。与我在小学或是初中基本以成绩好当上班长的体验大不相同，这一次多少有了“民主”的意思。既然被大家信任，并被大家选择，那就得做好，这是我给自己定的目标。于是，我的读书生活进入了一个与之前大不一样的阶段。我因为有了更多的组织班委议事的机会，有了代表班级与老师、学校沟通交流的机会，有了班级事务处置、协调的机会，人自然就处在一种“打开”的状态，慢慢学习、摸索着与人沟通、管理班级、协助老师的方法，也慢慢知道了主动承担工作，积极挑战自己的短板。譬如，我是不大爱在公开场合讲演的，而班级晚自习前我们总会安排几个人上台说话或表演，这对我当然极具挑战，但你是班干部，别人能躲你不能躲，别人应付一下你不能应付。因此，我总是认真对待这样的机会，在准备说话内容及表现形式上愿意比别人下更多的工夫，努力挑战自己的不自信。这一来二去，还真让自己慢慢克服了心理上的障碍，变得大方、轻松起来。

在做学生干部期间，我始终铭记着班主任吕老师说的那句话：干部干部，先干一步！这句话是不是吕老师原创我不得而知，只是觉得这句话太精辟了！他让我对“干部”的认识有了升华和丰富，以致这句训诫几乎成为我做学生干部乃至之后做教育管理工作不变的信条。干部就是服务的，把班级的事情做好了，你就不枉大家对你的信任。因此，班级黑板报我会亲自设计，亲自书写、绘画，甚至还特别用心地研究用粉笔绘出有立体感的画面来提升板报的观赏性；因此，各项比赛的组织和信息报送，我得和班委做好分工，不仅要做好后勤保障，还要做宣传报道；因此，我还要关注闭路电视是否能正常播放，班级卫生是否能够保持洁净，晚自习安排谁来教唱歌曲这些细细碎碎；因此，我也会把目光投送到更多人的身上，心里装着他们的感受，从而随时调整我做班级工作的方法。尽管十几岁的“干部”尚显稚嫩，但我骨子里藏着类似“大公无私”“正义凛然”这样热血、青春、纯粹的东西，因此，也愈发能够得到大家的支持。

做班长的这一年，收获最大的是我的性格变化及自信心的提升。我能以更为积极、主动的面貌去迎接校园生活，也在各种走到前台的机会里展现自己的特长和品性。朋友越来越多，视野越来越开阔，生活自然也变得越来越有意思。在第三个年头，学校团委选拔学生干部，班主任和同学都推荐了我，我也从班级干部变成学校团委宣传委员。

当时的团委书记是曹棣老师，一位很稳重、帅气的中年人。工作布置到位之后，除非有问题点拨一下，更多的时候是放手让我去做。因此，我也得以有团委办公室的钥匙，有了这样一个相对独立的学习、工作空间，很是令同学羡慕。宣传委员当然负责校园内的宣传工作，而且主要是宣传学生的方方面面。如果没有记错的话，1992—1993学年的校刊《青年潮》都是我和其他委员或同班同学一期一期地组稿、设计，并在钢板上刻字，再油印出来的。那刻字油印的过程无疑磨炼了我的意志力，而将印好的期刊发到各班供大家传阅，又给我带来莫大的满足感、自豪感。看似是服务于同学，实则锻炼着自己，提升了自己。此外，校园内宣传橱窗的定期更换，宣传标语的书写张贴，相关材料的收发整理，宣传委员的工作确实让我在学校的“名号”更响亮了，“好”学生的模样便更加清晰地呈现出来。

三年三个不同的岗位，学校给了我做“干部”的丰富滋味。

其一，让我的特长得以发挥，能力不断提升。我本身就喜欢书写、绘画，做学生干部算是给了我一个展示的舞台，让我如鱼得水，不亦乐乎。尽管在工作上用去了不少时间，但却扎扎实实地增长了才干。人尽其才，我想学校和老师真的是很认真地思考了这个问题。

其二，让我的性情得以改善，学会了相处和合作。我前面说了，我是相对安静、内敛的人，若不是做学生干部，我可能不会或者要花更多的时间去主动“打开”自己，挑战自己的短板，也不会硬逼着自己思考交际，硬逼着自己与他人合作，自然也就不会得到那么多的关注和欣赏。

其三，让我的视野、胸怀更加开阔，初步形成了自己的“三观”。这种富有挑战的“干部”工作，让我更早地感受到奉献的苦乐，工作的苦乐，并开始思考起自己的职业、人生，开始思考起人的价值、意义，并开始坚持将温暖、积极的东西传递给他人。

我在毕业前夕被班级、学校逐层推荐上报评为芜湖市级“三好生”，这是我学生生涯里获得的唯一一个“三好生”荣誉。这个让我倍感骄傲的荣誉，得益于母校全面综合的学习积累，得益于我自己经历的独特的“干部”生活。

六、实习与成全

在选择的时候
没有任何的犹豫、彷徨
那么果断、明朗

就我带了这么多年的实习生来看，不管是哪个年代，在孩子们的眼中，实习教师往往都是可亲、可爱的老师，是孩子们依恋、难舍的老师。你看看他们怎么黏着实习老师不放，怎么不愿意和伤感实习老师的离开，怎么欢呼实习老师的别后重逢，你就知道儿童内心的情感波澜。

实习教师凭什么就比现任的老师可爱了？他们为什么更受学生的欢迎？其实原因也不复杂。实习老师——这些刚刚入职的“准”教师，因为一切都是新的、陌生的，于是他们通常会带着谨慎、兴奋、喜欢和无忧走近孩子，常常表现出纯纯的爱意，低低的要求，平等的姿态，友善的陪伴。如果你是孩子，怎么会不喜欢这样的老师？刘良华先生曾在他的演讲中将“实习教师”列为十种最受学生欢迎的教师之一，不无道理。

经过近三年的学习，即将真正面对“教育对象”，我们这些多半还未成年的师范生确实在脑子里有满满的想象。孩子们是像书本上描述的那样“有个性”吗？他们会对老师表现出一种怎样的态度？如果孩子们问到我不懂的问题我该怎么消除那份尴尬？实习指导老师严不严？我能不能顺利完成实习工作呢……满脑子的问题，也是满心的期待。然后，我就走进了小学，于1993年的三四月份跨入了人生职业生涯的实习生阶段。

应该可以这么说，在还没有开始实习前，有些同学就已经在镇上、县城里谋得了岗位，有的则已经和自己本乡镇的教委在联系了，而我则一直不急不慢，或者也可以叫懵懵懂懂，并没有太在意即将去哪里工作——最不济也能在自己家乡的村小有一个岗位吧。我倒是特别在意即将开始的实习以及工作之后如何继续深造。毕竟不管怎样，我就要成为一名小学老师了，我可不愿意在成为老师之后让孩子们失望，或者让自己瞧不起自己。就算明天要到大学去读书了，今天我也要漂漂亮亮地做好每件小学教师该做的事情。

我的实习时光准确地说可以分为两个阶段。第一阶段为期一个月，由学校安排在南陵县城关五小（现为籍山中心小学）——县城里最好的小学渡过。第二阶段则是被学校选拔推荐到安师大附小实习并接受考核，这个阶段前后近两周。两个阶段都在我的职业生涯中成为关键的节点。第一阶段让我对小学生真正有了感性的认识，知道面对真的小学生上课是一种怎样的感觉；第二阶段则完成了除中考外我人生第二次重要的考核，被安师大附小接收，成为该校一名光荣的人民教师。

我是满怀着兴奋和忐忑开始第一阶段实习的。我是实习组长，我当过班级的班长，还是学校团委委员，实习对我来说，似乎是一道特殊的作业，只允许做好，不允许失败。还有，我终于可以像老师一样地走进课堂接触学生了，终于可以对三年积累的职业情意和认知一试深浅了。想到这些，内心不兴奋、不忐忑才奇怪呢。我记得，当时是三五个同学分在一个小组，然后进入一个班级里，在指导老师的指导下，分别实习自己事先选定的某个学科加上班主任工作。我的选择是语文。之所以选择语文，是基于当时对自己的基本认识和了解：我爱文字、文艺的东西甚于爱数字，我喜欢写写画画，对教语文有帮助。就觉得自己应该是教语文的，我就属于语文，在选择的时候没有任何犹豫、彷徨，那么果断、明朗。老师、同学也觉得理所当然。

我的指导老师是一位五十岁左右的女老师，人稳重又不乏热情。一开始，我做得最多的事情是听老师上课和批改作业。在此过程中，老师们会跟我们讲一讲班级学生的情况，讲一讲上课时要注意的问题，回答一些我们零碎的提问。当我们渐渐和孩子们熟了，我们在老师的指导下完成了试教课的教案撰写，做好了上第一节课的准备。按照在学校学到的技术（权且叫技术）和跟指导老师学得的技巧，我的第一节课总体是顺利的，印象中最深的是跟学生之间有问有答，他们端正地朝向你、聚焦你、听从你，还有指导老师比较满意的笑脸。尽管其他的印象有些模糊，但自此开始敢上课了，这是不争的事实。

最有意思的经历当然是和孩子们之间的交往。二年级的学生，四十多位孩子，多数很懂事，很有规矩，却又保持着孩子该有的童真。对我们所有的实习教师来说，那些特别乖巧的和特别调皮的孩子更加能够吸引我们的注意力。随着时日的增加，我们跟他们渐渐熟识，会在课下有一些交流，甚至是游戏。那些大方的孩子，总缠着你请你到他家里去玩。记得一位很可爱的女孩儿（名字记不得了），在她生日前夕居然邀请我们实习老师去参加她的生日会。这对我们这些初为人师的实习老师来说，当然“受宠若惊”，自然不会放弃这个“家访”的机会。于是，我们带上各自的小礼物和祝福第一次深入学生的家庭，第一次与学生有了校园外的交流，孩子高兴，家长也欢迎。这次特别的“家访”，让我们这些年轻的“准”老师在心里开了一丛烂漫的教育之花。

第二阶段，就没有第一阶段的轻松与惬意了，毕竟是关乎能否进安师大附小的选拔性实习和考核。此次实习的一共七人，都是经过南陵师范学校组织评委老师听课打分选出来的。其中两位与我同班，四位是同届一班、二班的同学，大家关系都不错，虽然是要来此“一决高下”的，但是也没有感觉到相互间有什么竞争的情绪和气氛。我们被安排住在安徽师范大学的学生宿舍里，过上了临时的“上班一族”的生活。若不是多少有些紧张的考试的心理，那段生活还真是学生阶段一次不错的体验。

安排我们实习的是陈志岳副校长，他带领我们见各自的指导教师，分配我们做学校的各项工作，组织我们上考核课，一切都有条不紊地进行，而我们也在这每一个环节里接受着学校的评价。我记得学校让我出了一次墙报，我用毛笔抄写、水粉绘画、写标题的方式“惊艳”了“读者”。后来才知道，这次墙报给该校的老师留下了深刻的印象，为我“加分”不少。当然，最重要的是实习后期的考核课，上的是什么记不得了，但效果不错，得分很高。学校综合考评之后，决定接收我到该校工作。后来，分配工作时遇到的种种麻烦与阻碍一一被化解，得衷心感谢在这个过程中吴宗瑶校长、陈志岳副校长费尽心力的坚持与争取，值得我铭记、感恩。

两段实习经历不仅丰富了我的实践体验，强化了我做教师的信念，更重要的是，我因为后一段实习被安师大附小录用，有了一份妥妥的工作。自此，我在芜湖——这座从小就向往着的城市里，开始了我的职业生涯。

第二章　职初磨砺

人生总是会因为时间的变化或者某个大事件的发生而自然地分成若干个阶段。1993年夏天，我正式成为一名小学教师，开始了全新的生活，启动了人生的另一个阶段。一切都是新奇的，而一切又都是陌生的，自然会有种种新鲜的、快乐的、有意思的事情发生，也自然会有种种茫然、孤独、慌乱的心绪困扰。入职最初的七年，不能算短，但与现在的二十多年作比，我愿意称其为“初年”。因为，就我个人的职业成长来说，这七年确实是非常特殊的七年，它给了我完全不一样的职业开端，让我经历了最初的无限憧憬和激情洋溢，也经历了困顿迷惑和灰心丧气。如果非要说“经历风雨”才得见“彩虹”的话，那这个阶段着实给了我不少的“风雨”侵袭。但不可否认，也正是这七年的磨砺，给了我继续走下去的勇气和理由。或许，这样的复杂交织，本就是生活该有的历练，本就是成长该有的模样。

一、初为人师

爱上这个职业
我必须要感谢
那步入实践的
最初的岁月

进入安师大附小工作，对我们这些“定向”师范生来说宛若做梦一样的美妙。同样是当小学老师，可以预见的是，这里有我全新的生活和职业的舞台，这里有着更多的机会和发展的可能。对我这样的祖祖辈辈在农村生活的人来说，进城工作、安家、生活，算得上是人生的大事件，家中的每个人都空前地满意着我工作的归属——尽管从“定向分配”到“改派分配”的身份转变过程让家人和学校领导操了不少的心。于是，在很多熟人的称羡中，我于1993年8月20日，正式成为安师大附小的一名教师，主教语文，兼任美术、品德，当然，也一定是要做班主任工作的——我们能够得以进入安师大附小，正是因为这所学校好久没有年轻教师加入了，年纪轻轻，精力旺盛，做班主任自是当仁不让，更是学校领导理想的安排。

我从一名师范生变成一名重任在肩的青年教师，倒没有太多的不适应感。这朝八晚五的生活里，有我喜欢的孩子，有我喜欢的课堂，有家长的尊重和关注，有对生活好多好多的期待。我还很年轻，没有家庭和生活的牵牵绊绊，也暂时对物质没有太高的期许；我孤身在外，没有亲人和同学的热闹陪伴，没有这样那样的应酬耽误时间。于是，我整个身心自然地扑在了工作岗位上。其实，做老师的生活原本就充满着挑战和乐趣，好玩儿，不枯燥，它对于我这样一个刚刚走出师范校园的青年人来说，天然地具有某种吸引力——我想当老师，现在真的有岗位了；我想做好老师，现在也有了这么好的学校了。一切美好的当下和愿景似乎都向我铺展了开来。我几乎以一种沉迷的状态扎进了全新的生活里。那股子劲儿所形成的热度，或许可以描述成时下的热词——“初心”。这初心，不仅在初为人师的那些年成为支撑我的力量，也是我彷徨时最终能够迈出职业迷茫和困顿的关键。

我喜欢和孩子们在一起。我带的第一批学生接手时已经是四年级了——九岁的学生，十八岁的老师，一群半大的小孩，一位青涩的小伙，就这样相遇了。孩子们充满灵性，比我之前所见到过的同龄的孩子要更机灵、聪敏，也似乎更懂事、乖巧，于我这样的新手来说，他们教起来顺手，自然就招我喜欢。于是，我特别真诚而喜悦地走进课堂，我愿意在课堂上看到他们专心听课、认真做作业的样子，那里能让我安放轻狂的心，能让我体验到被尊重、被重视的幸福；我愿意在下课时留在他们中间，看着他们在狭小的校园空间里快乐活动，享受课间的无忧无虑，而我则能在这种陪伴中获取一种纯纯的满足；我甚至还带着他们一起在课后踢球，在语文课上到楼顶打雪仗，我总觉得，童年的生活就该像我小时候喜欢的那样想玩就玩，无忧无虑；我还特别乐于去学生家里访问——谁都不会在那个年代里想到家访是否安全，是否方便，是否有什么师德之虞——我在乎的是我家访了，孩子很高兴，我与家长交流了，我对孩子们更加了解。和他们在一起，我获得了别样的安全感和内心的充盈。

我对所有的工作都乐于尝试。对生活我充满着无限美好的憧憬，为自己能拥有这样一份心仪的工作，为自己能够在安师大附小开始职业生活，而倍感幸运。既是出于感恩，也是缘于个性，我对学校安排的各项工作都是来者不拒。我很自然地接受了班主任工作，也很自然地接受了语文（包括写字）、美术、思想品德学科，这么多的教育教学头绪，我居然举重若轻；我很满足地接受了学校领导的赏识，于工作后的第四年开始兼任校长秘书，边做教学边干行政事务，尽管比别人多了不少杂务，我也乐在其中。此外，我被安排指导学生参与芜湖电视节目录制，训练学生参加各级各类的演讲、表演类比赛；我还受命校长带领学生去安徽师范大学音乐系录制安师大附小校歌，爬脚手架用红漆在墙上书写校训大字，和同事一道策划并与电视台技术人员合作录制学校宣传片……尽管在参与、体验中我会付出比别人更多的精力和时间，却也体验着青春韶华，体验着生活丰满。我就在这样的经验中，慢慢，慢慢，长大。

我对所有的同事都敞亮胸怀。进入这所学校之后，我才发现，老教师确实居多，20岁上下的老师几乎没有，于是，我们一道进入的几个年轻人就成了学校标准的“小伙子”“小丫头”。在这样的工作环境里，我也感受着别样的人际——我可以常常得到前辈们的关心、帮助，可以常常得到展示、表现的机会，我可以没有利益的考量和计较，可以和他们“没心没肺”地交流、对话。于是，我无忧无虑地生活在他们中间，接纳着老教师如父母般的指点、叮咛，感受着年长者如兄如姐的宽容和带领。因为没有顾虑，我便敢于尝试和冒险，个性也变得越来越开放；因为环境亲切，我便愿意和所有人亲近，所有人也愿意和我走近。甚至和值班的于师傅，我们都能够像亲人一样和谐、尊重。回顾这一段生活，因为环境影响和造就的我开放而敞亮，让我逐步消除了入职初期的不安和犹豫，从而为我能够自由、舒展地开始职业历练和积累奠定了极大的基础。

我愿意在课堂上锻炼自己。客观地说，我在师范生活中练就的各种基本功，着实在教学之初发挥了极大的作用。大家都夸我字写得好，普通话说得不错，课从一开始就有模有样，这些看似有意无意的夸赞却一天天培植起我教学的自信。因此，我愿意上课，也愿意上展示、研讨性的公开课，尽管那时的机会并不那么多，给你深度指导的人也尚显不足。最初的课堂，我的重点是在学习中模仿：模仿本校的老教师，模仿外出观摩到的课例，模仿别人的好方法、好技术、好语言、好路径。当然，最多的模仿来自教案。我认真地抄写学校发的教案范本，一课一课地学习，一课一课地实践，不厌烦，不偷懒，居然也慢慢积累了不少“经验”，慢慢找到了一些上课的“感觉”。在老教师居多的环境里，我作为新面孔、年轻人自然地挑起对外展示的重任，并以课作为半径，为自己画了一个那时看来不小的职业交往的圈圈。最初几年的密集磨炼，上课渐渐成为我能量的重要源头，也从此对自己有了不小的期许，为自己找到了一个具体的新的奋斗方向。

初为人师，生活是清贫的，以至于100多块钱的工资几乎无法满足个人的开销，可是我却能够畅快爽朗；初为人师，身形是忙碌的，以至于业余生活都在批改作业、攻克学历，但我却格外地知足。爱上这个职业，我必须要感谢那步入实践的最初的岁月。

二、做班主任

做班主任
何止为了学生
更是丰满自己

我常常向现在的年轻老师表达这样一个观点：当老师，还是要尽量争取做一做班主任的，它给予你的成长价值，其他岗位无法替代。这里有激励大家的意思，但更多的理由来自我做班主任的那四年经历和感悟。做过班主任，你才能深度理解儿童的丰富性，领悟生命成长的魅力，你才会真正敬畏童年，走近儿童；做过班主任，你才能深入理解教育本质的复杂性，懂得“教育为人”“人是目的”的内涵，你才会真正研究童年，关注发展。教育是复杂的，是充满挑战和未知的，做班主任显然是提升教育理解力、执行力乃至学习力的一条重要途径，是走近人、理解人、发展人必要的实践积累和理性锤炼。

我的四年班主任工作经历，简单而清晰。第一届从四年级开始做班主任至毕业班，第二届也是从四年级开始，却因为我兼职校长秘书而只做了一年。所以，若论做班主任的体验，印象最深的当属最初的三年。1993年秋季，我从退休的范真华老师手上接任四年级三班。她退休，我开始职业生涯；她带着孩子们完成了前三年的学业，我接任后三年；她教语文兼任班主任，我自然从她手上接过了这两大重任。因为是新老交替，所以顺理成章；也可能因为我是稀缺的男教师，所以家长似乎都充满着期待，没有质疑。其实，后来我才慢慢了解到，范老师语文教得好，班主任工作更是令人称道。若不是初生牛犊不怕虎，接手这样的班级，我应该会有不小的压力，平添很多的犹豫。所以，感谢那时的懵懂，也感谢那时的冲动。因为有初为人师的激情，也有“冲上云霄”的动力，即便当时没有强化某种压力，工作还是能够在大家期待的轨道上往前推进。

做班主任，我首先是被兴趣牵引着的。兴趣的焦点是一个班交给你，还有45个性格鲜明的孩子也一并交给了你，从此你将是一个“孩子王”，他们都听你的，这很有意思。那么，该如何做好他们的“王”呢？怎样成为他们信任的人，让他们唯你“马首是瞻”？我最初的教育理念是建立在“亲其师信其道”之上的。我总觉得，要想把这些半大的孩子管住并成为他们的“王”，就一定要让他们喜欢上你，被你吸引。而我当时理解的“吸引力”主要是你要认真投入，你还要幽默好玩儿，你除了要把课上好，你还要陪着他们玩转课下。为此，我试着把自己的时间尽可能多地用在他们身上。每周八九节语文课、班会课我使出浑身解数，让他们喜欢课堂，也让他们和我之间建立一种信任和好感；课前、课间我尽量地接触他们，“看管”他们，传递我对他们的期待与善意；班级活动我会带着他们一起精心组织，全力以赴，为我和他们创造“同舟共济”的情感互联；课后我还试着与爱玩的孩子们踢上几球，以向他们展现自己严肃、郑重之外的亲切、可爱；我还会利用放学后的时间去家访，以进一步了解他们，亲近他们，引导他们。真的还没有那么多的教育理性，这个阶段，兴趣和爱是我的主要动力。

做班主任，我也必然地经历了困惑与迷茫，经历了深度的磨砺与挑战。做着做着，目标高了，想法多了，便发现光靠爱和兴趣是不足以做好这项工作的。学生个体间的巨大差异我以为能够通过学校框架下的教育缩小，却发现任凭你“软硬兼施”，那些调皮捣蛋的孩子总不见有多大改变，我就很难有更好的办法去应对了；班级工作做惯了熟悉的套路，在我与孩子们多少有些审美疲劳的时候，我便黔驴技穷，不知道如何突破，很难寻得创新点；我所面对的家长来自社会的各行各业，面对他们时，除了就事论事的那点本事，越来越感觉到“底气不足”，常常“失语”。在经验至上的那段岁月，我茫然不知所措，虽有零星的顿悟、心得，但更多的是等待、积累。这届学生毕业后，我有一次偶然得知，当时的一位学生家长跟校长提过一条关于我的意见，就是第一次开家长会的时候，我居然没有准备发言稿。我先是不屑，后来方悟得，这应该是家长对我这个毛头小伙持有怀疑，或是对我所表现出的能力有所不满。当然，家长们最终选择了信任和等待，而我也以自己的热情和行动赢得了家长的支持和肯定。但是，我所困惑的问题和自身的不足并没有在那个阶段得到很好的解决。可贵的是，自己并没有因为家长和学校的认同而丢掉省思，此时的“知不足”为后来的自反、自觉和自学种下了积极的种子。

班主任工作为我打开了教育之门，让我瞥见了教育的全景。尽管有浅尝辄止的遗憾，但做班主任的四年时光，让我对体制下的学校教育、家庭教育、社会教育有了一次近距离接触的机会。我体验过对一个班孩子全面负责的喜怒哀乐，体验过与各科老师相互配合的细细碎碎，体验过对学生个体的深度跟踪，体验过学生教育活动的策划与编导，体验过小干部的培养和学困生的帮扶，体验过每一个具体问题的处置与协调。我曾经那么在乎家庭教育与学校教育的对接，那么关心每一个学生的行为规范养成；我曾经对如何排座位深入思考，写成了《学生排座的误区与对策》，也曾经对班级的内务紧抓不放，尝试在细节中健全学生的品格；我能够感受到家长礼遇背后的期待与宽容，也能感受到学校教育的局限与无奈。班主任工作的历练，让我深切感受到理想与现实的距离，感受到教育的复杂、艰难。

它明亮了我的眼睛，拓宽了我的视野，锤炼了我的手脚，成长了我的能力。这四年并没有为自己交上一份完美的答卷，却从此开启了自己新的教育格局，对教育中的“人与事”“点与面”“大与小”“成与败”有了思辨，有了追问，有了沉淀。

做班主任，对教师而言，何止为了学生，更是丰满自己。

三、榜样

每一段生活
每一个人
都藏着某种缘分
和理由

从学生变成老师，从农村进入城市，身份的转变，不只是兴奋和满足，还有那种莫名涌动的自负。上帝垂青我，生活厚待我，命运似乎从此展开全新的一页，那颗年轻的心已压抑不住自我感觉的升腾、变化。此时，没有人会叮嘱你的学业——你已经是职场中人；没有人会常给你训诫——你已经是成年的人。人多半会有这样的经历，没有什么好感慨的，但问题的关键在于，你若就这样一直沉醉，你便会停止前行，继而迷失；而如果依然敏锐着你的感知，那么，一段全新的成长旅程可能就会自此展开。我庆幸，我是后者；我更庆幸，身边总有不同的榜样给我触动，催我向前。

吴宗瑶老校长是我的榜样。她在我入职时，就已经到了退休的年龄，考虑到岗位的对接，便以调研员身份返聘、留任。再加上刚刚到任的梁校长真诚挽留，我才能和吴校长继续共事了五六年，形成了人生的交集，受到了她更多的影响。老人家是教数学的，无论是学校同事，还是市里熟悉她的同行，无不夸赞我们的老校长数学教得好。可不是吗？她拥有当时小学教师很难取得的“中学高级”职称；她参加过多轮的教改实验，成果丰硕；她带的班级数学成绩优异，是大家公认的我校顶级的好老师。熟悉她的老师无不对她尊重有加。这引起了我的兴趣：除了教学，她还有什么不平凡之处呢？随着时间的推移，你会发现，老校长身上有着独特的气质：她做事慢条斯理，却有着极强的逻辑，这也许和她一直从事理科教学有关系；她绝不强势，却能在管理中赢得认同，这也许是她多年担任校长走进了大家的心里。那个时候，我还不大可能深沉地想着成长的哲学，但也就在那个时候，我便许下这样的愿望：做老师做成吴校长这样，该多幸福！我要成为她那样的老师。

陆广芬老师是我的榜样。她和我的母亲年龄相仿，待我及其他的年轻人又是那样亲切和蔼，关心备至。再加上她在班主任管理和语文教学上的高超水平（在学科教学上可以与吴校长齐名），她几乎可以说是我入职后第一位膜拜的好老师，且这种好感一直延续到她退休居然从未改变。我工作的前三年和她在一个年级组，又任教同一个学科，于是，虽没有师傅的称谓，但她事实上是我的师傅，成为我学习的榜样。她教育学生时，我在一旁观察和积累着她的语言和技巧；她批改作业时，我又学习着她的耐心和细致；她上公开课时，我极其细致地咀嚼着她的“一招一式”；她给我指导时，我聆听和思考着她传递的套路和方法。她对儿童有深深的爱恋，她做了一辈子的班主任，与细细碎碎打了一辈子的交道，却总是那样热情，总是那般耐心；她对教学有深刻的理解，文本解读到位，问题提得巧妙，总给我们年轻人以特别的启迪。退休前，她被评为安徽省特级教师——这是安师大附小办学史上第一位特级教师，这是对她这样的教育者最名副其实的褒奖。于是，我年轻的心里又许下一个心愿：我要努力做上特级教师，做像她一样体面的好老师！

在当年堪称江城名校的安师大附小，好老师怎能只有吴校长、陆老师？这里有一个敬业爱岗的教师群体。学校里，像我这样年轻的老师并不多，但绝大部分中老年教师，待人诚恳、友善，教学认真、扎实，所以，尽管教研氛围不浓，我们这些后生却耳濡目染，获得满满的正能量。那些岁月，像注视、崇拜吴校长、陆老师那样，我就在一旁默默地看着他们，学着他们，一天一天朝我心仪的好老师靠近。在诸多好老师中，陈志岳副校长一笔好字，一颗善心，他带着我们走出校园，用他的影响力把学校的语文课和语文老师引向了芜湖市，引到了更大的舞台；陈文秀老师是一面镜子，与世无争，静静守望，不放过一个差生，你看不到她一时的闲散，她甚至不顾惜身体，晕倒在讲台也无怨无悔，让我等后辈感佩敬仰；孙梅老师来自黄梅戏的故乡，骨子里满满的艺术细胞和教学上充满智慧的“点子”给我启发不少，帮助不少，一段时间里总有她出现在语文公开课的磨课现场，带领后生斗志昂扬；周木兰老师“铁齿铜牙”，极为健谈，语文教得个性十足，生活也过得别有滋味，像个阿姨一样地关心着我，影响着我，给我这个年轻的“侄子”别样的温暖。还有进校前指导过我实习、笑容可掬的方彩云老师，有和我搭班、给我很多直接支持和点拨的李秋月老师，有大学本科毕业、知性十足的胡玲老师，有幽默和善、与我配班合作多次的汗昭淮老师……他们，为我绘制了一幅神采奕奕的安师大附小教师的群像；他们，是给我无尽熏陶和感动、激励和鞭策的榜样。

他们是那个年代里最质朴的教师代表，是成全基础教育的千百万小学老师的缩影。二十多年后的今天再回首，你会发现，他们虽没有直接地给我的成长以惊天动地的指导、影响，却在那个物质贫乏的年代，丰富了我的体验，成长了我的精神，保护了我的“初心”，让我有热情、有力量、有勇气一直走，一直走，一直走到了今天。

我以为，生命中经历的每一段生活，每一个人，都藏着某种缘分和理由。感恩那段时光与我一路同行的老师们，他们是我心底里开掘不完的能量，是照亮我心头阴影的那抹阳光。

四、追随教研的日子

有魔力的场
让我有所觉悟
不敢懈怠

还没有弄明白教学的基本规律是怎么回事，我便幸运地与“实验研究”相遇，与“校际教研组”相遇。于是，我得以从入职之初就能够走出去，动起来，较好地完成了从学生到教师的过渡，喜欢上了教学研讨的生活，养成了对课堂进行追问和反思的习惯。最重要的是，这段跟随教研的日子，打开了我的职业视界，扩展了我的心灵半径，丰富了我的生命体验，让我的眼前豁然开朗。

在我刚刚工作的那几年，芜湖市小学语文学科的教学研讨团队主要有两拨，一是“义教实验”教研组，一是校际教研大组。这两套人马都是由芜湖市教研室组织引领的，“总教头”是小学语文教研员李继涛老师。他可是德高望重、认真严肃的先生。不同的是，前一个团队人员少，限于实验班；后一个团队则汇聚了全市的小语精英。“义教实验”全称“义务教育教材实验”，这是全国推行的基于教材的实验研究，虽然不是革命性的，却为一线教师抱团教研提供了机会。因为是实验，所以研讨只在三所市直小学与一所区属小学实施。实验研究的启动在我入职之前，我算是与它巧遇，赶上了实验的趟儿。在陈志岳副校长的带领下，我和同年级组的陆广芬、王爱娣、顾其莹老师便定期参与教研活动。恰恰是通过这个平台，在较短的时间里我认识了李继涛老师，接触并认识了各相关学校的诸多老师，听取了大量的课例，参与了多轮次的研讨，从一开始就扎进了有品质的教研生活。

“义教实验”推进的基本模式就是观课、议课，为的是验证教材优劣，摸索落实教材编写意图的方法、路径。于是，几所学校的老师轮流上研讨课，听完之后再评课。组内，我是最年轻的一位，一开始主要是做听众，也只能是听众。但听着听着，便听出一些端倪，听出一些理路，我便也偶尔贡献几点意见——与其说是在参与评课，不如说是在练胆儿，练口儿。慢慢地，我知道教学的优劣好像与教态的自然、语言的亲切有关系，与老师的提问、学生的应答有关系，与教师的引导、手段的应用有关系；我更知道，教学效果的好与坏似乎跟教师的每一个细胞都有关联，而我要想做得更好，像优秀教师那样的优秀细胞似乎还要大批量培植才行。我当年在教研中也上过一节公开课，课题是《十里长街送总理》。我记不得大家的评价了，只记得在课堂里我一直想努力地表现我的朗读水平，表现我的感动，表现我对教材的理解，然后是希望学生学习我的朗读，感动我的感动，理解我的理解。学生在那节课上的面孔已经记不清了，我那时想得更多的是把自己的教案走完，把自己的“素质”表现得满分，而学生要做的是接住我的问题，并配合我给出合适的回答。这个团队的教研，让我领略到了优秀老师的风采，结交了并肩行走的朋友，也让我开始重视起自己的基本功，重视起教学的技能技巧，心里积累的压力与日俱增。但很显然，我还没有摸到上好课的法门，也并不清楚自己到底该如何系统地提升。

相对于“义教实验”教研组，芜湖市校际教研大组则是一个相对庞大而完整的教研群体，这里气象万千，热闹非凡。在这个教研组里，有市教育局聘任的大组长，有各区县、直属学校的校长、教导主任，有各校选拔的参与“中心组”（校际教研组的另一种叫法）教研的青年教师或者骨干教师。我则是作为直属学校的青年教师被学校推荐到了这里。于是，我就这样一直跟着这个教研组，一跟就是二十多年。在这个组里，教研的方式与我参加的“义教实验”的教研基本相似，但研究的内容不再局限于教材内容的开掘，而是聚焦于阅读教学、习作教学、写字教学等专题或课型的研讨；或者聚焦热门的教学策略、教学方法研究，比如读写结合、教学评价、媒体应用等；它有时还会聚焦于各校开展的课题研究，有时又会安排专题讲座和交流。我沉醉于这里的氛围，是因为这里有太多厉害的精英：组长王和欣校长（特级教师，率性而有感召力，后来也成了全市小语人的“总教头”）、应学俊校长（特级教师，有着独到的教学理解和风格，粉丝众多）、林明校长（中学高级，语言幽默而犀利，听来过瘾）、新芜区教研员刘芜生老师（刘老师后来成了区教育局局长）、马塘区教研员窦芜生老师（窦老师后来成了区教育局副局长）等。他们用独特的语文人的感性和专业吸引了我：他们风趣幽默，出口成章，我做不到；他们专业深刻，拨云见日，我更做不到；他们不吝指教，提携后辈，令人心存感佩。他们和李继涛老师一道，居然在20世纪90年代中期，把芜湖小语教研弄得风生水起，一时间，响应者、向往者众。于我而言，几乎是在学校之外，又多了一个难以割舍的生活的、职业的、心灵的家。

在这个空间里，除了那些引领着我们的“大咖”，还有很多优秀的老师陆续亮相。唐晓俐老师是第一个闪亮登场的同龄人。在我还摸着石头过不了河的时候，她已经在芜湖市小有名气。她有着天生的做教师的条件，无论是普通话还是粉笔字都超越一般，而且能弹钢琴，能挥画笔，着实让我这个自诩兴趣广泛、“有两把刷子”的人佩服得无以复加。其后，我所知道的各级各类比赛，更展现了她良好的课堂驾驭能力和综合素养。真应了那句话：人外有人，山外有山。我已经隐约意识到，芜湖这个地方藏龙卧虎，要想超越什么，工夫得下足方可。随着时间的推移，我慢慢地认识和领教了更多新秀的优秀：上课理性且干练的戴炜老师，一节《蝙蝠和雷达》令我至今印象深刻；教学大气而灵动的黄宁老师，她的《白杨》“三问”（紧扣三个问句展开教学）着实高妙、独特；激情洒脱、能力超拔的邹霞老师，一节《再见了，亲人》所展示的风采令我自愧弗如；还有会写能说、沉稳大气的孔祥明老师，细腻深刻的肖莉老师，轻灵温婉的蔡水澜老师……我在他们的专业表现中，不断确认着自己的差距，也不断积蓄着靠近的意愿和行动。谁知道能不能赶上或超越，先“心向往之”再说吧。

这最初跟随教研的日子，为我扎扎实实地营造了一个有磁力有魔力的场，让我有所觉悟，使我不敢懈怠。

五、第十三名

谁都会怕失败
谁都不愿
被甩在后面

没错，这就是名次！是我第一次代表学校参加全市青年教师阅读教学大奖赛的名次，是一个彻彻底底处在末端的名次！这当然不好，简直需要给我一个地洞钻进去才能够躲避尴尬、惭愧和纠结，才能暂避这种恍惚、失落和挫败的感受。但是有什么办法，这不是做梦，是真真切切的比赛结果，是确由我自己上课、自己领回来的大赛结果。谁都会怕失败，谁都不愿被甩在后面，特别是对当时自我感觉还不错、也被别人颇为看好的我而言，这次比赛显然是一次沉重的打击。记不得自己是怎么缓过来，用多长时间缓过来的了，但却选择性地、倔强地记住了一些细节及感受。

一九九三年工作到一九九六年比赛，我已经工作三年，慢慢熟悉了环境，熟悉了工作。因为安师大附小年轻教师本来就少，而外出教研的语文教师更是少之又少，我便几乎成为学校语文学科在市级教研中的“代言人”，成为学校在市级教研活动与交往中出镜率最高的人。可能是因为好学的劲头引起大家的关注，也可能因为我来自安师大附小，所以同行前辈们高看我一眼，还有可能因为我是全市为数不多的语文学科的男教师，大家稀罕，所以，常有溢美之词萦绕于耳畔。于是，我就真把自己当作别人夸奖、欣赏的那样，“代表”着安师大附小，“代表”着新生力量，有点昏昏然、飘飘然了。当学校决定让我和另外一名年轻老师一同参赛时，我更是毫不犹豫地接下任务，并目标高远，使命担当：一定要拿到好成绩，回报学校，证明自己！

说实话，我不知道自己哪来的那股子底气。是因为自己和“总教头”熟悉？还是因为我的背后是安师大附小？是因为别人夸过我不错？还是觉得自己基本功挺好？也许都有，可又迷糊混沌，说不清楚。只觉得浑身热血沸腾，一副跃跃欲试、手到擒来、马到成功的架势。于是，选课，备课，试教，修改，再试教，再修改……我开始了入职以来第一次马拉松式的磨课历程。与现在的团队磨课不同的是，我试教时参与听课的老师很少。这是因为当时的学校年轻有教研热情的教师少，听课研讨并不是大家特别熟悉或者特别愿意做的事情。只记得作为语文学科组组长的陆广芬老师每次都到，孙梅、刘文红老师也参与听课指导，再就是陈校长和刚到学校不久的师兄姚金中，他们都分别给了我具体的指导意见，也许还有其他老师，但我已印象模糊。剩下的时间，就是我自己的琢磨和完善了。记得我选的是人教版的一篇课文《鱼游到了纸上》，还记得自己抓的是“鱼游到了纸上”和“鱼游到了心里”两个层面去带领学生理解课文、读课文。印象更深的是，为了彰显自己的基本功，硬是设计了一个自己在幻灯片上用水彩笔即兴“挥笔速写”画金鱼的环节，看上去是为了帮助学生理解“工笔细描”和“挥笔速写”的区别，但我心里知道，这个环节我更想在评委和听课老师面前展现我的风采。于是，尽管每次试教都觉得时间有点紧，这个画金鱼的环节还是最终保留了下来——大家没有对此提出异议，应该也是觉得这个环节可能会给整节课加分。就为了这张速写的展示，我的试教课至少两次借用大学电教系的教室，两次带着学生走出校门到大学上课，因为我们自己暂时还没有满足要求的幻灯设备。

单身的小伙，孤单的身影，二十刚刚出头的我为了能够将课上得圆满，好多个夜晚一个人在办公室里改教案，练速写，记流程，在我看来，只要我的课备周全了，流程记熟悉了，赛出好成绩应该不是问题。带着满心的期待，铆足了十二分劲头，我在一九九六年的那个五月第一次走上了职业人生的赛课舞台。基本上出了预想的效果，却没有算好时间的节点，当下课铃响起时，我的课并没有上完……课砸了！在十六位参赛选手中获得第十三名，除了课没有上完会影响打分，一定还有其他的原因吧。可是，我哪有那个心绪去细细琢磨，又哪里有那个能耐想得明白？别人也只是安慰安慰，表示惋惜，也只是从时间不够帮我找个台阶，打个圆场。失败已成定局，所有关心你的人又怎么会在你的伤口上使劲儿撒盐呢？即便偶尔聊起这节课，大家总往最大的“亮点”——现场的“挥笔速写”上拉——又是一番鼓励，又是一番欣赏，连个性十足的应学俊校长在跟我聊课前也是从夸这个“亮点”切入的。

今天，过去的已然过去，但记住的那部分更像是留给你咀嚼回味、自省自得的禅机。到现在方渐渐悟得，那些依然浮现在这段故事里的面孔，是这些年来一直伴随我的某种力量和理由；那些挥之不去的细节和经验，是我这些年来编织职业梦想的真正开端和起航。我现在可以为那一次的“第十三名”找到很多理由：我年轻无知，我缺少积淀，我没有出色的团队支持……但又不忍心将它确认为失败、沮丧和一无所获。的确，那时的安师大附小不像现在这样有良好的教研氛围，有强大的学科团队，而其他很多学校在这方面已经有了“领袖”，有了厚实的积累。但是，无可否认，就是那几个行动着的积极分子，使安师大附小在20世纪90年代始终有不灭的火种，向前的力量。没错，我是真真切切地体验了从读书娃开始到现在最为“尴尬”的失败，一度消沉、失望，悲观、茫然，但我必须要感谢这次失败，是它让我悄悄收敛起内心的浮躁和轻狂，也是它帮我丈量出自己的水平与理想的差距。

第十三名，恰如跌至谷底，它给了我一次真正有力的震慑和警醒。我没有放弃，开始新的爬坡之旅。

六、“从政”

一起进步，一起超越
走在前面的感觉
令人昂扬、振奋

只觉得自己学的专业是当老师，我最初的几年时光，是很愉悦、很单纯地浸在课堂和班级管理中的。在安师大附小，校长做校长的事，我们做我们的事，我从来没有想过要做课堂教学及班级管理以外的其他什么工作。一方面，拥有自己的课堂和班级已经足以令我满足，且需要投入大量的精力和时间方能做对做好，似乎无暇也无意于其他工作；另一方面，自己对学校管理甚至想都没有想过，也缺少准备和足够的自信。但是，正如我当初被动选择做了老师一样，在学校“从政”也是一种被动的成全。和我同一年到安师大附小任职的梁建风校长改变了我的职业轨迹，给了我不一样的职业体验。

1996年年底，在我刚刚接手一个新的班级担任班主任不到一年，也就是工作刚满三年半的时间，学校找我谈话，说想设置一个校长秘书岗位，让我担任校长秘书，主要是负责校长安排的文字、宣传等相关工作。这是安师大附小办学史上从来没有过的岗位，我算是第一位校长秘书，这让我受宠若惊。毕竟，我感受到校长以及其他校领导对我工作的肯定和信任。在安师大附小做一名老师尚且不易，能够得到这样的认可，参与学校的行政工作，对年轻的我来说，无疑是一种激励和鞭策。我没有什么好犹豫的，便爽快地应承了这项工作。当然，因为多了一项行政管理工作，从此，我便再没有做过班主任，这算是一种遗憾。

我想象中的“秘书”应该是心思缜密，做事细致，八面玲珑的，最重要的是文字功底要好，要提笔能写，写之能用。对于一直在教学一线的我，这项工作构成了挑战，特别是公文体的文字撰写于我而言是完全陌生的。校长秘书履职初期，我真的谈不上什么主动思考和创造性工作，因为确实也不知道从哪里主动，在何处创造。我基本上是在校长的安排和指导下规规矩矩地做着自己分内的事情，倒也过得去。

我负责每周在正对校门的小黑板上用粉笔抄告一周的工作要点，因为粉笔字还行，这项工作我很有自信，也常常受到同事及家长的称道。当然，更重要的是通过这项工作，我与各部门之间建立了长期的沟通和交流，也对学校管理中的常规越来越熟悉，对学校办学的全貌越来越了解。

我负责每次行政会议的会务安排及文字记录。老校长、新校长以及比我年长很多的主任们议事，我基本不参与讨论，只认真记录。就是在这样的旁听和记录中，我对各行政岗位的工作内容、管理套路，对学校发展的目标定位、动态变化有了新认识，对自己在工作中扮演的角色理解得更清楚。

我还负责学校工作计划、总结、方案的撰写。这些文本对我来说是个大项目，大工程。当年没有电脑、打印机等设备，稿子主要是靠一支笔在一摞纸上慢慢“爬”出来的，然后交给校外的打字室打印，再校对，再定稿。耗时耗精力倒没有什么，最大的问题是，作为校长秘书，你能否纵观全局，在琐碎中看到整体，在具体中看到宏观，并能够条分缕析地转化为规整的文字。客观地说，我一开始写的文字，校长是很不满意的，因为总是太“文艺”，太“空洞”。花拳绣腿是有了，但对学校的工作思路领会不够，对学校的管理成效理解不深，如何能写出有深度、有质量的计划、总结和方案呢？在校长多次的“手术”和手把手的指点中，我的文字才渐渐有了公文模样，达到了基本要求。可现在想来，梁校长之所以最终接受了我一次次呈现的稿子，也一定是看到或是想到：逼也没有用，还是将就着用吧。

1996年开始的“从政”路，已不知不觉走了二十多年。我无法绝对地评价它是“走上正道”还是“误入歧途”，也没有人告诉你做纯粹的老师和“双肩挑”之间有什么本质的区别，更没有人会刺激你说做行政真是“糟蹋了”。但人随心动，我可以肯定的是，我不讨厌做行政，我享受着一边搞教学、一边做管理的生活节奏和生活内容。从校长秘书到政教处主任，到办公室主任，到校长助理，到分校校长，到本部副校长，我所担任的职务除了“副校长”外，基本都是安师大附小办学史上的“第一任”：第一任秘书，第一任办公室主任，第一任校长助理，第一任分校校长。提这些没有别的意思，只觉得似乎是某种机缘在发生作用，挺值得回味和珍惜的。虽然都是“第一任”，但要与同期从事管理的其他学校同行比，我的“进步”缓慢，可二十多年来，我从未埋怨或退却。不是我做“官”上瘾，也没有利益驱使，只是觉得苦中有乐，失中有得。

做行政当然会苦一点，也会失去一点。你需要在教学之外自觉承受一份责任和担当，你需要在担当和负责的同时把教学做得超出一般，你需要在别人休闲娱乐时去赶材料或者迎接检查，你还需要压抑不被理解、不被认同带来的委屈和愤懑。你没有双倍于别人的时间和精力，但你却需要在教学和管理两个方面都用力，做得出色；你没有接受过什么嘉奖或承诺，但你却应该踏踏实实地履行职责，展现才情，实现自我。做得好，似乎是应该的，你毕竟是负责学校某方面工作的行政人员，怎能太差；做得不好，就是大不应该，好像辜负了集体的信任和栽培，满是尴尬。

当然，做行政还是自我修炼，能收获别样的快乐。对于我来说，这种修炼与快乐，首先来自做行政的“先锋感”。因为你是行政人员，于是你需要“冲锋陷阵”，用自己的言行做表率，带着志同道合的人一起进步，一起超越，走在前面的感觉令人昂扬、振奋。其次，来自做行政的“使命感”。或因为职责所在，或因为心存感恩，我常常会以行政人员的身份提醒和要求自己，不仅努力从理念上改造自己，更在能力上强逼自己，已然把自己的生命成全与学校的持续发展深深地嵌在一起。再次，来自做行政的“通透感”。你会在工作中慢慢看清学校发展、人的发展的来龙去脉，看清事业之大和你的局限，看清付出与收获的辩证，然后你还居然能成为当下学校某个岗位“举足轻重”的某个人，实在值得骄傲。最后，来自做行政人员的“获得感”。无论怎样，“两条腿走路”的行政人员特别是我，教学不敢懈怠故而读写践思、寻求突破，所以多窥得一点教学的本质，多争取到了一点理性的沉淀；行政不敢懈怠故而敏行慎言、砥砺前行，所以又比别人多了一份胆略和见识，多了一份体验和自信。

“从政”，“高危”却也“高位”，全在于你修炼了怎样的心向，厚实了怎样的底蕴，做出了怎样的努力，完成了怎样的贡献。不管怎样，边教学、边服务、边管理的经历，让我变得开阔、立体、丰富，变得全面、深刻、敏锐。

感恩——“从政”。

七、彷徨

心整个地
漂浮在了空中
无法返程

有人说，年轻就是资本，但投资却不是一件容易的事。

与很多人一样，我的青春在选择的路口，也曾困惑迷茫，也曾踯躅彷徨。没有排山倒海、疾风骤雨的突然变化，也没有某一个人某一件事的绝对影响，所有的不如意、不自信、不甘心、不安静都是不知不觉间到来的。我竟无从下手，去寻找应对的策略。而此时，我固执地认为我已经是独立的成人，且是在令人羡慕的安师大附小工作，所以居然羞于向人坦露心迹，探讨人生的、职业的困惑和心灵的彷徨。

安师大附小确实给了我良好的职业开端，给了我和谐的人文环境，在安师大附小的最初几年我是朝气蓬勃、积极昂扬的，一切工作的进展都在可以接受的节奏和轨道上。但在20世纪90年代后期，我感觉到了职业生涯的第一波倦怠、迷茫、彷徨和无所适从。人是恍惚的，教是盲目的，生活是随波逐流的。没有什么规划，没有什么聚焦，没有什么动力，甚至想着如果有机会还是跳出这个职业为妙。那时候年轻，确实没有能力去分析出从踌躇满志到意志消沉的直接或者间接原因，也不知道自己的真正出路在哪里，就那么孤独地漂着，无精打采。现在细细咀嚼，似乎参透了一些，体悟到了一点。

教师职业无疑是清贫的，受20世纪90年代“下海潮”的影响，中小学教师这个职业的吸引力更是大不如前。我对物质没有那么高的要求，也没有什么家庭负担，但还是无法适应工资入不敷出的生活境况。联想到未来，便油然而生一种忧虑：这样的工资收入连未来的生活都不能很好地保障，我该如何成家？没有足以支撑家庭生活的物质基础，我又如何能够立业、发展？看得到当下的尴尬，看不到未来的希望，一颗踌躇满志的心便平添了几多不安和躁动。看看我那几年做的事吧：

自学法律专科，看上去是提升学历、丰富知识，其实质在于想拿到资质去考律师，然后好改行。在我们工作只拿200多块的时候，律师的收入可能会是我们的几倍，这具有绝对的诱惑力。可是，也许自己天生就不是这块料，倒是很艰难、很缓慢地通过了几门课程，但最终还是因为与紧张的工作本身有冲突，也觉得自己可能吃不了继续下去的苦，权衡再三，我还是选择了放弃。此为恍惚一也。

闲暇之余，我又到周边的画室去看考生的备考，心中蠢蠢欲动，想重操旧业，并借此去考大学离开小学教师的岗位。毕竟，我有师范学习的基础，也曾有这样的理想。但很明显，除非放弃当下的工作，否则我无法做到一边工作一边投入地备考。我的基本理性告诉我，丢下现在这份稳定、体面的工作，选择一个并不明朗的未来，似乎是一个很糟糕的决定。没有和任何人沟通，我自己说服了自己，用画画圆大学梦的计划基本可以停止了。此乃恍惚二也。

受某些事情的启发，我鼓起勇气来到安师大内部的一个广告公司，居然和老板攀谈了起来，甚至谈到我在他这里打工学广告制作。我是在设想着能否可以学一门技术，好在将来做点兼职为自己赚点外快，以贴补羞涩的钱袋子，或者说为自己活得更体面一点寻找另一种机会。但是又怎么可能呢？尽管我有美术的功底，却没有时间去学习，有心无力的事情不是无疾而终又能怎样？这是恍惚之三了。

最恍惚的表现是在那些犹豫徘徊的日子里，我似乎通过在校外培训机构兼职找到了些许慰藉。机缘巧合，认识了某书法学校的校长，于是，我开始了20世纪90年代末期利用休息时间在书法学校教授书法的日子。因为书法算是个人的一项特长，再加上跟着这位校长学习了一些书法教学的方法，培训指导幼儿、小学生还是绰绰有余的。此外，受其他私人开办的周末培训班邀请，我还先后教授过儿童画和习作。这样的生活断断续续大概有五六年的时间。客观地说，这几项兼职多少改善了一点生活，也对提升自己的教学能力产生了一点作用。在当年，大家都以能在校外兼课为豪，我虽然感觉有点辛苦，但也还是沉醉其中的。需要区别看待的是，前期做兼职是为了改善生活，寻找某种尊严和认同感，而随着时间的推移，这种兼职似乎成了一种麻醉，它让我暂时地忘记了职业的清贫和自己的无力，变得“职业”、“现实”和“功利”。

在这样的彷徨里，要不要留在安师大附小继续做小学老师已经不是问题，因为我将大量的时间和精力消耗在了兼职中，无暇顾及，不愿多想；有没有什么路径能让自己变得更加优秀，超越我曾经想超越的同行，这个问题已经变得模糊，因为也没有什么机会，自己也不觉得需要这样的机会。我似乎慢慢满足于这种生活的节奏和内容，并一度觉得这可能是我职业生涯稳定的行走方式，毕竟在兼职中我得到了“尊重”和“吹捧”。在彷徨中，我随波逐流，被“寻找尊严”带向了自我陶醉，被“追求变化”带向了安于现状。生活似乎越来越稳定，但心却整个地漂浮在了空中，无法返程。我们都会经历年轻，总觉得自己潜力无限，总觉得“拼搏”该是自己的主打歌。于是，我们容易抛弃学生时代的专注，在无人管束中四处游走，以“尝试”的名义挥霍着自己的青春，虚度了宝贵的年华；我们还容易丢掉纯粹的努力和奋斗，将自己浸在社会的“染缸”里，以成长的名义流放自己的矜持，积淀着世俗的自足和轻浮。

从做学生的学校突然走到当老师的学校，经历了短暂的“繁华一梦”，终于还是出现了职业的困顿和迷茫。这绝非偶然，也不是运命不佳，而是因为我并没有完全读懂成人时就已经是成人了，我还没有规划好自己的生活时就已经闯进了生活。生活对我算是友善的了，但她没有给我特殊的礼遇——该交的学费一定要交，该尝的滋味儿一定要尝。

只是，这“彷徨”一课，上的时间有点长。

八、他是我的“贵人”

我不信命

但——

相信“贵人”

我终归是幸运的，能从彷徨、犹豫甚至焦虑的困境里拔出来，昂扬地走到了今天。几乎要放弃了，偏又来了转机；几乎要陷下去了，却被拉了上来。在这个从低谷往上爬的过程中，我遇到了太多的友善与鼓励，得到了太多的帮助与机会，是一股又一股暖流给了我力量，是一个又一个机会让我重新认识自己。我的困境不是一人一事一时所致，而让我逐渐褪去倦意、重拾信心的力量也来自多个方面。其中，有一个人至关重要。

2000年5月17日，这是一个人们多半还沉浸在“千禧”情绪中的日子，这也是一个普通得不能再普通的日子，甚至还是一个处在学期中段的疲倦、“尴尬”的日子，在大学组织部领导的陪同下，新任校长在安师大附小校长缺位近两年后终于到任。他就是郁培林校长。我曾在大学的前期调研中激动地说过，安师大附小现在没有校长，就现在的办学境况而言，我们期待“神一样的人”“从天而降”来领导安师大附小，帮助安师大附小。因此在我的期待中，这个人应该是气宇轩昂、雷厉风行的那种，应该是可以带着我们大刀阔斧、甩开膀子干活的那种。说实话，在学校的会议室欢迎郁校长时，看到他温文尔雅、略显瘦弱的样子，我的心里不免直打鼓：他能行吗？他懂小学教育吗？他没有办学经验，能将安师大附小带出困境吗？他没有太多的表白和信誓旦旦，只是低调而诚恳地说：“我是来向大家学习的，我是来为大家服务的。”然而，就是这位看上去文弱的书生，就是这个第一印象令我心里打鼓、甚至难掩失望的人，彻底地改变了安师大附小，有力地拯救了几近放弃的我。

他形容文弱，却用他的理性、睿智征服了大家，征服了我。郁校长确实不是我想象中可以力挽狂澜的那种校长模样，他的到来，也没有让我们立刻感受到学校的剧变和震动。几乎没有什么特别的仪式或变化，他就平静地坐到了校长办公室，成为梁建风校长之后的继任校长，成为安师大附小新的领军人物。也确如我最初的印象那样，他在管理中并没有什么雷厉风行，也没有什么波澜壮阔，他是那么安静地行走在我们中间，像在倾听，在观察，在思考，在等待着什么。我记得，他进入安师大附小后最先做的一件事是分别跟多位行政人员和老师进行了交谈，包括和我，问了问题，聊了生活，没有太多的评价，只是听，只是问，只是真诚地对视；我记得，他和我们大多数小学老师不一样，冷静斯文，很少高声谈笑，却在某些家长的无理纠缠中表现出不卑不亢和坚定的原则立场，硬是将家长出的难题破解，将第一场“硬仗”拿下；我记得，他绝不表现出校长的强势，绝不以长官的口吻发布指令，总在需要他表达的时候，传递出一种哲学的思辨和人性的温暖，居然带给我们信心和力量；我还记得，他说要“开门办学”，于是将那么多年高高筑起的围墙变成橱窗，将铁皮封住的大门变得通透，将专家请进校园，与家长交流通畅……在不知不觉间，安师大附小和我居然都安静了下来，大家一起跟着这位新校长，平和前行，激情出发。我们被征服的原因，可能就是他的镇定从容，他的举重若轻。而我，则开始相信，安师大附小和我确实幸运地遇到了一位“从天而降”的“神人”。

他不是“圈内行家”，却用心读懂了小学，将安师大附小也将我带出了困境。他之前和安师大附小的绝大多数老师没有任何交集，和小学教育也没有太大的关联；他来自大学的科研处，出任安师大附小校长前还在郎溪县挂职镇政府领导，他的到来对安师大附小的很多人来说没有任何先兆。可就是在这“没有”和“不可能”中，他居然用他的法子逐步了解着小学的特点，掌握着小学的节奏，特别是对安师大附小的办学现状，他更是做了大量的前期的调查和思考。而当时安师大附小的状况是：我工作前后那几年的风光早已不在，办学声誉每况愈下，不说借读生，连大学的子女都想着法子往其他学校转。这种尴尬让我坐立不安，也让很多热爱安师大附小的人为之扼腕叹息。郁校长正是在这样的背景下临危受命。不埋怨，不慌张，也从未见他给自己找借口，找台阶，只是鼓励大家，只是积极行动。不是不怎么懂小学教育吗？他放下大学教师、高校干部的架子，遍访芜湖市几所名校，向各位校长取经、问学。不是没有什么生源吗？校长带着我这个办公室主任走访多家幼儿园，宣传安师大附小的办学，表达自己的诚意，让各位园长为安师大附小多做客观的宣传。不是办学得不到认同吗？他从理念更新入手，从教学研究入手，从管理规范入手，教师的精神面貌逐步改变，质量检测的成绩频放卫星，用实力赢得社会的再次关注和认同。我自然也随着安师大附小的重新出发一扫颓废，精神焕发。

他淡泊名利，却一腔热情，为师生发展开创了全新局面。郁校长从未给自己创造什么条件或机会去评职称、评优秀，因此，十多年过去，他依然是校长，却还是他来安师大附小前的职称——助理研究员。他当然可以兼个什么课，然后凭着自己的文笔写几篇文章去评奖或发表，再凭着自己的职位争取几个优秀，弄一个小中高职称（现在的高级教师）是那样的顺理成章、无可厚非。可他偏偏选择了成全自己家的教师——指标远远不够安师大附小优秀的教师使用，他又如何忍心去争去抢？体制的束缚他看得明白，也想得清楚。于是，他将个人的名利深情地放下，带着全体师生创造属于大家的属于安师大附小的幸福。他紧紧抓住教科研，为老师们的专业发展提供机会，搭建舞台，挖掘有利的资源为你所用，拓展广阔的空间任你遨游。在最艰难的岁月里，他会从“公开课的利与弊”着手解放大家的思想，他会陪伴教师赛课打气鼓劲儿，他甚至亲自参与磨课、点拨和指导，熬至深夜。一批青年教师迅速成长，办学的软实力大大增强。我就是在这一波又一波的机会中逐渐成长，在一次又一次锤炼中脱胎换骨的。懂教师也就罢了，他居然那么懂学生，从一开始就提倡尊重个性，全面发展，提出了“求真知，做真人”的校训，倡导“做中学”，主张公民教育，强调自主发展。所有这些，都与他后期系统提出“生本课堂”、实施活动类课程有着密切的关联。他专心于促进人的发展，专心于办真教育，这使我平和，令我安静，给了我安顿心灵的大大的空间。

郁校长之于我，不啻为生命中的“重要他人”，撑我于既倒，扶我于孱弱，唤我于迷失，点我于困顿。我不信命，但——相信“贵人”。

第三章　课改洗礼

2001年正式开始的新一轮基础教育课程改革，是中华人民共和国成立以来的第八次课程改革，简称“新课改”，它也是新中国成立以来规模、力度及投入最大的课程改革。我于2002年带完毕业班之后，转到了实验年级教语文，也因此有幸扑腾到了课改的浪潮里。原以为它就是一次寻常的类似于“义教实验”那样的某种教育举措而已，没承想，它居然成为我职业生涯中的一个重要拐点，不仅使我过上了一种有“专业”滋味的生活，更让我逐渐消解了职业焦虑，重新找回了属于专业的那份热情与信念。这是一种怎样的力量输入，引我站立，给我希望？这又是一个怎样的蜕变过程，使我清醒，让我明朗？我确实难以简单、概括地说出子丑寅卯，但是，我经历的那些生活，或许可以帮我找到个中的真实原因。

一、我的一年级

不了解学生
就开始教育
这，近乎粗暴
和野蛮

2000年之前，安师大附小的男教师鲜有从一年级开始教学的。不是男教师拒绝到一年级，而是多年来，年轻的男教师在安师大附小一直稀缺，教语文的男教师在我之前就只有陈志岳副校长了，而他已经在20世纪90年代末退休。即便我以及我之后的几位年轻的语文男教师进入了安师大附小，校长也尽量不考虑将我们安排到一年级。原因应该不复杂，大家总觉得男教师相对粗糙，而一年级小朋友需要极大的耐心和细致，这对矛盾不好协调。但随着教师队伍的年轻化以及男教师的逐年增多，这种顾虑或担忧便逐渐淡化。当然，不淡化也没有办法，总不能为了回避男教师带一年级而年年调整，岁岁纠结吧。

在我正式地成为一年级语文教师前，已经有男教师从一年级开始“大循环”（亦即从一年级至六年级的完整教学）的尝试了。2002年7月，我送走了我的第四届毕业生，也是芜湖市最后一届参加“小升初”考试的学生。尽管孩子们很给力，全班60多人有22人考入当时的“市重点”，在当时颇为轰动，但因为连续从中年级甚至高年级接班级，我还是感觉到了疲劳。再加上自己很想进入“实验年级”，便向郁校长提出请求：这一届，我要从一年级干起！郁校长自然不会阻止，在他的理念中，男教师带一年级早就不是问题。不管怎么说，我到一年级教语文这件事，在熟悉我的人眼中仍算是一个新闻：啊？你现在带一年级啊！毕竟，我刚刚结婚，毕竟，我还没有做爸爸，能不能适应这些小朋友是一回事，小朋友能不能接纳我是另外一回事。一切都在这未可知中开始。

进入一年级，我才知道从书本上学到的心理学、教育学知识如果没有经过实践，它们确实只能算是“书本知识”。说实话，近十年的小学语文教学经历，并没能让我真正了解每个学龄段的孩子，尤其是刚刚从幼儿园进入小学一年级的“小不点儿”，他们害怕什么、需要什么、喜欢什么、讨厌什么，我缺少感性直观的了解，也缺少与他们交流对话的技能技巧。怎么办？我要求自己：多与他们接触，尽快了解他们，要让孩子们喜欢我！于是，我凭着自己的直觉，凭着对儿童积累的情感和认知，放低身段、亲切面容、和缓语言、积极观察，以此走近他们，吸引他们、赢得他们的信任，为他们适应小学、喜欢小学竭尽所能地做着“幼小衔接”的工作。

我会尽量把课上得轻松、有趣一些。读蒙台梭利的论著，我知道幼儿需要安全感，需要秩序感，课堂的轻松愉悦是给他们安全感的最好方式。所以，在一年级的课堂上，我总会想着法子将教学变成活动，将游戏融于其中。学音节的拼读，我就和孩子们编故事，努力化枯燥为有趣，因为我知道他们学母语不是零起点，学拼音需要生动的语言环境；认读生字，我会让他们上台手捧着会认的字骄傲地带着大家读，会让他们选择多个字串起来组词、说句子，玩转生字，享受过程；读课文，我会听一听他们的建议，是想听我示范读还是想自己读，尊重他们的决定，“隐藏”自己的权威，以此增强他们的主体意识；课堂上，我还常常将目光聚焦在学困生身上，一是瞅准机会就让他们表现，一是抓到亮点就及时表扬，他们是课堂里需要守住的底线，他们若长期得不到关注和成长，那课堂也必然是冷酷、无趣、低效的。

我会努力降低课业的负担和分数的压力。不是因为苏霍姆里斯基教导我们“不要急于给刚刚入学的孩子评分”，而是我总觉得一年级的孩子最不需要的就是分数。他们有很多很多比取得高分更为重要的事情要做：他们需要先喜欢上老师，喜欢上这正儿八经的课堂；他们需要交朋友，需要享受课间；他们需要开始“系统”地学习阅读，学习写字，学习表达……所以，我努力地帮孩子们打着掩护，尽量少让家长在试卷上签字，也绝不会弄什么分数段，过早地根据分数给他们贴上标签；我一直倡导将“重要的作业”放在课堂上做，一年级就是在探索着不将或少将书面作业带回家，因为课业的负担和分数的压力小了，孩子们便有了更多本该属于他们的自由和闲暇。看到他们轻松地玩乐在学校的课间，我知道，做教师的其实应该把专业修炼的压力加在自己身上，而不是“很不专业”地只知道在课业和分数上制造“威权”、制造“伤害”。

我会把在校的时间多一点用在他们身上。仔细观察你就会发现，刚刚从幼儿园进入小学的孩子眼里不大有“规矩”和“老师”，如何尽早在师生间建立一种信任和联系是至关重要的工作。怎么让他们“发现”你、“在乎”你？我的经验就是多出现在他们的眼前。上课自不必说，下课我也尽量留在班上，等着他们来找我，或者我主动去找他们搭讪。跟他们聊聊天，听他们说说话，慢慢就会消除拘谨，丢掉陌生。当孩子们发现，除了在家中有父母懂他们，爱他们，在学校还有老师愿意懂他们，爱他们，他们自然会多一份安全感，从而喜欢上学校，喜欢这里的生活。孟子以为“得天下英才而教育之”为人生一大乐事，我们何尝不希望刚刚入学的孩子就已经知书达理？但那合乎规律，合乎人性吗？其实，这些小不点儿都是可爱的“英才”，只不过他们需要一个叫“学校”的地方帮助他们打开自己的经验世界，需要一群叫“老师”

的人们给他们“慢慢走”的时间和“欣赏啊”的心态。

我一直保持着对他们悉心观察的习惯。我主张，在我们不知道如何处理眼前的关于学生的问题时，那就尽量保持沉默，宁可放一放，也绝不贸然行事，草率决断。一年级的小朋友心理承受能力自然是脆弱的，行为表现也是不稳定的。我们跟他们在一起，不能只是简单陪着、在场，我们应该有自己的视角和敏感，可以从不经意的表情、动作或是语言中捕捉其心理的色彩，再进行合适的回应、点拨和教导，或许会更符合他们的需要。从2005年开始，我便保持着写作的习惯，我用文字及时地记录下我工作的点滴，特别是和他们在一起的发现和思想。这让我越来越能读懂他们，越来越愿意研究他们，当然，也越来越清楚如何和他们相处，给他们怎样的驻足、欣赏、叮咛或是嘻哈。教育始于了解，对一拨刚刚进入小学的孩子来说，不了解就开始教育，这近乎粗暴和野蛮。

一年级是孩子们开始全新学习生活的特殊起点，因此，应该是为师者需要格外谨慎的时段。我们如果能多一些“以生为本”的考量，多一些“儿童立场”的行动，则不仅能够成全孩子们的一年级，甚至能给他们的整个小学生活带去力量，为其成长提供良好的启蒙。到2016年因特殊情况暂别课堂，我已经从一年级起带了三届学生。或许因为我是男教师，小朋友们稀罕，也或许是我对他们的用心奏了效，孩子们一年级的生活多半是愉快、顺利的。更令我感到满足的是，每一届孩子都能在良好的开端后，呈现出精彩的延续。我看得见他们的茁壮，他们的阳光。

特别的一年级，给我留下了特别的职业体验和实践反思，它领着我走向教育的纵深和职业的成熟。

二、“先驱”生活

有渴望进步的心
便累也心甘
战亦从容

当我还在六年级忙着毕业班“小升初”冲刺的时候，轰轰烈烈的新课程改革已经拉开帷幕，那么坚决地闯进了我们的生活，引起了一片极富力量的震荡。尽管我还没有接触到实验年级，没有参加到课程改革当中去，但我知道咱们芜湖市是国家级课改实验区，这很了不起；我知道国家颁布了一个叫“课程标准”的东西，它将取代“教学大纲”，这事关重大；此外，我还知道这次改革在中小学推进的同时，还有很多不一样的语词和教研专题纷纷涌现，令人眼花，如“新教材”“新理念”“小组合作”“成长记录袋”“建构主义”“预设”“生成”……

应该这么说，我是带着满心的期待结束毕业班教学，迫不及待地加入到新课改行列中去的。记得当时我还挺担心这次改革只在首轮实验班进行，怕像我这样的后来者够不着，甚是不上不下地焦虑了好长时间。当得知这是国家行为，将会全面铺开、深入推进，我便毫不犹豫地选择了从一年级开始教学，紧紧追随新课改的步伐而去。不料这一扑腾，居然开始了一种“先驱”般的教育生活，经历了很多自己未曾经历的事，也经历了安师大附小前辈未曾经历的生活。其间所经受的挑战与承载的压力令我始料不及，甚至有透不过气来的感觉，但因为是自己愿意做的事，并有着强烈的渴望进步的心，便累也心甘，战亦从容了。

先说说公开课吧。在郁校长来之前，学校的公开课相对较少，教科研还没有形成气候，教学研讨并没有成为学校的工作常态。随着“科研兴校”办学思想的形成，公开课及教学研讨才成为我们关注的领域，成为学校教科研推进的主阵地，也成为青年教师专业成长绕不开的道儿。我从毕业班进入一年级，考试的压力大大减轻，再加上是课改年段，且正年轻，承担公开展示、研讨课便理所应当，也顺理成章。从2002年开始之后的近十年时间，公开课对于我而言几乎成为家常便饭。面对一次次不同的展示任务，我自然有压力，但更能感觉到教研员、校长及同事的信赖和看重，于是，就不好意思拒绝了。记得进入课改班级后，我接到了一个上公开课的任务。为保险起见，我事先请来了市教科所教研员王和欣老师听课指导。一年级的课对我这样一个从未研磨过的人来说确实构成了挑战。尽管我已经调用了自己关于课的所有储备，还是在最基本的识字教学环节闹了笑话：我居然在生字认读时先出示了不带拼音的，再出示带拼音的，且对于这样有悖认知规律的问题浑然未觉。王老师面带笑容予以指点，我已经臊得抬不起头来。公开课暴露了我在教学理解上的问题，也为我不断进步争取到了一个又一个契机：在外校来访时，在全省观摩活动的舞台，在各区县教研交流中，在各级各类比赛前的磨课里……一次次展示，一次次历练，让我一点点积累着自信，一点点感悟着教法与学法。所有的公开教学中，最值得我珍惜、怀念的是2004和2005年两次赴北京录课，因此得到了人民教育出版社（以下简称“人教社”）崔峦、蒯福棣、陈先云、徐轶、郑宇等语文专家的直接指点。其间录制的《搭石》及《呼风唤雨的世纪》课例光盘更是随当时的“教师用书”在全国发行。那段时间的磨课及学习经历，对我产生了积极而深远的影响。对公开课的争议一直都有，但就我个人的体验来看，如果剔除功利、作秀的成分，真正将它作为研磨教学、改进教学的行动研究的手段，那它在成全教师的专业、提升教学的质量上必定有着无可替代的积极作用。我冲在了前面，自然有耕耘的回报。

再说说各类教学评比。2003年至2010年，我几乎每年都有相应的教学比赛需要面对，我也几乎成为全校同事在这方面最忙碌的那个人。我当然知道，这里边有校长的良苦用心，他希望能有“领头雁”的长成；我也知道，我正当年轻，应该“三更灯火”“闻鸡起舞”。每一次参赛，我都竭尽所能。2003及2004年的信息技术整合课选拔赛，2004年选拔赴京录课人选的比赛，2006年的全省青年教师阅读教学大赛，2007年的全国阅读教学光盘课例评比及华东六省一市阅读教学大赛，2008年市级“骨干教师”、省级“教坛新星”、特级教师教学评比，2010年全省及全国的教师素养大赛……每一次评比或选拔，都成为我集中学习名师课例、反思自己教学的机会；每一次对课的打磨，都会得到包括校长在内的团队的真诚帮助和指点；每一次成功或失败，都是我砥砺品质、锤炼心性、激励精神的活的教材。是比赛就要见高低见分晓，是比赛就会有成功和遗憾，而我的幸运在于，绝大多数比赛或评选我都取得了满意的成绩，而不成功时也能够得到校长、同事温暖的安慰和激励。我拿到了各级比赛的一等奖，甚至在全国小学语文青年教师素养大赛中收获特等奖的殊荣。我在一次次比赛中进阶，在一次次磨炼中成熟，更在一次次学习思考中探索着课堂的本质，形成了自己的理解和风格。

最后，我还想说说我所承担的各种培训。坐在台下听别人讲课或培训久了，便幻想着有一天我也能那么理性或生动地坐在台上，口若悬河，能系统地谈自己的观点，传授我的经验。从2003年开始，这样的体验居然就真的有了。作为参与新课改的教师，也因为市教研员及学校的推荐，芜湖市继续教育领导小组将我纳入首批继续教育培训专家库，自此，我几乎承担了芜湖市十多年来的每一次继续教育培训任务。而同样也是在2003年，我被芜湖市教科所推荐到人教社教材培训讲师的团队里，以国家级课改实验区教师的身份，给全国各地使用人教版教材的实验区教师进行教材培训，分享教学经验和心得。仅这一项培训，我在三年间就跑了江西、河南、江苏等地十多个实验区，做了几十场培训讲座。再加上在全国各地以及受邀赴德国所做的汉语培训，十多年来，我经历了大大小小的讲座培训逾百场。这百场培训，为我赢得了百次直面一线教师和管理者困惑、困境的机会，百次梳理自己、晒出自己、追问教育的机会，更是百次学习前人经验、发现自身差距的机会。自化化人，己立立人，每做一次培训，我都像经历了一次心灵的洗礼，我在告诉别人，更是在清醒自己；那些经自己“转告”的经验、心得、理论，居然也慢慢浸润在我的思想里，成为我的一部分。有一天，我对年轻的同事们说：把那些有用的东西总挂在嘴上，说着说着，它就成为你的了。那么多次培训别人，没想到最终成全的居然是我自己。

突然觉得，被人“赶着”往前走，也不失为一种“先驱”的生活范式。

三、平等及其他

唯有平等了师生关系
“主体”才能凸显
唯有成为平等中的“首席”
“主体”才能受益

我还是想换种方式强调一下，2002年进入课改以后，很多新的理念似乎给我打了“激素”，让我兴奋不已，总感觉教育即将旧貌换新颜，即将地覆天翻。于是，便觉着自己一定要做好充分的准备，否则就会被那新天地抛弃——“求知欲”“好奇心”被空前地诱发了出来。再加上不断积累着的对儿童慢慢变化、慢慢成长的观察、陪伴及引导，我对“人”、对“课堂”、对“学生”、对“教师”的理解也开始发生着变化和转向。这期间，2006年我儿子的出生这个重大事件，从根本上影响了我的“儿童观”。应该这么说，因为课改和儿童以特有的方式及时地出现在我的视野里，扎根在我的生命里，所以在很大程度上影响了我的职业情意和行动，特别是对课堂教学，我明显多了一份冲动，更愿意去思考、尝试与改变。

2002年秋天，我接手生命中的第一个一年级，于我而言是划时代的事情。孩子们萌萌的面容，萌萌的行为，使我这个从未体验过做父亲的青年被深深地吸引，也使我自然地在心中升腾起“儿童需要”“自由”“宽容”“等待”“蹲下来”等等语词，或者说，心中被新课程所倡导的理念填得满满的。这个开端，对我对学生而言，显然都是一次全新的机会——我遇见了课改，她给我松开了束缚已久的手脚和心灵；而孩子们遇见了我，我有责任研究他们，顺应他们，成全他们。我以为，课堂是我和儿童真实面对的地方，他们的表情和表现检验着我的实践行动和思想观念。

平等，是我需要彻底改造和树立的核心理念。我喜欢儿童，这毋庸置疑，但我又和其他老师一样，习惯于控制和告诉。我迷信“敬畏”的力量，期待学生对我既能做到情感上敬仰，又能做到心理上畏惧，并能在他们内心达到和谐统一。为了让他们敬仰，我愿意花时间陪他们，愿意扎实地教授，愿意不厌其烦地讲解，更常常在他们面前表现我说、唱、读、写的才能；为了使他们畏惧，我则“严防死守”，抓补差，盯纪律，找问题，树权威，始终捏着他们的“小辫子”“小尾巴”，使他们懈怠不得，自由不得。这些策略以往奏过效，但明显强化了“教”的威权，忽略了对学生真正需要的研究，现在该何去何从？“以我为中心”一直是我吸引学生的潜在心理和行动指南，这显然有悖于“以生为本”的教育理念，我又该如何调整？我想，这一切的有效改变需要从课堂开始。课堂教与学的行为改变了，理念才不会是空洞、虚无的东西。

新课程主张学生是课堂学习的主体，教师应成为“平等社区中的首席”。“主体”这个概念我早就熟知，但真正带给我冲击的是“平等中的首席”这个感性的表达。唯有平等了师生关系，“主体”才能凸显；唯有成为合格的“首席”，“主体”才能更好地受益。平等，何其难也！它可不只是表情肌的松弛，不只是给学生几句华丽的赞美，它是建立在对儿童“完整的生命个体”的理解和接纳之上的，也是建立在“解放儿童”“欣赏儿童”“慢教育”理念和行动之上的。苏格拉底说“美德即知识”，我们作为老师，确实只有在观照实践的基础上不断学习，才能真正理解平等，才能有资格成为首席。于是，我的课堂上，就出现了给老师的朗读和写字示范打分、提建议，然后我根据学生的建议修正，再请他们评价，便有了“骆老师加油”的鼓励，有了“老师进步了”的表扬；于是，我的课堂上，便出现了“辩论”“协商”和“犹豫”，我不再是“判官”“头头儿”，学生成为我凝视、信任和依靠的力量。

新课程期待学生“愿意”“喜欢”“个性”“对话”，期待课堂生态的重建。我曾经细细琢磨过这些语词，也郑重地提出自己的疑惑：学生愿意、喜欢，或者尊重个性、实现对话，对课堂、对学习究竟能有多大的力量？疑惑归疑惑，新理念还是通过这些词语坚定地传递给了我，也引起了我的警觉和探究的兴趣。慢慢地我就发现，“愿意”“喜欢”其实就是学生的兴趣，而“个性”成全就是教育的目标，“对话”则是教学的本质。所有理念都不是新创，它们都有其理论渊源，原本都是教育常识——不大被大家熟悉的、掌握的、运用的常识。为了让孩子们“愿意”“喜欢”，我努力改造着原有的习惯和高高在上，走近他们，认识他们，满足他们对学习的想象和需要，让他们在更贴近发展规律的课堂空间发现意义，收获快乐；为了尊重“个性”，实现“对话”，我极力培养自己的耐心和倾听的习惯，然后与他们探讨，与他们分享，从而互相启迪，互相激荡，改变了我“一锤定音”的权力，也改变了课堂一直由教师统治的局面。

新课程倡导“自主、合作、探究”的学习方式，以革除教授法的弊端。实话实说，尽管这种理念表述专家谈得最多，也是最早进入我话语体系的新课程理念之一，但很长时间里我并没有深入追问和认真钻研。所以，我对这三个词的解读也往往停留在“主动学习”“相互交流”和“深入思考”

层面。这当然是一种遗憾，但它不妨碍我用这几个关键词审视传统的以教为主的课堂。好在我能够忠实于教材，能按照“编者意图”去推进课堂教学，一定程度上积极落实了学习方式的变革；好在我愿意观课揣摩，从名师课堂里去学习路径、方法、策略，从名师的设计中去感悟“以学为本”“顺学而教”。2002年至2012年的课堂，我缓慢摸索着课堂学习方式的变革，碎片式地学习着相关理论和相关课例，一定程度上改变了重教学技能、重手段运用、重教师牵引的“教为主”的课堂面貌，有意识地实践着把时间还给学生、把学习过程还给学生的“学为本”的课堂。现在看，并不能令人满意，但毕竟从本质上冲击了、改造了传统的理念和实践的方法。

理念是方向，实践是行动，我们务必要成为明明白白的教育人，否则“南辕北辙”带给后人的可就不仅仅是一则故事那么简单了。

四、“你变可爱了！”

其实，不仅在于你的
内心和表现
更在于你，给别人
带去了什么

古希腊神庙的立柱上刻着这样一句话：人啊，认识你自己！据说这是苏格拉底的观点。在古希腊人看来，“认识自己”才能富于智慧，得福免祸。其实，我们的老祖宗也有这样的判断：知人者智，自知者明。

我以及像我一样的人们，何时能真正认识自己？或者通过什么途径认识自己？我至今无法得出一个准确的答案。但是，我知道，我们的行为必然地通过他人折射回来，进而给出反馈——你是个什么样的人，其实不仅在于你的内心和表现，更在于你给别人带去了什么，给别人烙下了怎样的印记。

我原先是怎样无趣和不可爱我已经记不太清了，但我确切肯定地知道，我在过去的时光里，认真地教学，严格地要求，忘我工作，倾心投入，孩子们是否能够感受到，是否愿意接受，我分析得不多，也测量得不多。我确确实实地有付出，有行动，这是我工作以后十年生活的基本写照。1993年成为老师，进入四年级做班主任，教语文，兼美术、品德；1996年中途接五年级，做班主任，教语文兼品德；1998年又接了一个五年级，教语文；2000年再接五年级，2002年送走他们。这将近十年的时光，我都“混迹”在中高年级，为着孩子们的升学服务，为着“小升初”的成绩奋斗。我成熟着自己，也成全着孩子们。

应该是2005年的某一天，我亲爱的老大姐，同级组的老师刘莉不知因何缘起，在交流中，她甚为真诚地给了我一句评价：“骆正位，你变可爱了!”这评价宛若一记重锤，清晰明确地敲击在我的心头：我变可爱了？我真的可爱了吗？我可爱在哪里呢？我之前不可爱吗？为什么之前不够可爱呢？这些问题我当时没好意思跟刘老师探讨，却成为我后来岁月里一直追问和思考的话题。

我首先想到，刘老师所说的“可爱”一定是指我和孩子们在一起的那股疯劲儿，那股痴迷劲儿。当年，刘老师算是安师大附小语文教师中的年轻人了，我们在同一个年级组共事多年，相互间的交流比较多，自然知根知底。她能看到我喜欢和孩子们在一起，而孩子们也愿意和我交流。特别是三年级之前的阶段，孩子们相互感染，性格外向、内向的都粘着我，追着我，甚至抱着我，纠缠不休，而我，则无比享受师生间这难得的其乐融融，就这么与他们腻歪在一起。我愿意看到他们快乐地围绕着老师，愿意为他们提供一个“懂儿童”的成人。因为在我看来，这样的关系总会有利于儿童对学校的依恋，对老师的信任，对学习的喜欢吧。长期与孩子们“没大没小”地生活在一起，难免不被他们“萌醉”，受他们感染。不知不觉间，我的表情自会多一些笑意与陶醉，我的言行自会多一些“稚嫩”与“无邪”——这种“复归于婴儿”的状态，我自然中意，想来他人也应该有所知觉的。刘老师一定是观察到了我的这一变化。她说我变可爱，自然是对比之前的我而言。于是，我便要反省一下过去的自己了：我过去是什么样的？为什么就不够可爱呢？

前面提过，我这些年的教学时间多半守在中高年级。这里，需要郑重、严肃地教“有用的知识”，需要帮孩子们“竞争”“闯关”，那种凝重、压抑，绝不是你想超脱就能超脱得了的——你的用心、执着将直接关系学生升入重点中学的概率。兹事体大，马虎不得，草率不得，便只能老老实实地加入分分必争的应考大军中去了。这样的生活，我无法真正轻松得起来，自然也没有闲暇去读书、思考，我以及和我一样的老师们，其实是行走在真教育的边缘。那年月，不自私地藏着自己的“宝典”“密卷”就算不错了，哪里还会那么可爱地任学生纠缠，任表情飞扬呢？

其次，我想到，我的“可爱”还可能表现在我与同事的交往上。在工作的前十年里，安师大附小的年轻老师相对较少，而与我年龄相仿的男教师更是少之又少，因此，与同事间的深度交往并不大可能。加上我的性格本就偏向内敛，在女老师扎堆的办公室里，我等小辈更是不敢造次，一般会刻意地保持该有的“风度”和“矜持”，以一种半封闭的状态生活在集体里，也自然少了“一家亲”的轻松和随性。这种感觉临到紧张的复习迎考时尤甚。随着与新课程、新儿童的深度接触，自觉性格悄然发生了变化，特别是对人对事的态度在不断转变，不断升华。我确信，孩子们的纯真无邪深深影响了我，感动了我，进而让我觉得“与人为善”的可贵，觉得“感恩一切”的必要。2002年以后的职业生活里，我的同事，特别是同学科、课件组的不少老师在我一次次磨课、比赛中毫无保留地指点，不辞辛劳地保障，每每令我动容，催我奋进。面对这样的集体，这样的同事，这样的生活，我自然能够完全地打开自己的心门，任清风拂来，任美好留驻。

当然，我更愿意相信，我的“可爱”在于专业能力和职业魅力的不断提升。如果说过去靠“重点中学”升学率为自己打品牌，学生既是我的服务对象又是我的工具的话，后来的我则基本摆脱了这种束缚，能够名正言顺、坦坦荡荡地将分数暂时地放一放，用教育的爱的目光重新审视“儿童立场”，重新改造“师生关系”，重新优化“课堂生态”，眼前便呈现出完全不一样的教育风景。在这样的大背景下，我职业生活的内容在变，方式也在变。阅读与反思开始与我的教学实践同行，我的课堂一直能以开放的性格不断修正；学生与成长作为核心关注进入我的视野，我的教育行为开始了“静悄悄”的转变；我开始质疑“为了孩子的一切”之类口号的诚意，更加感性地热爱着儿童，更加理性地探问着教与学的方法与路径。如此这般，教育的面孔自然会“可爱”些吧。

谢谢刘老师这么感性的评价！实际上，我觉得它好像最终变成了我对自己的期许，更好像成为鞭策我不断“可爱”的一股力量。

五、从“仰视”到“正视”

只是他们
更早起步
更早努力
更愿意坚持
更专心致志

与所有爱追星的年轻人一样，我入职的前十年，也有自己心中的“明星”。当然，我追的“明星”多是教育界名号响亮的特级教师、学术专家。追，缘于膜拜、仰视，和可望而不可即的高度；追，因为心中有梦，总幻想着成为他们那样的人。那年岁，我特别愿意去听名师的公开课，并见缝插针地争取机会和他们合影留念。

仰视他们，是因为我总觉得名师、专家有我辈难以企及的本领和高度，我与他们遥不可及。我最早认识的崔峦老师，他可是全国小语会理事长，那标准的普通话，那系统、深刻的语文教育理念，简直就是我的“教科书”。我总痴痴地想着，哪怕拥有先生十分之一的专业造诣，应该也能成为本地屈指可数的一名好老师吧。

从书中认识且一直未曾谋面的诗人、教育学者张文质先生，他的“慢教育”主张，他的“生命化教育”思想，他的诗人的浪漫情怀，他的教育梦里的诗意，深深吸引并给我指引着方向。直到最近捧起他的《张文质说》，我依然感怀当年能够在文字里那么幸运地碰见他。

再看我曾经面对面交流过的王崧舟老师，那一节《我的战友邱少云》课堂教学，那一场《教师发展的四大支柱》主题讲演，直接把“神话”展现在了我的眼前——他也是一位小学语文老师，那全身散发着的诗意和功底，全国能出几位？

曾对我有知遇之恩的窦桂梅老师，仅“在人民大会堂汇报自己的教育教学经验”、“课堂教学的‘三个超越’”及“主题教学”这些荣誉和成果，就足以令我瞠目结舌，更别说读过她的著作《玫瑰与教育》《窦桂梅与主题教学》《听窦桂梅老师评课》之后，对这样一位出色的女老师，除了为之骄傲，我辈又有几位可以超越？

被誉为“中国苏霍姆林斯基”式的老师李镇西，最早读到他的著作《教有所思》就觉得此人了得，文字中所透出的洞察力、思辨力以及纯粹、高远的教育情怀，一度让我景仰到不能自已，常以“李镇西说过……”为学术引用，为自我炫耀，并幻想着向他靠近，哪怕一点点。

小学语文，不能不提寓庄于谐的于永正老师，他在课堂上与学生的那种亲密，他所能营造的课堂吸引力，他的“五重教学法”，他的“言语交际表达训练”，他创造了小学教师的传奇，成为“人民教育家培养工程”首批培养对象。我与他的距离有多远？还有曾与我有过一面之缘的特级教师孙双金，光是“情智教育”思想就已经彰显出他的高度，令后辈难以望其项背，在我眼里他与王崧舟、窦桂梅老师成为当年新生代中的旗帜性人物；再看看周益民老师，很早就认识了他，那么年轻的特级教师，你以为能追上他，可他仅在儿童文学推广上所做的工作、所取得的成绩就令我汗颜。

除了他们之外，你会发现，还有好多好多耕耘在一线却有着令人称羡的卓越成果的老师，如“不跪着教书”的中学语文特级教师吴非，教学以平实、高效为特征的特级教师薛法根，开创“创意作文”并取得良好效果的特级教师张祖庆，用“海量阅读”教学方法征服小语界的韩兴娥老师，以儿童阅读推广和著作而闻名的安徽老师“看云”薛瑞萍，以及“吟诵课”见长的戴建荣老师，“对课”著称的丁慈矿老师……

如果单单看到这些专家、名师当下所拥有的专业地位，我们一定有太多的理由为自己开脱——我们的杂务太多，我们的闲暇太少，我们的平台不如别人好，我们的机会没有别人多……于是，我们当然会与他们不期而遇，继而与他们擦肩而过，“相忘于江湖”，我们本可以从他们身上汲取的力量自然如过眼云烟。

随着自身阅历的丰富，特别是随着自己专业阅读的展开和教学教研的深入，我越来越清楚地认识到，名师、专家原本也是普通人，只是他们比我们更早起步，更早努力，更愿意坚持，更专心致志罢了——学习使他们变得强大，或者说，他们是一群“一直保持学习的精神”的人。我所知道的王崧舟老师，个人藏书早就有6000册以上。这是个怎样的数字？这又是一段怎样的积累、吸纳和蜕变的过程！我所知道的李镇西老师，“每天阅读一万字”，著作等身，你就不难想象他为什么能成为今天的李镇西。

我常常这样想：我固然普通，可有理由相信，只要我愿意学习，肯于下工夫，一定能变成他们那样的人——那样会教，那样会说，那样会写，那样厚重。其实，那时的心眼里还有另一种企盼：像他们那样出名——尽管现在的想法已经大相径庭。不管对还是错，认识给了我正视自己、执著前行的力量。

我开始正视自己的短板了。我的阅读史过于短暂，钻研的内容过于浅白，对学生、课程、教学的认识远远没有达到通透，相关理论的学习也不够系统，这其实是横亘在我面前的第一问题，第一短板。我知道，这里边有求学经历上的关系——只读了三年中等师范，所学只是浅浅的一点教育学、心理学、教学法、基本功，很难满足日新月异的教育发展的需求。这还和自小好读书却没好书读有关系——小学阶段只有零零星星的连环画、《故事会》、评书陪伴，中学时代除了《少年文艺》和几本小说，阅读的根基没有扎牢，如何对复杂的教育应付自如？因为阅读的“童子功”不够扎实，自然在阅读的习惯培养上还须下力气，否则，虎头蛇尾便在所难免，半途而废也未可知。实践方面，我就更需要下工夫了——我从来都觉得，上好课是教师安身立命的根本，而我深知在课堂实践层面，我不缺基本功，缺的是一招一式后面的内涵、支撑。归根结底，我需要修炼内功，方能做成我心中的“明师”和“名师”。

我开始有意识地给自己补课了。滴水穿石，非一日之功。读书和内涵都是需要靠时间去实现的慢工细活。对我来说，培养自己阅读的习惯是最迫在眉睫的，也是最难的一件事。为此，我高兴地接受了郁校长赠送给全体教师的书，并牢牢地抓住这个契机，以一种近乎“仪式”的郑重、严肃、刻意和一本正经开始了被我称为“专业阅读”的旅程。先是读完郁校长送的七本书，觉得不过瘾，就自己去找、去买、去读校长送的“书系”里其他的书，这一读就是几十本；再在读的过程中发现并阅读名师介绍的书，读自己觉得有专业缺漏的书，主动进补，主动挑战。如此这般，读出了专业的滋味，尝到了读的充盈和踏实，体验到了“三更灯火五更鸡”求索的美妙。就这样，我为自己赢得了一种生活，成全了一种习惯，让读书真正与我相融，让学习逐渐变成自觉。读着读着，我就想到了写。写读书感受，写教学叙事，写教学感悟，写自己的生活。读与写结合，让我在文字中找到了真实的自己，也在文字中走近了教育的本真。

感谢生命中那些令我仰视的遇见，我与他们之间的落差奇迹般地形成了动能，推着我这叶小舟在时间的河里一直不停地驶向那光明的前方……

六、“课前五分钟”与“日记发布会”

我的任务
是欣赏
欣赏
再欣赏

早就觉得语文不该为考试而教，不该将知识那么郑重其事、系统缜密地教，不该有那么多习题训练，不该让学生学得愁眉苦脸，不该只听得老师在课堂口若悬河，不该把书本当作“绝对”和“唯一”……没有大胆地进行改革尝试，原因之一，初出茅庐，底气不足；原因之二，应试环境，岂敢乱来？国家的基础教育课程改革为我们指明了方向，给我们带来尝试变革的勇气和理由。准确地说，是“义务教育语文课程标准”给了我明晰的指引，将我想要的语文带到我的面前，将我想象不到的理念带到我的面前，从此，我的课堂有所不同。

就我所理解的语文以及我有限阅读里的语文，它从来都不是靠机械训练或大量作业就能获得良好语感，形成良好素养的；也从来不是靠老师能言善辩、口吐莲花或是某种手段、技能的运用就能让学生会说、会写、会想的。《义务教育语文课程标准（2011年版）》告诉我们："语文课程是一门学习语言文字运用的综合性、实践性课程"，"语文课程……应着重培养学生的语文实践能力，而培养这种能力的主要途径也应是语文实践。……应该让学生多读多写，日积月累，在大量的语文实践中体会、把握运用语文的规律"。这已经是很明确地给课程与教学定了性，甚至为教学提供了基本的策略和路径。如果我们有足够的专业精神，这些语句或者关键词一定要留驻在我们的专业知识体系里，一定要变成支持我们教学行为的背景和支架。否则，一切将不可思议。

过去，我不得不将更多的时间奉献在课文的精讲多练上，牺牲在各种练习卷、练习题的操练、讲解上，因为学生需要成绩去争取更好的中学，我需要争取更好的成绩自我证明。现在，我敢将时间放在更正确的事情上，而将分数的制约暂时地放在一边，这完全有赖于新课程改革，有赖于新课程理念的横空出世。于我而言，最突出的表现在我对教学内容的改造和教学时间的利用上。

语文素养需要在听、说、读、写中形成，语文能力更需要在具体的听说读写中提升。我笃信这一点，于是便痴痴地在语文课上做着觉得该做的事。而课前开辟出来的"五分钟"——这里的时间是一种概念，一种课堂姿态，一种坚持——是我近十年的语文教学中常常能想到并付诸实施的。这几分钟里，我要么读故事给学生听，要么带着他们"日有所诵"，要么就是密切联系生活聊天，然后话锋一转，便进入本节要上的内容。类似于课前热身，却不仅仅为了热身；似乎每节课都要划拉几分钟走，却不影响语文学习的效率。这样做首先是有很多老师成功的先例给了我启示和信心，再就是学生的反应告诉我这样做是他们欢迎的。此外，我还有我自己的设计理念：通过这些有趣的故事、优美的文字、快乐的聊天浸润，从一开始就让孩子们爱上故事、爱上阅读、爱上课堂，也爱上说话、爱上老师，然后他们才能"死心塌地"地和我一道开始有效的语文积累、理解、感悟、想象之旅，才能开始真正的语文学习。

"日有所诵"得感谢《日有所诵》，童趣盎然的儿歌不单是孩子们读着乐，我也爱读。于是我就这么每天带着孩子们读一读，诵一诵，但不布置家庭作业，只在课堂上读，只在校园里读，也不逐一检查，只是带着他们在有趣的语言文字中浸淫。读了“稀奇真稀奇”，你也能说几句“稀奇事”吗？全班炸开了锅：稀奇真稀奇，蚂蚁踩死老母鸡；稀奇真稀奇，骆老师坐在云朵里；稀奇真稀奇……那种课堂里的沸腾，绝对是语言的联欢，我喜欢，孩子们更喜欢——那涨红的小脸告诉你，这样的课他们“买账”。

“课前故事”绝对是孩子们最喜欢的开场白。什么都不用说，只要说“读故事了”，刷——鸦雀无声，你便瞬间被融化在或陶醉在这种氛围里——然后还会伴着幻想：如果教学中他们都能以这样的专注投入每一个环节，那课堂将会是多么美妙的地方！读《假慈悲的猫》，我对自己声情并茂所构成的磁场毫不怀疑，关键是读完之后的点拨：你觉得听了这个故事明白了什么？因为专注，她们的回答总是来得那么迅速。我接着说：故事呀，往往都告诉我们一些道理，都藏着这样的秘密。我们课本上的故事《乌鸦喝水》里面又会有怎样的秘密呢？这节课我们继续学习。无缝对接，连我自己都觉得是“神衔接”。

“课前海侃”也是我们语文教师该擅长的一项技能。侃什么决定了侃的价值与高度。我的海侃不是因为教学内容没有准备好所以课前“冒泡泡”，也不是看着他们不顺眼而顺便秀秀我的威严。课前海侃要真诚地聊些发生在他们当下的事情。一摞作业本带到班级，入木三分地表扬写得好的，郑重其事地夸奖进步大的，然后一本正经地分析一下他们写得好的原因，认认真真地写在黑板上，齐读，凝神——再看看他们，已经安静得怕人，注意力早就全部被你吸引。孩子就是孩子，你真诚地聊，他们当然就真诚地信了。

再说说“日记发布会”。我总愿意把写日记当作学习语文的一种重要手段。随着我对语文思考与实践的深入，随着我与孩子们跟日记的亲密接触，我找到了一个全然不同的地方——这里，能那么直接地感受到孩子的进步；这里，能让学生那么畅快地表达自己；这里，师生离得那么那么近；这里，藏着最真最真的语文。

我所带的班级，写日记一般是从一年级便开始“热闹”起来。我不会首先将它作为硬性的作业，而是认真地像对待一个婴儿那样呵护着它。日记总是作为自选项目来布置，却总是在每周开辟一定的时间来表扬，来朗读，来展示。孩子们总期待着发日记本的日子，以至于周一日记本一交，便有人开始不断催促我、询问我关于日记的事。于是，我不得不在尽可能短的时间里反馈它，朗读它，分享它。这样的催促，这样的期待，是多么让人欣慰的学习状态，又是多么值得珍惜的语文情结啊！孩子有了这股劲儿，学好语文应该不是事儿。

孩子们总是把自己最真实的写作水平用在表达他们最真实的童年生活上。他们知道，老师要求不高，凡是写的都能受到表扬，凡是交的都在被欣赏之列。于是，他们大大方方地呈现了一两句话的日记，写出了爱、恨、喜、愁的生活。语句不通顺，我暂时不去修改太多；话语不妥当，我权当没有发现毛病所在；我的任务是欣赏、欣赏、再欣赏，是充分表达我得到孩子信任之后的那份快乐和幸福，是将这份幸福和快乐转化为尽可能真诚、客观而又令人激动的表扬、鼓励和期待。就像牙牙学语的孩童那样，小学生学习语文，也需要我们的无限耐心、巨大热情、不断夸奖和反反复复。“日记发布会”就是在这样的思想下应运而生的。

我当然首先要发布写得生动感人、语言优美的作品。我会给它们的作者冠以“诗人”“日记大王”“大作家”称号；我还要发布那些在不断进步的语言表达，让他们真正体验到被欣赏、被发现的美妙；我也会毫不犹豫地发布只有为数不多的“金句”的日记，让那些孩子增强信心，不畏语文。他们能不喜欢吗？这样的课堂里老师不仅总在用文字说事，用故事代言，更重要的是，我总在认认真真地夸奖，总在有模有样地欣赏。孩子们是那样向往日记里斑斓多彩的生活，那么需要日记里释放出的童年气息。他们还需要老师欣赏、表扬时的那张笑脸，需要课堂和谐、轻松的那种氛围。因为这里没有像发试卷时的“郑重其事”“诚惶诚恐”，没有回答问题时无奈的“正襟危坐”“循规蹈矩”，没有做作业时“习惯”“态度”的纠缠和负担，没有犯错误时这样那样的“保证”和“说明”。这里有文字与生活的对接，有教师与学生的亲近，这里有童话、有烂漫。那洋溢在脸上的笑容，是对老师，对课堂，对语文的满足和亲近。

既然孩子们喜欢，我为什么不呢？

七、课间，待在班上

你留在教室
便是阳光
你赠予时间
便是晴天

课间，自然是用来给学生休息、调整、准备的时间，是在他们四十分钟学习之后该有的歇口气，也是在下节课来临之前的缓缓劲儿、换换脑。时间不长，但着实宝贵。过去我会利用这个时间找孩子补做或订正作业，让个别在课堂上无法训诫的孩子补足训诫。而随着低年级教学经历的累积，随着与孩子们越来越多的课间交流的加深，课间的价值给了我越来越多的教育敏感和启迪。我主张：课间，该有老师待在班上。

我总在提醒自己，如果我没有特别的事情，课间——我是说上完课随后的课间，我该留在教室，陪着那些可爱的娃儿。没错，课间，是为休息、调整和准备而存在的。学生或走出教室或留在室内，结伴玩耍，轻松聊天，听到铃声再像小鸟归林一样地集结到教室；教师则回到办公室，喝口水，歇歇气，或为后面的作业批阅攒攒劲头，或为下一节课理理思路。如此往复，如此秩序，并无什么不妥。于是，便很少有人真正把目光聚焦到这里。毕竟，它跟“传道授业”的课堂教学相比，跟如火如荼的课程改革相比，几乎是可以忽略的一个缝隙。有没有阳光能进到这个缝隙，有没有生命能从这个缝隙中喷薄，真的不关课程专家的事，不关教育行政的事。但是我要说，这关我们小学老师的事儿，关孩子们的事儿。

我以为，奋斗在一线的小学教师，注定要与“细节”（也有人说是“琐碎”）为伴，我们该在乎一切与孩子相关的细细碎碎。如果是因为教育行政部门有要求我们才去做，如果是因为专家学者大声疾呼我们才去关注，那不仅仅是课间可能真的到了某种危险的边缘，更可能是我们的教育良知已“不知归路”。教育教学中的有些事，还是用眼睛去看，用心去感受来得真实。所以，尽管没有行政命令来要求，没有什么科学的佐证能支持“课间留守论”，但我们应该相信自身的实践体验与理性思辨。

留在教室，是留一种态度。

留在教室里暂时不离开就是一种态度，是自然而然、心甘情愿的一种师生之间应有的、天然的相互关注，是一种“无心插柳”却可以为学生创造良好成长生态的顺势而为。留下的教师，没有明确的目的，没有特指的对象，所有迎上来的同学都应该成为你在乎的“一方”。即便这个孩子课上给你千般烦恼万般焦虑，但只要他（她）试图亲近你，你就该迎上去，给他们积极的、平和的回应。撇开学习，哪个孩子不是可爱的精灵？是因为我们不断地强化成绩，是我们不断地以学习且是考试学科的学习为单一的评价标准，孩子们才渐渐疏远了只看重学习成绩的老师，同时也因成绩而慢慢变得自卑或焦虑。如果真是那些调皮捣蛋、学习困难的孩子在向我们靠近，我们应该暗自庆幸——他们的心门还没有关上，他们对老师还心存希望，他们需要你的平等相待，需要你的温和眼神。所以，留在教室，即便你什么都不做，只满足地看着他们，只专注地倾听他们，只等着他们找你，只回答他们的问题，你便在用温暖相伴的课间告诉他们：老师爱你们！老师在乎你们！而对于有爱的老师，哪个孩子愿意远离？

留在教室，是做一种补偿。

很多老师都会有这样的感受，看到40分钟的课堂怎么都无法满足所有孩子的表达、展示的时候，看到那么多孩子的小手一次次举起又难过地放下的时候，心中的无奈难以名状。那么，课间，留下吧！那些课堂有或没有得到交流机会的孩子过来了，那些课堂缺少自信或信心十足的孩子过来了，那些常常被老师褒奖或缺少表扬的孩子过来了，哪怕只有那么一两个，哪怕只有那么一两分钟，你就那么专注地看着他们，他们看着你，猜一个谜语，问一个问题，读一段文字，聊一聊见闻。这时间你给了他（她），便是对课堂局限和遗憾的一种大大的补偿。你看那些调皮的孩子，他们在你的注视下居然变得害羞、腼腆、细腻、敏锐；你再看那些乖巧的孩子，他们在感受到你的善意和平等时居然变得搞怪、张扬、幽默、夸张。因为你的“留守”，更因为你的关注，不同的孩子赢得了不同的机会，获取了不同的满足。这种补偿，是课堂教学无法给予的一个小小舞台，一种心灵慰藉。

留在教室，是设一种保障。

教室是学生在校园的主要生活空间：他们在那里读书、写字，他们在那里幻想、憧憬；每一科教师轮流上场，演绎知识，归纳成长。在这里，他们能不能有更多美好的回忆，首先取决于是否能够安全和健康。儿童的天性是动的，于是，快乐中也必将伴随着隐患。课堂有老师控制，课间该如何保障他们的安全？如果，我们上完课不急着离开，我们就可以观察、引导学生如何离开教室，我们就可以观察、引导学生如何在教室里度过课间，我们就还可以及时地处理学生课间极易发生的争吵、打闹、追跑和受伤。而更多的孩子，因为你的“留守”，因为你平和、轻松的陪伴，他们也变得安静，变得温顺，事故就会大大减少。不管是因为顾忌你的存在而有所收敛，还是因为你的存在而改善了课间的环境，孩子们如能长期浸淫在这样的课间，其行为习惯一定能朝着我们希望的方向发展。

留在教室，是获一种奖赏。

我必须要说，这个角度或这种感受是我课间留在教室的重要原因。近十多年来，准确地说，自我2002年第一次带一年级开始，一到课间，我便很难挪步，想走也难以走开。我常常被学生围着，问这问那，常常被要求留下，再听一听他或她对上课时某个问题的回答。这一留便留成了一种习惯。看上去是耽误了自己的休息，消耗了自己的时间，但得到的回报和奖赏常常令我倍感欣慰，欲罢不能。低年级阶段，孩子们会围着你蹦啊、跳啊，想不乐都不行；或是突然感觉有人给你敲背或是揉肩，回头一看，他们正笑眯眯地等你夸奖。到了中高年级，他们会跟你聊读书，聊生活，聊班级活动，聊刚刚经历的课堂，不要总以为你在给他们什么，这其实更像是教师在被孩子点燃。长期的“留守”，你会更了解每一个孩子“课下”真实的模样，于是，你获得了第一手资料，教育引导自会更有成效；长期的“留守”，你将被学生更好地了解和接纳，于是，他们跟你走得更近，更愿意接受你的言语点拨和情感教化。这不是奖赏又是什么？

课间——对！就是你上完课之后的那个课间，请放慢你的脚步，或是随机地坐在哪个座位上，只要你不把你的“留守”变成严肃的“看管”，或是把你的留守变成延时的课堂，那我完全可以确认，你留在教室便是阳光，你赠予时间便是晴天。

八、讲演与修炼

当你真的有决心
成长自身时
机会，便奇迹般地
扑到你的面前

子曰：“君子欲讷于言而敏于行。”孔子告诉我们，君子说话要谨慎，行动要敏捷。老师不一定都是君子，但恐怕都应该要朝着“君子”的方向努力。教师要具备很强的教学行动力自不必说，但敏捷的思维，清晰、准确的表达也是必不可少的素养。当然，我们必须清楚，富有逻辑和张力的语言背后一定是厚实的储备和成熟的思想。所以，与其说教师要提高讲演表达的能力，不如说教师要将讲演水平的提升变成一场专业修炼的旅程。

客观地说，我从小就是一个“讷于言”的人。有人说我斯文，我后来觉得这是由性格，甚至由些许的不自信所致。师范生活给了第一轮机会，我在晚自习的“说话课”上经受了锻炼，我甚至还买《演讲与口才》强化学习。当然，更重要的是与同伴间的持续、友善的交往增多，让我有了从不愿说向敢于张口转变，打开了一扇在公开场合进行表达、展示的窗，从而才顺利地走上了工作岗位，做成了教师。但随着职业生活的进一步展开，我便发现，需要你公开讲演的机会越来越多，要求也越来越高。不说别的，光是公开教学时感受到的语言局促和挑战，就已经让我觉悟到，我的语言表达还有大幅度提升的必要和空间。

“语言是思维的物质外壳”，这是马克思的话。所以，我自然晓得我的“讷于言”——其实更偏重于“羞于言”固然有性格等诸多因素的影响，但至为关键的在于话语的自信不足，而自信来自实力、内涵，我缺啥一目了然。尽管我已是省级普通话测试员，有着相对标准的语音，清亮的嗓门，但如果只停留在语言外在技能的提升，而没有内在的涵养、专业的丰厚，我的语言必将继续徘徊在“嘴皮子工夫”层面，无法真正实现有意义的突破。不要说听者，就是我自己，也会越讲越没信心，最终选择放弃。于是，我在内心也在行动上积极迎接着各种挑战，期待着更强大的自己。

很奇怪，当你真的有决心、有意愿去成长自身的时候，往往机会便奇迹般地扑到你的面前。我集中历练的机会来自于课改，来自于2003年开始的各类培训。是培训，就得讲话，而且每次都是两三个小时的“一言堂”。这种阵势，在以往的职业生活中是不曾遇见的。我当然知道，这是个人成长的绝好机会。所以，每每有这样的培训任务或邀请，我几乎都是来者不拒，照单全收。我也很清楚，这种百人、千人瞩目的培训，只有你一个人在讲，那就必须让自己的话语和内容变得如磁石一般，让大家被你吸引，否则，那种无法控制的难堪将会把我击溃，其后果我无法想象。为了避免这种难堪的发生，我要求自己，务必在讲座之前做好功课，只有为听讲者带去他们需要的东西，才能激荡思考，引发共鸣，才能形成互动，驱赶困倦，才能持续不断，赢得机会。

第一阶段，我接受的专题主要是教学方面的，如芜湖市继续教育的学科教学方面的培训，如人教社安排的全国各地的教材培训。这是我相对擅长的领域，信心是有的。但真的深入进去之后，我便感觉到了困难。其一，自己的教学更多是感性的经验积累，缺少系统的提炼和理论的支撑；其二，新课程理念的很多语词，自己是能够意会的，可真的让你对照实践去诠释时，便有了“失语”的尴尬。很显然，这无法达成我讲演的目标，也鲜有好的现场效果。为此，我的每一次备课都必然地伴随着“临阵磨枪”式的理论学习和实践梳理。我要去读“建构主义”的理论阐释，去了解教学“对话”的内在机制，去学习“自主合作”的相关论著，去研读教材及教材编写的架构体系；我还要认真梳理自己教学实践，哪些案例有成功的启示，哪些案例值得进一步反思；我更要去学习和领悟名师的典型课例，读懂他们的理念、策略、路径，读懂他们“技高一筹”的预设处和生成点。这样一来，我便慢慢摸到了一些讲演的规律和准备的技巧，而讲座反馈的积极评价更激励、鞭策着我越做越好。随着讲演机会的增多，我已摆脱“临阵磨枪”的“功利”和“实用”心理，开始有计划地阅读、积累、思考，努力打通过去一知半解处、囫囵吞枣处。教学方面的讲演越来越得心应手，自己的教学也逐步有了更加清晰的主张和格局，以致逐步形成了《牵一只蜗牛去散步——我的语文教育观》《儿童的立场——习作教学再出发》《走进有效教学模式》《新课标视阈下的阅读教学》等沉淀自己课堂教学经验和思考的真正属于自己的专题，并在多次的培训中取得良好反响。由此，专业自信自然也悄悄地累积，自我认同和期许也越来越高。

第二阶段，主题范围越来越广，挑战与成全也越来越深刻。随着教学成绩的不断积累，特别是评为特级教师、做了学校管理、成为名师工作室主持人之后，便被外界贴上了更多“标签”，讲演、培训的机会自然也相对多了起来，且很多命题超越了教学。这个阶段最鲜明的感受是，因为自己有了更多的实践、阅读和思考，准备一个专题的讲座实际所需要花费的时间越来越少，理路却越来越清晰，演讲时所能够形成的现场共鸣越来越强烈。这时，我才能真正领会到苏霍姆林斯基所说的“教师的闲暇来自阅读”这句话的意义。和我面对面交流的老师们常常对我的讲演给予这样的反馈：接地气，有启发，能带给他们不一样的专业思考和实践动力。这当然是我所期待的，我就是想通过剖析自己在专业历练中所体验的是非曲直，让听讲者少走一些弯路，多获取一点正能量，从而尽我所能地帮助更多一线的老师和管理者，更加热爱自己学科和岗位，更加热爱学生，更加热爱学习。《在路上——专业发展的体验与建议》《成为好老师——青年教师的基本素养及修炼》《名师工作室的实践与思考》《教导主任管理能力及教学领导力提升》《搭建发展平台，提升教师素质》《课堂学习，要来真的》等专题便是在这样的背景下凝练而成的，也在一定程度上烙印着我对专业、对管理、对职业人生的理解与行动。

十多年来，各级各类各项专题的讲演与自身专业修炼之间，相辅相成，相得益彰。我是在完成一次次任务和邀约，更是在完成一次次心灵的修炼与追问。记不得谁说过这样一句话，人的高贵不体现在比别人强大，而在于对自己的超越。唯愿，自己能不断走向“高贵”，不断超越自我。

第四章　课堂沉潜

作为教师，必然要寻求自己在课堂教学中的地位和认同。没有课堂的理解和扎根，便看不到学生因为你而发生改变，便很难感受到作为教师的幸福和归属。我是语文教师，是一位坚守课堂二十多年的语文老教师。从纯粹的喜爱，到理性的建构，我经历了相对完整的课堂磨砺与沉淀。在这里，我有过高峰体验，也曾经坠入谷底；在这里，我有过“无知”的苦恼，也有过收获的充盈；在这里，我经历过失败挫折，也学会了放下得失；在这里，我爱上了学科，也渐渐读懂了孩子。课堂教学是科学，更是一门艺术，她能够给我们的，与我们投诸她的永远成正比。

一、我的课堂变迁

课堂，又怎能
是几个“难”、几个“重”
了得的呢

当老师，谁不想上好课呢？问题是，探寻课堂的规律可不是一件容易的事。

课堂需要老师，有老师便有了传统意义上的课堂。当然，我们别忘了，课堂教学的要素中，除了教师，还有学生、教材和学习环境等。课堂中还有其他的课程资源、媒体和生活的融合，还有教与学的相通相融。有的人，善于钻研，便较快掌握了课堂的秘妙；有的人，穷其一生，也未必能找到课堂的本真。我经历了课堂的多个轮次的变迁，见证了教学之难，也体悟了教学之重。然而，课堂，又怎能是几个“难”几个“重”了得的呢？

教学实习和刚刚当老师的时候，我们以课堂纪律好，师生配合好，教学过程顺畅，没有磕磕绊绊为妙。我的备课常常将焦点放在师生的“配合”和“默契”上。我上《十里长街送总理》要做范读，一定是要找到学生“读得不太好”的契机来示范的，读完之后，一定希望学生被我的朗读感动得一塌糊涂才好，这才能证明示范的“必要”和“效果”；我上《鱼游到了纸上》，一定要为学生设计好问题，从而能让他们顺利地找到“游到了纸上”与“游到了心里”的相关的句子，以表明学生读懂了课文，学会了理解。我们总期待着这样理想的课堂：我问“想弄明白这个问题吗”，孩子们一定要回答“想”；我提出的所有问题，一定会有学生正确回答；我教案里写下的过程，上完后正好40分钟的时间结束。所以，我们常常会对压着铃声下课的教师报以佩服的掌声。我的课堂，真就是“我的”——展示我的，发挥我的，锻炼我的，回报我的地方。学生只要乖乖地听，认真地找，大声地读，利索地答，就可以了。所以，在我们评价一节课的时候，常常是“老师的教态……”“老师的设计……”“老师的语言……”“老师的提问……”“课堂的时间安排……”这样的句式，这样的习惯。这个阶段，我真的没有上出过什么“好课”，因为我还没有那么大的能耐足以轻松控制学生，熟练驾驭课堂，精彩呈现设计。幸甚？悲甚？明眼人自有论断。

随着时间的推移，我们以文本解读巧，问题设置巧，过程安排有层次、有创意，教师教学能力强为妙。我在“见多识广”中，慢慢意识到课堂的精彩确实需要老师是个“多面手”，能够做到“眼观六路、耳听八方”，能够专业精湛，技能娴熟。老师需要有很强的文本解读能力，要善于在别人看不见的地方找到“问题”，从而为学生读文章、理解文章开辟“新思路”“新角度”“新方法”，这算是“导”的能力。其次，老师必须炼成别人难以企及的“表演”能力。你要有好的声音、气质，还要有漂亮的姿态、书写，更要在教学中会夸学生，会与学生“对话”，会机智应对“生成”，会将语言设计得密不透风，犹如一出排了很久的舞台剧。再有，就是教学要有“文化”，要有“深度”，你得让普通的教学内容承载文化的厚度，给别人带去“意想不到”，带去“深度启迪”。于是，语文教学与文化、文学的传承，在很长一段时间里我以及我身边的老师硬是傻傻分不清。坦白说，我的《这片土地是神圣的》《泊船瓜洲》《七律·长征》就是朝着这个方向努力的课，有的获得了好评，有的差强人意。这一段“不清不楚”的问学历程，让我有了不少的实践积累，也让我形成了强烈的问题意识。更引以为豪的是，边做边学中硬是帮我强化了读书与反思的习惯，这于我而言，算得上是最大的收获吧。

在前面这两个阶段里，多媒体辅助教学或者叫信息技术与学科整合的探讨一直都很热闹，我自然也很是认真地加入了实践和研讨的阵营。记得应该是刚刚进入新的千年，多媒体辅助教学这件事很是严肃地闯进了课堂。老师们在好奇心的驱使下，多半都有过尝试。不管合适不合适，大家都试了用了再说，生怕赶不上趟儿，落一个“裹足不前”“传统守旧”的批评。我校课件组就是在这样的大背景下应运而生的。在学校的重视下，我在2003、2004年连续两年参加了芜湖市信息技术整合课比赛，而且玩得都很大——网络环境下的语文课教学。在我们的理解中，这种课似乎正要开启教学的一场革命——安师大附小不能掉队，我们的研究与实践要紧紧跟上。但网络课这东西，对大家来说完全是陌生的，我们只能在学习别人的基础上追求“创新”。两次课磨下来，课件组、语文组骨干们确实掉了几层皮。而我自不消说，梦里都忐忑着能不能获得好成绩。如果说，我起初对信息技术进入课堂是有好感的，但这两次课之后，却倒了胃口，再无法对它有太高的兴致。不过，我在这番折腾中多了一份理性，不再喜欢凑什么热闹，对任何新的手段、技术，总愿意问个“是什么”“为什么”。

对我来说，前面的经历似乎都是在为进入课改做着准备。应该说，从两次整合课比赛之后，我将自己的目光再一次聚焦到“本真语文”的探问上来，继而也将更多的精力放诸对学生的关注上来。对课的评价，我更愿意看学生在课堂里的状态，“教”如果不落实到“学”上来，无异于“花拳绣腿”甚至“本末倒置”。就是在这个阶段，我遇见了我想遇见的理论，听到了我想听到的声音。对我影响最大的是朱永新和他的“新教育实验”，佐藤学和他的“学习共同体”，张文质和他的“慢教育”，王荣生和他的“语文科课程论”，郁培林校长和他的“生本课堂”。我开始从教学本质思考教学的变革，从教学内容找寻课堂的高效。可喜的是，我和我团队的研究和实践在不同学科、不同层面得到了认可。程洁的《要是你在野外迷了路》

获得全国录像课一等奖，刘璟的《临死前的严监生》获得全省阅读教学大赛一等奖（赛场第一名），还有将我们对课的理解运用到音乐、信息技术、品德等学科中所取得的一系列优异的成绩，无疑坚定了我对教学进一步探索的信念——“好课”是有标准的，只要将新的理念运用到实践中，将“学习”的关注变成具体的路径、策略，就一定能对学生的成长大有助益，一定能得到专家的认同。

我的课堂认知在不断变化，它记录着不同的时代，也缩影着普通耕耘者执着的求索。

二、关于“公开课”

看上去很美
却少了
根的力量
少了生长的自然

从我出道时起，公开课便如影随形。都说公开课是中小学教师绕不开的成长之路，我基本赞同。

所谓公开课，当然指的是对他人公开的课堂，一般都是带有某种任务被动公开的那种。少有主动公开，没事总邀请人来听的公开课。这种形式的课堂，对20世纪90年代参加工作的人来说，绝不是什么稀罕物儿。因为各级各类教研活动中会有公开课，那是用来作为课例进行聚焦研讨的；对家长开放的日子会有公开课，这是展示给家长，让家长感受、体验、评价的；对外交流时会有公开课，这是礼尚往来、学术互动的基本形式；参加相关评比考核需要公开课，以展现自己教学的理论和实践水平。尽管这些年来，关于公开课是是非非的议论总不绝于耳，但不可否认，它在活跃教学研究、促进教师成长方面委实发挥了积极的推动作用。说这样的话，我有底气，因为我几乎经历过所有形式的公开课，与之有过亲密的接触，对它有着丰富而复杂的体验。

如果将师范学校的模拟课堂忽略不计的话，那么实习阶段向指导老师和同组实习同学展示的课应该是我最早的公开课记录。那个时候，我们是在学习规范，总觉得能顺顺利利地把课上下来，不出啥乱子，就基本能给自己一个好评了。当然，听完我们的课，指导老师照例是要简单说两句的。比如某个知识点的教法，比如课堂纪律的维持，比如某个教学常识的关注，等等。老师会常常表扬我，教学合乎规范，语言较为清楚，课堂驾驭过得去。就是在这样的公开课中，我不断尝试着别人现成的教案，熟悉着教学的“套路”，算是完成了这个阶段的目标任务：能够有点模样地站到课堂上。在这个阶段，有两节特殊的公开课改变了我的人生轨迹。一节是南陵师范学校为了选拔推荐学生到安师大附小接受考核的赛课，一节是在安师大附小决定我们几位学生去留的考核课。当然，我很幸运，最终能够来到安师大附小成为这里的老师，缘于这两节课得到了认可。认可的是什么，我没有听老师、评委跟我直接说，但可以肯定的是，他们一定在这两节课中看到了我教学的基本功，看到了驾驭课堂的基本能力，看到了我进一步提升的潜质。现在看来，这两节课不仅让我拥有了现在的“饭碗”，还让我一直循着这份认可不断努力地走到今天。

进入工作岗位之后，因为是教语文，因为语文是“大学科”，公开课便成为很常见的教研活动形式，每年听公开课总不少于三四十节吧，自己每年都有几次公开教学的机会。这个阶段，很是丰富了我的“课像”，不同类型、不同内容、不同场景、不同对象下的公开课，我几乎都有了体验和观摩。很多写在教案上的东西，在这样的公开课交流中变得立体，我既能看到精彩的设计和现场，又能看到遗憾的预设和生成。成功的案例令我兴奋，我会学着它的样儿去做；遗憾的案例给我启迪，我提醒自己不重蹈覆辙。一年又一年，我在公开课和自己常态课的观察、学习、实践和反思中，进行着感性和理性的双重积累，对课的认知、理解也不断变化着。不能说这是“原始积累”，因为这就是我真实的教育生活；但又可以视作重要的专业积累，因为它毕竟给了我一次又一次探问教学规律和成长教学能力的机会。

有过经历的老师都应该有体验，公开课因为他的“公开性”，所以必然地会经历磨课，有时候，磨的过程还会很漫长，很煎熬。其目的莫过于追求最后展现的精彩、完美。可是，哪里会有完美的课堂呢？我常常会想，追求“完美”的过程可能不应该那么长，磨课的次数可能不应该那么多。真正成熟的老师，“磨课”应立根在平时、常态，而真到公开的时候，便是将平时的涵养浸润于课堂，便是将习得的素养发挥于教学，那样的课才是值得公开的课，那样的课才是有研究价值的公开课。如果是一个团队花了大量的时间和精力共同设计、导演出来的课，执教者以及他的课堂就无异于花瓶了，看上去很美，却少了根的力量，少了生长的自然。

不可否认，成功的公开课是有魔力的，它会给执教者和参与磨课的人提供给养和信心，更会让真正参与的人拾级而上，不断登攀。但不要忘了，公开课带给我们的那种焦虑、压力乃至失败，有时候更可能成为我们思考教学、研究教学的契机，只要初心不丢、理想不灭，丢下“完美”和“成绩”，总有一天你会撞见真课堂，真教学。我的确尝到了各级公开课精彩亮相所带来的荣耀，但我同时被崔峦、蒯福棣等老师对我课堂给予的“真实、扎实、朴实”的评价所引领。2005年以后的课堂，我便自觉不自觉地认定了这条道路，总觉得这样的课堂才是如“家常便饭”一样，合乎课堂的本质，合乎人成长的需要。2012年遇到郁校长倡导的“生本课堂”之后，这种理念更是一发不可收，着了魔似的要把课上出“家常味儿”，要去“浮躁”，去“华丽”，去“设计”。2014年在我校主办的全省活动中展示的《落花生》算是这种理念的代表作。

我真心地感恩公开课带给我无数的“压迫”感、“紧张”感，感恩公开课在促进我专业成长上所发挥的独特作用。与此同时，我也越来越强烈地反对公开之前的过度设计和包装，过度迎合和功利。我主张，要将常态课上出“公开课”的精气神，用心调动我们所有的感官去感受课堂里发生的一切，并潜心反思教与学的科学性、合理性、有效性；我更主张，要将公开课上出“常态课”的平常心和学术感，一定是带着自己研究的某种视角和观点去上，一定是为了与他人形成良好的学术交流、互动去上。唯有带着真心、真知、真问题去上公开课，才不枉那么多人用那么长的时间关注你，关注你奉上的40分钟课堂时光。

可以预见，我们还将与公开课同行，并以它为一种举措，去观察课堂，思考教学，研究问题，最终帮助我们走向教育本真，圆融我们的职业生命。

三、北京录课和南京大赛

不负岁月
不负信任
不负希望

不知从何时起，国内热衷于教学比赛，热衷于课堂展示。这股风是好是坏说不准，我只能说，课堂的根本在于成全学生。只要不偏离这个轨道，我们可以开放地、包容地接纳各种形式的课堂教学研讨、展示和交流。毕竟，我们是发展中国家，我们探索真理的过程也要发展地、动态地评价。就我个人的真实经历和体验来说，曾经在我身上发生的教学交流、展示、竞赛，已经对我自己的成长乃至对我所能够得着的老师的成长正产生着积极的影响。而在这诸多的历程里，北京和南京是我必须记入个人成长史的两站。

北京录课。

芜湖市作为国家级课改实验区，当然会承担比非实验区更多的义务，同时也拥有非实验区难得的机会和平台。2004年推选实验区教师赴北京人教社录制课例光盘就是其中极为难得的机遇。在市教科所的组织下，各区县包括直属学校推荐了本单位优秀的语文教师竞争这一个名额，看上去只是一次平常的赛课，实则真刀真枪，异常激烈——谁不想借助这次机会到北京去走一遭？谁不想借助这个平台获取成长的力量？于是，同课异构《搭石》，我的课得到了专家评委的认可，最终得以代表芜湖实验区赴北京录课，而这节课如果能够顺利录制完成，它将随着“教师用书”发行到全国。当人教社发来邀请通知的时候，我并不知道我将经历一次怎样的北京之旅，更不知道，会在这样一次录课中能得到中国小语届赫赫有名的教学专家、教材专家崔峦、蒯福棣、陈先云、徐铁、郑宇等老师的直接指点。在同事赵耀老师的陪同下，我带着经过反复打磨的《搭石》的第一课时教学来到北京，不止有兴奋，更心怀忐忑：从来没有录过课，从来没有在北京的课堂上过课，更从来没有在如此级别的专家面前展示过。所有的疑虑、紧张、局促，都在见到平易近人的专家们之后烟消云散，我的注意力得以重新聚焦课堂。首先是对自己设计的课堂进行试讲，来自全国各地实验区的近十位老师逐一展示。崔老师、蒯老师亲自到场指导，逐一听，逐一改，逐一地耐心指点，恰如早就熟识的长者，春风拂面。我的课修改最少，也较为顺利地通过了审核，这给了我录课的信心。随后的录课，在北京市和平里四小的录播室进行，蒯福棣老师全程跟踪，对教学过程中出现的偏差随时叫停，现场指点，调整，再录，直至满意为止。这阵仗宛如拍电影，我自是第一次经历。而已然头发花白的蒯老师那股认真劲儿，着实令我辈感动。我的课录得较为顺利，记得中间只是停了一次，蒯老师略作交代，我略作调整，便一鼓作气地录完了。

对普通的一线老师来说，这样的录课经历有一次便算是幸运之神大大眷顾了，而我，居然在2005年有了第二次。许是我的课得到了专家们的认同，也或许是其他的原因。总之，我收到了第二份邀请函，让我按指定的时间到北京录制《呼风唤雨的世纪》这一课。据社里的专家老师说，这是一篇科普性质的文章，为时任中国科学院院长的路甬祥先生所作，希望我能呈现这一课的两课时教学。哇！这是个大任务。两课时完整的教学，自然在压力上要大于前一次。但又因为有上一次录课的美好经历，我居然兴奋起来，向往着北京录课的日子快快到来。第二次录课我是一个人去往北京的。也没什么，毕竟有了第一次的经验，又有那么多熟识的专家在等着我们。课是在黑芝麻胡同小学完成的，仍然是崔峦老师领衔的专家团队帮我们磨课，仍然是他们与摄像机同步关注我们录课的每一个细节。还不错，两课时教学并没有费太大周折便拍摄完工，我的第二次北京录课之旅较为圆满地结束了。工作十年多一点，我能得到这样的机会，受到中国小语界泰山北斗级专家的亲切指导，很难以“幸运”二字表达，唯其“直挂云帆”，勇往直前，坚持不懈地做好自己的工作，坚持不懈地研究自己的课堂，方能不负岁月，不负信任，不负希望。

南京大赛。

六朝古都南京，与我的家乡芜湖几近比邻，就其发展水平和知名度自然不比首都。在参加全国小学语文青年教师素养大赛之前，我甚至只知道那里的中山陵、莫愁湖、长江大桥这些名字，而很少有走近她，细细玩赏的机会。但很显然，因为一次比赛，我与这座城市有了亲密接触，并在这里，拿到了属于我自己的最高奖——全国素养大赛特等奖。南京，可谓“福地”。

这项比赛最初是由南京凤凰母语教育科学研究所和教育部课程教材研究中心联合举办的，人气超高，我参加的是第二届。因为是官方举办的，选拔便显得慎重。芜湖市教科所根据活动的特点及时间紧迫等因素，决定不再组织市级比赛，直接推荐我代表芜湖市参加省级选拔赛。当接到俞所长的电话通知时，我既感到荣耀又矛盾重重。我知道这项比赛的分量，能让我直接参加省赛足见对我莫大的认可。但我旋即就开始了思想斗争：我已经参加过诸如全省、全国阅读教学大赛，我已经评上了特级教师，再参加这样的比赛，拿到特等奖便罢，如果连省级比赛都冲不出去，或者即便冲出去在全国赛上也只是拿个凄凄惨惨戚戚的名次，将有何颜面见江东父老？如果在阴沟里翻了船，我这个“特级教师”还好意思戴在头上吗？我安慰自己说，也许其他的人处于我这样的境地多半也会这么想的。最终，我还是在郁校长的鼓励下，应承了这次比赛的任务——不拼一拼，似乎对不起这三十五岁的年纪。

于是，我接到通知后不久便参加了省里的选拔赛——只是上课。这一次还是赵耀陪同我前往。当然，我相信省教研员周根宝、郑红云两位老师一定是将诸如朗读、板书等素养放在课里进行考察了。前一天抽课第二天上，考察老师的设计能力和驾驭水平。我的《触摸春天》上得很成功，我自己都能感觉到课堂里教与学的灵动、高效。准备返回时，两位教研员老师基本就已经确定由我代表安徽省参加全国赛。带着省、市两级教研部门的信任，我便开始了漫长的备赛。因为考虑到素养大赛考核项目涉及课堂、综合知识、朗读、粉笔字、才艺等，所以校长甚至同意了我暂停20天左右的课，专心备赛。这中间，我复习各类知识，熟练粉笔字及朗读，设计了歌唱加书法的才艺展示，更拜读名师的经典课堂实录，把凡是能够“临阵磨枪”的地方都投入地“磨”了一遍，而书法、朗读、演唱都尽可能地请教了比我更专业的老师。这还不放心，市教研员王和欣老师还拉着我到别处登台磨炼，为赛前添把火，鼓把劲儿。直至比赛现场，学校及市教科所王老师都还在组织力量为我备课、后勤做着保障。

备赛的紧张、孤独和等待的焦虑、疲惫都因为最终获得特等奖而逐渐消弭。我在恍惚间认同了这样一句话的真理性：挑战与机遇并存。如果一开始没有接受诸位师长的信任和鼓励，一开始就害怕失败选择放弃，那么这次独特的参赛之旅、难得的专业提升、丰富的人生体验就必然与我擦肩而过。世间万物都有其发展的规律、法则。这次比赛没有我的参加绝不会改变它的轨迹，但对我来讲，其遗憾就无法言说了。

四、啊，赛课

成绩带来的喜悦
总是短暂的
时间淘下来的
便是那挥之不去的
过程

赛课对于一线老师来说，是“历劫”还是“情结”，恐怕一时半会儿是说不清的。但可以肯定的是，赛课是独特的职业风景和生活体验。长远看来，它能够磨砺人，提升人，为人累积起课的理解、教的自信，也多少会丰富些“课感”，练就些本领。至于能否通过赛课领悟教育本质，促成教学创新，还真说不准。

工作的前十年，我参加的市级以上的比赛也只有1996年一败涂地的那一次。说实话，那次赛课还是给我留下了些阴影，我一直都不大敢再去赛课，甚至连芜湖市2000年组织的市级“教坛新星”评比，我都找了些蹩脚的理由没有参加。接下来的六七年沉寂，有点“躲进小楼”却没有“成一统”的感觉，但算是给了自己一个喘息的机会。有意思的是，赛课这档子事儿还是在那不远处深情地等着我，不见不散呢。进入课改年级以后，机会陡然间多了起来，我几乎年年赛课：学校的、市里的、省里的、全国的，大大小小的比赛都参加了个遍。在领导的激励、师长的关心、同事的帮助下，我的每一次赛课都取得了不错的成绩。成绩带来的喜悦总是短暂的，时间淘下来的便是那挥之不去的过程以及过程中包蕴着的五味杂陈的教育人生。

重新出发，我再次参加学校以外的赛课已然到了2003年。我连续两年参加了芜湖市信息技术整合课比赛。第一年就以为可以冲出去，结果比我年轻的同事以多媒体课轻松获胜，冲到了全国比赛，我却以市级二等奖的结果败下阵来，未能出线。那种懊恼，无以言表。郁校长看出了我的心思，知道结果的那天下午，他坐在我的办公室里，晓之以理，动之以情，为我平复着低落的心绪。2004年，校长鼓励我继续参赛，我也觉得从哪里跌倒绝不能躺在那里睡一觉，而是要抖擞精神，爬起来再战才对。这一次我很幸运，最终取得芜湖市一等奖，顺利出线。然而，人算不如天算，广西南宁承办的比赛现场，不知道什么原因，头一天见面还生龙活虎的孩子们比赛当天却一个个成了“闷葫芦”，任你千般引导万般讨好，愣是不愿发言。这样的课堂，最终拿到二等奖算是很公正、幸运的了。我当然可以为自己找到各种理由去解释第一年为什么没有出线，第二年没有拿到一等奖也是事出有因，但那又能怎样？我不是在比赛中收获了经验，收获了历练，收获了关心与帮助，收获了这段难得的人生起伏吗？定神回眸，足矣。

信息技术整合课将我“整”得很没面子，好吧，那我就敬而远之吧，但其他赛课自此接踵而至。前文提到的2004年选拔赴北京录课人选，因为都是本地精英，我能被选中作为唯一的推荐人选，甚是提振了自己的精气神，算是帮我顺利走出了整合课的心理阴影。2006年芜湖市优质课比赛，我再次被选中参加省里的比赛。这是我梦寐以求的学科类比赛，志在从这个平台冲出去，参加全国优质课比赛。原因很简单，我看到很多名师就是从全国赛事走出去的，我也想成为他们那样的名师，心里总惦念着复制他们的成长之路——通向全国赛的必经之路就是省级优质课。于是，2006年的上半年基本上就是在备赛，比赛，再备赛，再比赛中度过的。尽管我一再告诉自己要放松，但因为心底里的那种渴望总是无法释怀，整个人总是紧绷着的。我常常在想，“享受比赛”该是一种怎样的激情澎湃，怎样强大的心脏啊！至少，那时的我做不到。2006年6月的淮北终究不属于我，所有参赛者都是以一等奖收官，但最终冲出去的两个人中没有我。我的那个“大大的心愿”只能就此暂时作罢了。下一轮机会在哪儿先不去管它，还是好好收拾收拾“成名成家”的浮躁吧。

此后的比赛是2007年，我提交了一份录像课到省里，省里报到全国比赛，最后拿到了一等奖。这奖拿得轻松，自然也就没有什么故事可说。唯一值得一提的是，这节课能获奖，得感谢人教社2005年为我的精心录制。一课多用，不仅发行了，还趁便拿了个大奖，可不得感谢专家倾注的精力和专业的指导吗？但赛课毕竟是赛课，不可能都像报现成的录像课那么容易。2007年，我在徐州参加的华东六省一市阅读教学大赛，因为学生怯场，课堂期待的“生成”没有很好地实现，几乎觉得又将是2004年南宁之行的复制，可评委认同我在课堂的表现，欣赏我在教学上的理念和设计，最终评了一等奖。惊是惊了一次，却对专业、公正有了更大的信心。这次赛课告诉我，教学不要献媚于谁，要遵循教学的规律，要循着课程的理念，要真教真学才是正道。

年轻人要发展，参加比赛似乎是个硬道理。你不比，就够不上这个评比、那项荣誉的条件，逼着你往这条路上走，谁管这条道最终能成全几个人，谁管这个办法是不是真的能够激励人爱上专业。许是因为年轻，很少去思虑制度的问题——怕也轮不上你去瞎寻思，总觉着应该有寻思这些问题的人吧。不管那么多，有比赛有机会，那就上吧。2008年省级“教坛新星”评比，省特级教师评比，课都是评价考核的关键，虽不是和别人比个高下奖次，但专家评委就是凭着一堂课去考量你的专业水平，执教能力，看你够不够“教坛新星”“特级教师”的力道和修为。省级“教坛新星”评课的地点在芜湖，凭着天时、地利、人和，《乡下人家》上出了我的思考，也上出了应有的效果，加上深情的讲演，评委给了我极高的评价，据说还是当年这一批“新星”中成绩最好的，好像还准备作为“名师培养对象”向省里推荐。也只是听说罢了，再无下文。但不管怎么着，以这样的一份认可取得第一个省级的专业荣誉，着实给自己提了心气儿，鼓了干劲儿。下半年，在学校的推荐下，我参加了全省第九批特级教师的申报，考核课在咱安徽的铜都举行。三个小时全封闭独立进行教学设计，然后依据这份设计，第二天便上课。我的《狼牙山五壮士》应该是交上了令评委满意的答卷，不然我也不会在2009年成为安徽省最年轻的特级教师之一了。

赛课，真的是想说爱它不容易。且不说历史将会怎样评判这花样迭出的赛课，但过程中总有些美好的东西弥足珍贵，甚至会沉淀在你的情感与血液里，历久弥新。就我个人参与赛课的体会而言，我确要给隐藏在我身后的给予我点拨、指导、帮助的所有人献上我的心语：

每一次亮相
都带着他们的光亮
每一次精彩
都糅合了他们的多彩
我常常引以为傲——
我，从来不是一个人
吹响战斗的号角

五、磨课的味道

积累的故事
是最值得
品咂的东西

磨课，对于当下的老师来说是一个熟悉到有点腻也有点怕的概念。这个概念由谁首先提出，何时提出，已无人知晓。我是在2007年才知道这个概念的。那时，《小学语文》杂志向我约稿，让我谈谈《呼风唤雨的世纪》这一课教学的磨课体验，它才闯进了我的认知。其实，之前上公开课，怎能没有磨课，只是还不知道那个折腾人的过程有这么一个形象的名字。

“磨课”，动宾结构，顾名思义：打磨课堂，研磨教学。没错，我们日常所进行的公开课、竞赛课，通常都要经历公开、展示前的研磨。因为这个过程往往比较艰难，甚至很漫长，所以“磨”的对象除了课，一定少不了人。它空前考验着人的意志、心理和情感，能撑得下去，自会有收获，有成长。也不排除腻了、怕了、烦了的人，自此就不再愿意被课磨，或是去磨什么课了，宁愿老老实实上自己的课，安安静静做自己的事，你不烦我，我也不自找烦扰。我大概属于前者，愈磨愈坚，硬是挺了过来。挺过来了，自然少不了回馈，而积累的故事是最值得品咂的东西。

磨得最惊天动地的课当属连续两年的信息技术整合课。20世纪90年代末渐渐热起来的信息技术整合课，吸引了一群又一群有志进步的青年老师。毕竟只要你能从芜湖市冲出线，那么接下来便是直接参加全国的赛事，这种“一步登天”的事谁不愿试试？在学校的鼓励和支持下，我确定参加这项赛事。于是，磨课开始。先得选课，左挑右选决定上四年级的《一个中国孩子的呼声》。为什么选它？自然是因为这篇课文在讲和平，因为和平是普世的价值追求，因为和平的主题能找到大量素材，而这些素材足以保证我们架构起一个虚拟的网络环境，去上一节网络环境下的语文课。接下来便是教学方案、课件脚本的设计。一稿不行，再来一稿，反复推敲基本成型，好，开始做课件吧。不做不知道，这网络课件比一般的多媒体课件耗费的时间是成倍成倍的，课件组诸多同事共同合作，也是用了好几个白天好几个通宵，方才有点模样。有了课件的基本框架资源，那就开始试教吧。一遍不满意，再完善再试，两遍试过，感觉课件又要改，于是课件组又开始忙活起来。直到四五遍之后，才稍感满意，而所有的人已经基本倒了胃口。我也是苦苦地扛着，等着比赛那日的宣判。很遗憾，我以二等奖的成绩落选本次选拔赛，无缘全国赛事。我心中那个悔啊！恨啊！不是因为自己，而是因为那么多双关注着我的眼睛，那么多个陪伴我的日日夜夜，赛不出成绩，我无脸面对他们！拿不到头奖，我无法释怀！这还不是悲情的极点，富有悲情色彩的是，第二年我依然参加了这项比赛，而学科组的骨干老师、课件组的兄弟们依然义无反顾地陪着我磨：选课、设计、上课、完善、定稿……当然，这一次我冲出了芜湖市，但是却折翼于国家级比赛。

当所有人对你寄予厚望，你却捧着鸡肋般的二等奖回来的时候，别人未必嘲笑你，你自己已经心如刀割，寝食难安了。唉——这课，何止磨得是人的时间和精力！

磨得最惊心动魄的课是徐州比赛时的《那片土地是神圣的》。不瞒大家说，这一课的选择还是很郑重地听取了周益民老师的意见，他认为这篇文章值得咀嚼，值得品味，也比较符合我的教学风格，我信了，也真的投入了磨课。当同组的骨干老师知道我即将参赛，一批人那么郑重地与我谈设计，与我磨课堂，反复实践研讨，总算形成了一个相对满意的方案。去徐州，与我一道见证徐州赛课“惊魂”的还是赵耀老师。我之所以选择他陪着我同去，不止是性情相投，更因为他在磨课上有一套。但就是这样，比赛还是遇到了前所未有的挑战：会务组已经帮你将班级抽好，你无权选择；而我抽中的班级经过见面，再加上本班语文老师善意的提醒“怎么抽到这个班呢”，我感觉到在安师大附小试教敲定的方案几乎无法在这个班实施。尽管明天就要比赛，我和赵耀都觉得：教学设计必须做出调整！一定要顺应学生的情况降低目标要求，降低问题难度。说心里话，我是带着设计完满的《这片土地是神圣的》信心满满地来的，从来没有想象过临阵还要调整教学设计。明天就要比赛，已经准备就绪的教学现在不得不改，任我这个经历过各种阵仗的“老将”也难以做到心平气和。现在这么短的时间对教学设计进行调整，谁都不知道是否能真的应了学生的学情，力挽狂澜。这无异于一次大大的冒险。怀着绝境求生的心态，我和赵耀老师分坐在宾馆的床头，一个步骤一个步骤地梳理，一个问题一个问题地取舍，在教学的路径方法上做微调，在内容选择上做改变。终于，在12点前我们梳理出一个全新的设计，才算踏实睡去。幸亏是改了设计，第二天的课堂，学生真的如我所预料的那样——不管你提什么问题，学生都那么紧紧地绷在那里，他们或许太紧张了——这种公开课对孩子来说，恐怕也是一种折磨吧。若不是评委更看重课的设计理念和我现场的表现（评委在我上完之后与我聊天中表达了他们对我的认可），一等奖是不可能拿到的。一次普通的参赛，但因为这极具传奇色彩的过程，它便具有了成长的意义。

磨课确实是一个难挨的过程，但2008年由我校承办的面向全省的活动中，我上的《泊船瓜洲》这首诗的磨课却有着一段从容、沉醉的独特体验。或许是因为上古诗词，又或许这次要和窦桂梅老师同台，我的备课表现出完全不一样的状态。我小心翼翼地、细致入微地学习诗词教学的种种观点、经验和感悟，我认认真真地、字斟句酌地读诗、释义、悟情，甚至煞有介事、如痴如醉地读不同作者、不同时代关于它的诗评。最值得一提的是，在备课的过程中，我有幸得到著名的教育专家钱正权先生的直接指点，受益良多。最终，以读、品、悟为线索的教学得以展示，我教得扎扎实实、有板有眼，学生也学得有滋有味、入情入境。就是现在回过头来看这节课，也还是比较满意的。从容，赢得淡定；细致，深得其味。看来，我是磨成精了！

当然，我还有磨得畅快淋漓的安徽省素养大赛时的《触摸春天》，磨得最干脆利落的全国素养大赛时的《一个小山村的故事》，除此之外，自然不会少了磨得最为理性的《落花生》。

一课一世界，一磨一菩提。师者心路，人生百味，尽在这平常的磨课里。

六、《落花生》教学背后

一节课的好坏
确实不在于
教师“秀”了什么

二十多年的课堂摔打滚爬，积累了很多公开教学的案例和经历，有让我自鸣得意的课，有令我怅然若失的课，还有叫我堆叠理性的课。《落花生》第二课时的教学可以算是我课堂教学的一个分水岭，它记录着我变革课堂教学的愿望，记录着我对课堂全新的理解，也记录着我“教而困”之后的“自反”和蜕变。

之所以有《落花生》一课的教学机会，缘于学校2012年开始的省级课题“‘生本课堂’的理论与实践”，缘于学校2014年举办的面向全省的教学观摩研讨活动。我校自2004年开始，每两年主办一次大型教学观摩研讨活动，或邀请全国名师，或邀请本地骨干，当然，一定不能少了我校学科、管理精英的登台展示。其目的很明确，是将优质的教育资源引到我们身边，也将我校优秀的青年教师推到前台。一方面为老师创造学习的机会，另一方面也为骨干教师搭建成长的平台，一举多得，美哉乐哉。2014年我们确定的主题就是“语文‘生本课堂’教学观摩研讨”。四位老师上课，我是其中之一；若干名老师观课、议课。这算是语文学科群体的教研亮相，更是学校生本课堂研究成果的展示交流。经过两年的研究，我们有了实践体会，有了理论修炼，于是，便有了表达的信心。

郁校长是这项课题的倡导者、发起人，领着全校的老师一节课一节课地磨，一节课一节课地议，一次一次地宣讲，一次一次地指导。课题研究到高潮处，郁校长甚至亲自拿着课本走进了课堂，以一种“生本”的姿态，那么素朴地上了一节课。课不是传统意义上的“好课”，但每个参与听课的人都应该感受到领头人那种改革的意志和指引的力量。正是在这样的课题引领下，我作为分校校长、总校分管教科研的副校长，便开始了自觉而深入的理论学习。与此同时，大刀阔斧地在自己的课堂里进行着实践摸索和理性反思。很多过去朦胧的意识逐步清晰起来，教学关注的焦点逐步向“学生的学”转移。在与郁校长后期的交流中，我的理解和感悟与他的主张及理论渐趋统一，且他的思想逐步在我的教学实践中得以落地。和我一样，不少骨干教师通过学习、实践渐渐悟到了其中秘妙，自觉不自觉地开始了“以生为本”的教学建构之旅。

课是我选定的。主要是想用大家极为熟悉的课文上出大家不太常见的思路，从而引发更多的老师关注“生本”，研讨“生本”，这样才不枉我们举办的活动，不枉学校为此投入的大量精力。我与张露露老师分别执教《落花生》的一、二课时，她先上，我接着上第二课时。于是，我们两人的课，特别是她的课我一定要参与其中，方能合理、科学地划分两课时教学目标和教学内容，才能形成课时的衔接和呼应。经过研讨，露露老师第一课时的目标确定为：

1.认识“茅”，会写“亩”等7个生字，积累新词。

2. 能正确、流利地朗读课文。

3. 了解课文围绕落花生讲的内容及有详有略的写法。

而我的第二课时目标为：

1. 抄写、品读课文关键语段，领悟花生品格，明白做人道理。

2. 研读关键段落，掌握“借物喻人（理）”的描写方法。

3. 迁移运用，用一段话写身边的事物，表达从中领悟的道理。

两课时目标不交叉，但紧密关联，各自定位，各有侧重，两相配合完成这一课的目标任务。我为了达成第二课时的目标，设计了如下教学环节：

一、揭示课题，确立目标。过去的导入环节，现在更侧重于和学生共同确定本课时学习任务，从而为激励有效学习奠定基础。

二、聚焦自学，感悟品格。在第一课时学习的基础上，直入文本理解的重点，引导学生自主品读，感悟落花生的品格，把握文章表达的主旨。

三、研读片段，领悟写法。这部分更是将学习内容聚焦到课文的第十自然段，以表达方法为研读重点，扣“语言文字运用”进行学习。

四、写法迁移，描写事物。有了前一个环节的研读，表达方法迁移到运用上来，让学生进行当堂表达的实践，使能力目标得以落实。

五、拓展学习，引导生活。这是教学向课外延伸的举措，目的是告诉学生，教材不是唯一的学习材料，还有大量的资源在生活中，在课外阅读中。

以上的教学设计和安排，与我过去的教学相比，更加倾向于突出学生的主体地位，更加注重教师主导上的理性，更加关注学生的自主学习、合作学习，更加强化了目标意识和内容选择，在自觉地追求“简约而不简单”，或者说追求教学向“简单的复杂”迈进。本课时的设计我思考的时间较长，花在撰写教案的时间却并不多，且一次试教之后便确定按照这样的思路去呈现，不再更改，不再试教，这在过去是不多见的。此时，我的心里特别敞亮与踏实，我知道课不是为了献媚于台下的观众或听课的老师，而是为了学生，真的为了学生去上。《落花生》这一课时的教学就是将根扎在了学生身上，扎在学生的学上。是教学理性给了我力量，让我敢于打破，也敢于坚持。由此，我愈发感觉到，一节课的好坏确实不在于教师“秀”

了什么，而在于为学生做了什么。

教学在实际推进的过程中，我有了更多的时间去关注学生的学习，有了更多的时间交给学生学，同样40分钟的教学，却感觉学生的收获扎实而语文。听课的老师不觉得教学策略路径难以理解，却分明能清晰地感受到“以学为本”的理念主线；也不觉得这样的设计自己无法企及，却对学生的有效学习，师生的充分对话，课堂的简约、高效而赞赏有加。其中，我放手让学生当堂抄写、品读、交流第十自然段的环节最让大家惊叹，也最让我得意。这个环节集中体现了我教学理念的转向：为了学习的发生。只有删繁就简，将有效的学习内容交给学生；只有惜时如金，将更多的学习时间交给学生；只有贴近本质，将学习的过程充分展开，课堂才能成为“学堂”，学习才能更好地发生。教学的根本目的不就在于为了学生更好地成长、发展吗？对此，我义无反顾。《落花生》最终能以这样的方式和效果落地，无关技术，无关手段，而在于理念，在于对课堂，对学生，对学习，对语文学科的重新认识与深度反思。

路不只在脚下，更在俯仰之间的静观、远瞩、沉淀和追问。

七、“生本”的拯救

看似轻松
实则困惑
看似有余
实则枯槁

当老师，我们爱课堂，因为那里能亲眼见证学生的成长拔节，能真实感受自身存在的价值；当老师，我们也怕课堂，因为一不小心就会在重复中“死亡”自己，或在自以为是的无知中“摧残”孩子。课堂是教师的立身之本，这意味着教师如果没有能力去为学生创造有益于他们成长的教学，他（她）可能在还没有站立的时候就已经倒下。这个问题的另一个视角：如果老师都没有在课堂里“站立”起来，学生如何立？学习如何立？国家与民族的未来何以立？这不是杞人忧天，更不是危言耸听，这很显然是一个我们不大愿意面对却又不得不面对的问题。

对于课堂的认知，一线教师所依据的标尺多半如此：一是像某某著名特级教师那样将教学弄得风格卓然，气象万千；一是如老黄牛般地耕耘、奉献，不知疲倦，无怨无悔；一是将学生的成绩搞上去，在同类学校或同年级各班中名列前茅。我自然也不能免俗，也曾渴望着成为台上台下风头强劲的那类特级教师，有自己的教学风格，有“××语文”的主张和成果；也曾渴望自己的能力超群，方法高效，班级的学生成绩优异，将他人都比下去；也曾幻想着自己勤勤恳恳、默默无闻地陪伴儿童，将自己塑造成教师队伍中的精神“灯塔”。然而，随着各种“幻想”的破灭，我越来越意识到我只是教师中的普通一员，我只是教育大厦上的普通一砖，我要做的是安安静静地教学，认认真真地思考，做对教育的事情，陪伴儿童成长。然而，这样就简单了吗？但凡还有些专业追求的老师，一定要通透教育原理，知晓教学本质；一定要研究学生，学习管理；一定要想些大问题，做好小事情。我们总以为自己就在教学的现场，是教学、教育的知情人、明白人，但殊不知我们有“当局者”的盲点和迷惑，有“见惯不怪”的麻木和疲倦。如果长期机械地固守课堂，无知地自以为是，我们的“坚守”便成为成长的障碍，我们的“陪伴”便成为学生的噩梦。

我自诩有着丰富的教学经验，也有着追求卓越的心，但教着教着，便越发觉得自己的课堂以及能够接触到的其他课堂存在着不小的问题，始终处在无根的、飘摇的状态。我们一会儿觉得教材是救命稻草，在各种版本的优劣探讨与培训接纳上热血沸腾；一会儿觉得媒体手段可以改天换地，用信息技术整合学科教学，指望它撬动教学的变革；一会儿又被各种“实验”吸引过去，总以为教学有某种“捷径”，扯一面大旗便风生水起。我在自己的课堂里，尝试着运用、检验、反思、总结着从书本，从各地，从各位特级教师那里学到的东西：极力倡导并指导学生课外阅读，鼓励学生多练笔写日记，努力创新着教学思路，用心改变着课堂的生态。我越做越有启发，越做也越感到困惑：我们所能感受到的学生被动、缺乏兴趣、高耗低效等问题的本质到底是什么？症结究竟在哪里？我们该从何处寻求突破？

什么才是正道？这些问题越来越清晰，可解决问题的专业底气却越来越显不足，方向的把握和路径的选择越来越显吃力。我知道课堂是焦点，可碎片化的阅读和浅近的实践没能帮我找到让课堂改变面貌的支点；我知道学生是焦点，可思维方式、理论建构及改革的胆识没能让我将“井”挖得再深一些。最为自觉地实践、学习和思考的这些年，我看似轻松，实则困惑；看似有余，实则枯槁。“不是在沉默中爆发，就是在沉默中死亡”，我行走在专业发展最艰难的路上。

好在，我遇到了“生本课堂”。遇到之前，不是我没有“以生为本”的理念，也不是课堂里我们没有“学生主体”的意识，更不是没有相关的行动，或是缺少积极的思考，而是一切都没有清朗，没有自觉，没有系统，没有纵深，总是在寻找，寻找，以致陷入失望、迷惘和消极。郁校长的“生本课堂”就出现在我最焦虑、最无助、最艰难的时候，他给了我也给了所有老师一个具象的课堂改革的抓手。我并不知道它出现得是不是时候，也不知道它意味着什么，但我在学术化的举校改革中不得不走进去，动起来——我是分校校长，也是总校分管教科研的副校长。尽管郁校长关于“生本课堂”的所有理论我都或多或少、或浅或深地接触过，甚至阅读过、学习过，且他所倡导的很多东西都与我的实践相互关联，紧密契合，但我不得不惊异于他对理论源头的追溯和整理，惊异于他对课堂号脉的精准和科学。我似乎看到了一丝亮亮的曙光。

为了读懂“生本”，我首先开始了持续的学习，不仅认真地拜读了学校为每位老师购买的《教学革命——蔡林森与先学后教》，还在这本书的阅读启发下读了“杜郎口经验”，读了安徽何炳章先生的“自育自学”，更循着郁校长援引的理论去寻找佐藤学和他的“学习共同体”，去再读陶行知和他的“教学做合一”。2012年向省教科院申报“‘生本课堂’的理论与实践”这项研究的课题时，郁校长让我执笔撰写课题立项申请报告，这对我来说无疑是一场大考，考我对这项课题领悟的程度，考我这段时间的学习效果，考我对推进后续研究的系统思考。第一稿郁校长没有通过，建议再改，重点做好对该课题理论支点的阐释，对目的意义的明确。怎么办？再学习再梳理吧。于是，我再次走进相关理论中去寻找逻辑，再次从新课程改革中去寻找依据，将“以生为本”进行咀嚼，将教学变革进行论述。终于，郁校长认可了第二稿，并对其中的理论表述和内在逻辑给予了赞赏。课题申报的任务完成了，我确实感觉到自己的蜕变，并真正成为这项改革的拥趸和践行者。

从此，我开始了更为系统的学习，也开始了更为明朗的实践。在课题的指引下，我将自己有限的时间打包，以学生的“学习”为关键词，进行理论学习，努力参悟各种论著对学习的界定、阐释和推进，努力寻找课堂实施的路径、方法和策略；我也以学生的“学习”为主线，试图改造自己对课堂固有的认识，尝试和体验着各种“为了学习”的教学行动。“生本课堂”的“五步七环节”就是我在建构课堂时的实践领悟，“简约的复杂”就是我在课题研究中形成和坚持的课堂哲学，一个全新的课堂认知正在我的脑海里形成，一段全新的求知历程正在我的职业生涯里展开。

感谢“生本课堂”的拯救！

第五章　读写近道

道不远人。我们的课堂，我们的校园，我们的生活，便是一个个道场，有心、勤勉之人自能参悟、吸纳。于是，主动迎向教育生活的人自能丰盈，积极面对教育问题的人自能深刻。我是一个不算勤奋的人，但我还算清醒，能够在2000年以后被阅读、写作牵引，从而赢得了另一种生活。是这种生活带着我重新审视自己，审视自己所从事的职业和语文教学，给我注入了一股全新的力量。在倾向于专业的读写中，困惑的东西会豁然开朗，而原本清楚的东西陡陷迷茫。“开朗”给了我鼓舞，“迷茫”催促我追问。这种思想和心灵的对撞，给了我看得见、感受得到的理性和深度。

一、我的阅读史

一色的黄封面
一色的教育随笔
一色的书香

每个人都有属于自己的历史，或荣耀光彩，或黯淡困窘，或平静无奇，或复杂难言。我是一名教师，自有着与他人不一样的职业过往。说不上是哪一种特征，但烙着我的印记。我的阅读史，便是一段个性鲜明、难找雷同的历史。当然，如果你善于提炼或是总结，或许还能从中捕捉到一点普遍意义也未可知。

只记得自己小时候特别爱和小小孩玩儿，爱看“小人书”——连环画，那个疯狂劲儿，我至今都能记得清晰。整个小学阶段，学习没有什么负担，玩耍是我的主要生活内容，和小伙伴玩儿，带小娃娃玩。当然，相比而言，读“小人书”更能给我带来自由和心情的愉悦，所以，让我放下小娃娃去看“小人书”我自然是愿意的。去村子里各家串门，我会将墙上贴的连环画、年画仔细看个够，更是不会放过他家里的连环画或画报什么的；如果知道哪家有藏书，我总要想着法子哄他给我看，当然多半会得手；如果有难得的一次机会由家人带着去逛街，我会坐在街头邮局边的小人书摊子上一本一本地看，直到大人办完事情回来。在最想读书的童年，没有什么书可以读，这样的连环画串联起我的阅读记忆，使我不至丢了读的念想。如果听评书也算是用耳朵“阅读”的话，我小学阶段还真是听了不少评书，《杨家将》《岳飞传》《水浒传》《隋唐演义》《萍踪侠影》《封神榜》……或是与村子里的长者混在一起静静品味，或是与小伙伴相约午间半小时，或是夏夜星空下与家人赏月听书。记得最深的，是村子里偶有说大鼓书人被邀请来，敲着鼓，打着板儿，唱着故事，说着道白，那一声“可怜哪，小罗成……”直入我童年的梦里。村子里的老老小小聚在没有电灯的夜里，体味着清苦岁月的难得烂漫。当然，我还是一个十足的电影迷。只要附近哪个村子有露天电影，我都会跟着同村的哥哥姐姐或是叔叔阿姨同去，绝不落下。也奇怪，我的父母也总是放心让我去，再晚也全无责怪；很少陪着我看电影的父亲，居然也在一次《少林小子》上映的档期，和同龄的几位聊起了兴致，带着我们一帮小不点儿去乡里电影院看了一次电影。《龙女》《咱们的牛百岁》《上甘岭》《地道战》《战上海》《少林寺》《少林小子》《画皮》《刘三姐》……这些老电影，陪着我做了一个又一个英雄的梦，正义的梦，奇幻的梦，成长的梦。每一场电影，都像过一回节，让我的童年平添了无尽的欢愉和诗意。这丰富的阅读体验，这与故事相亲的美妙感觉，全无商量地、自然而然地烙进了记忆，流进了血液。

初中，正是“少年不识愁滋味”，似懂非懂，满是希望的阶段，生活也向我展开了全新的面容。因为学得轻松，自然也有一些闲暇，但毕竟不比小学。因为要决定命运前程，这三年的时光多半消耗在读课本、做作业、强化做题上，但不会像现在的孩子那样玩命地补课、刷题，偶尔有闲，还是能看一看电视这新鲜玩意儿，放松一下紧绷的神经，甚至也能心无旁骛地读点什么。这期间，陪我最多给我最多回忆的是《少年文艺》和《故事会》。书多半是从同学那里借的，不用自己买，大家又愿意借，这等事想不习惯也难，正应了那句“书非借不能读也”。初一、初二的时光并不紧张，常常是在做完作业之后，家人或在忙着家务，或是安然入睡，我则一人坐在堂前的八仙桌边，就着白炽灯或是蜡烛的光，陶醉在故事的世界。整本书方面，记忆中读得确实不多，好像是没有那么大块的时间给你，也好像是没有那么强的意识和兴趣去读。只隐约记得不知从哪里得到一本已经破残了的《西游记》，因为是古体字，又是竖排版，读起来甚是费劲儿，利用其中的一个暑假，硬是读完了它。再就是父亲不知从哪里弄来一本《新中国第一大案》，关于刘青山、张子厚的贪腐，父亲说得津津有味，诱发了我读的兴致，但却没有足够的耐心读完那个年龄似懂非懂的东西，最终应该是没有读完它便丢在了一边。此外，除了零零碎碎地读了一些杂志和武侠小说，那个阶段的阅读再没有特别的经历了。如果说小学阶段的阅读是纯天然的童心所使，那么中学阶段的阅读变少，除了自己兴趣点的转移之外，没有很好的教育引导和环境也是影响我阅读习惯和阅读量的重要因素。

终于，到了南陵师范学校，开始了一段没有升学压力，没有就业负累的学习生活。我压抑在心中的好奇、幻想、志趣和倾向便如开闸的洪水得以释放。打篮球，打羽毛球，拉二胡，弹吉他，练书法，画国画，学素描，吹笛子，弹风琴，吹口琴……似乎什么都能引发我的兴趣，我都尝试着去学习，去感受，去开发。当然，与此同时，我更知道即将当老师的自己需要阅读。于是，我在师范的三年里读了《地球上的红飘带》，读了《钢铁是怎样炼成的》，读了《红岩》，读了《陶行知》，也在图书馆里阅读了大量的杂志，知道了于永正，知道了斯霞，知道了于漪，知道了丁有宽，做了不少笔记，想了一些问题。相比于不少同学，我的课外阅读算是可观的了。但明眼人不难看出，这三年我的阅读还是贫乏的，缺少规划的，散乱而零碎。不是没有时间，是此时的兴趣点太多，阅读的习惯和兴趣还无法战胜那些艺术的、体育的、好玩的事情，抢不到那么多安静阅读的机会。对此，我既感到遗憾，又不那么惭愧，毕竟，丰富的师范生活给了我丰富的教学技能和职业底色，那些在师范学习中玩过的、学过的、试过的事情，都是在打底子。只不过，阅读这一课迟早还是要补上。

补阅读这一课可不像想象的那么容易。进入安师大附小工作的最初几年，除了教育教学任务之外，便是漫长的自学考试提升学历之旅。这期间虽然半推半就地读了一些教育教学方面的书和杂志，但都算不上专业的阅读，甚至连文学读本也少有涉猎。任你如何立志，时间、心绪、精力都很难聚焦到大量的阅读上来。我以为，没有从根本上培养起读书的习惯是其中的关键。不爱读书与“教书”之间构成了一个滑稽的悖论，当时是隐隐觉得，现在是基本确认。这种情形随着职业环境的不断优化，“重要他人”的及时出现，自己对职业的认同感越来越强而出现了转机。2005年暑假，郁培林校长到安师大附小第六年的暑假前夕，在他的主张下，学校赠送每位老师七本书，一色的黄封面，一色的教育随笔，一色的书香。就是在这种半逼迫半自愿的情况下，我开始了自己的阅读，也爱上了或者说自觉坚持着专业的阅读——生活方式陡然改变，职业的、专业的认识也随着阅读的厚积发生改变。我的阅读史，从这一年的暑假开始，算是从“野史”进入了“正史”。

经历、经验是一条条河流，最终汇聚到人的运命的湖海中，你曾经怎样流过，一定程度上决定了你流向哪里。我的阅读史，也是参悟人生的一段成长史。

二、校长的“礼物”

是在点拨、敲打、提醒
是在继续地
引导、督促和等待

郁培林校长，2000年5月17日正式成为安师大附小办学的当家人、领路人。他的出现，几乎从根本上改变了我的成长轨迹。而他2005年那个夏天送给我们全体教师的七本书，让我得以重新审视我自己，审视我所从事的职业，审视我当下的顺境和困惑，使我慢慢走出了职业的迷茫和倦怠，也走出了的肤浅和浮躁，一切便从那个时候慢慢好了起来。

哪七本书这么了得？《教有所思》（李镇西）、《给教师的一百条新建议》

(郑杰)、《不跪着教书》(吴非)、《教育的十字路口》(张文质)、《教育实话》(陈桂生)、《守望教育》(刘铁芳)、《教育碎思》(郑金洲)。不难看出，“教育”是这套书的关键词。拿到这几本书，才第一次知道有“教育随笔”这类书籍，它们没有什么系统的理论阐释，也没有什么高深的学问表达，有的是对教育教学现实的叙述、反思，有的只是对教育问题的追问和阐释。用现在的话来说，这是一套特别“接地气”的书。送全体老师每人七本书，算是安师大附小在郁校长带领下走出办学低谷之后的又一个“大事件”。在我看来，这和将大学的教授请进校园的讲坛，将全省的观摩活动办在我们自己身边，将全国的名师邀约到我们的学校一样意义重大。我的这位书生校长应该是想进行这样的表达：老师，你们读得太少，你们需要厚积！安师大附小要发展需要靠大家，而教师要发展必须去学习！看得出来，他希望更多的老师通过学校赠送的这七本书真正读起来，思考起来，专业起来，从而为安师大附小的发展注入可持续的动力，夯实可持续的底蕴。

我算是个听话的“好孩子”，且经过五年的共事，已然被校长的思维、主张、人格所征服，已然被他积极的办学行动和情怀点燃，特别是我能感觉到他这些年对我的点拨、指导和器重。他这么大手笔地赠书，我自然要特别珍惜，自然要积极响应。至少是在毫无抵触心理的情况下，我开始了这七本书的阅读。

与之前所读的其他专著有着本质的不同，我在这七本书中读到了平常不大能够听得到的真话，听到了同为一线教师的教育信条，感受到了作者特别的教育理解和情怀，他们似乎在与我们读的人对话、交心，又全景式地展示和剖析着他们的教育生活。这些东西一下子将我吸引，让我第一次尝到了读书的甜甜的味道。我无法抗拒文字本身的温度和理性，我也不会拒绝每一本专著带给我的启发和触动。在读中，我知道了中国“苏霍姆林斯基式的老师”李镇西所思考的、所实践的那些细细碎碎便是“民主”与“爱心”，是这种坚持在实践中注入理想、注入爱心、注入理性的教育自觉，才有了独特的李镇西、厚重的李镇西；在读中，我知道了“另类校长”郑杰，他之所以能够将上海郊区的一所薄弱学校办出名堂，确因他有超出一般的思维和魄力，有着深刻的教育理解和主张，他的“另类”无疑来自

“底色”；在读中，我认识了学者、诗人张文质，沉醉在他文字的诗意和哲理之中，常常收获不一样的视角，汲取不一样的营养，让我对教育成长了一份诗性的融通，感悟到率真叩问背后的视野、积蓄和张力。作者有的来自中学，有的来自高校，有的是教育改革倡导者，有的是普通教师，有的是校长，但他们都无一例外深情地爱着教育，用他们的学识和行动诠释着教育理念，梳理着教育问题，表现着坚定信念，推动着教育发展。他们通过文字给我上了一节又一节生动的专业课——之前的某些时候，只有郁校长与我的谈话，常常会有这样的感觉。

读这七本书，没我想象得那么顺利。尽管书本身有一定的吸引力，却因为自己读的习惯没有真正养成，故读的时间保证、读的方法选择、读的消化吸收一开始并不是那么理想。总会有这样那样的理由让我不能保持读的连贯和深入，总有这样那样的事情会冲击读的安静和投入。好在郁校长会时常问问我：读到哪里了？感觉怎么样？有什么想法？他也会时不时将他自己读的思考与我分享。他的这些看似无心的举动，我以为是在点拨、敲打、提醒，是在继续地引导、督促和等待。我作为办公室主任，是与他常有机会接近的学校中层管理人员之一，也是他用心栽培的青年教师之一，他怎会看不到我理论的匮乏？怎能看不出我读的被动、肤浅？他一定是想通过这样的谈话启发我，敦促我，一定是希望我坚持读下去，坚持思考下去。至少，我是这么理解他的良苦用心的。于是，在这样的认知和心理下，我强逼自己读了下去。说“逼”还真是逼，每天晚上忙过家务，我总规定自己要读一点、想一点，尽管哈欠连天，还是努力坚持，这最终帮我养成了“挑灯夜读”的习惯；公文包里或出差的旅行箱里总要装上书，工作、办事、候车、候机的空暇和零碎的时间，顺手取出书，这让我有了更多读的时间。读的习惯原来是在读的实践中才能培养的，而对读的接纳更需要在具体的阅读中方能实现。

这几本书对于我的意义，不止在读完和积累那么简单，它们实际上开启了我真正意义上的阅读，不仅帮我养成了读的习惯，唤醒了读的兴趣和需求，更帮助我重新找回了做教育的价值认同和职业认同。我常常想，那些原本普通的老师现在能够洋洋万言、生动深刻地论述教育教学，他们该多幸福啊，多有尊严啊！而我之所以困惑、焦虑、疲倦、孤独，还是因为专业的通路没有打开，职业的幸福感难以持久。如果，我也能像名师、专家那样，多读，多想，多实践，不断厚实自己的底蕴、内涵，不断研究教育教学的本质、规律，用心去爱学生，走近学生，然后，也像名师、专家那样把自己的实践及思考及时地写下来，常咀嚼，常观照，再敬业一些，再平和一些，或许我也能成为他们那样受人尊崇的人，至少会是一个内心充盈、自信而开阔的人。读完这七本书，我已经按捺不住继续读的兴味，开始自己有目的地到书店购书，开始在网上购买自己想读的书。读，正式地植入了我的生活。

我想，这才是校长愿意看到的“七本书”的下文，“七本书”的续集吧。

三、照见自己

自觉阅读着
思考着的自己
才像是一位
真正的教育工作者

曾几何时，我读专业书籍宛若读天书。一是因为其中的理论给我陌生感，让我望而生畏，徒增烦扰；一是因为我确实没有觉得读与教的行动之间能进行怎样有效的勾连，兴趣不大。当然，最大的问题还是如前文所述，读的习惯没有稳定，思的深度无以扎根，我和大多数老师一样，只愿在实践中，在技术上花时间，觉得这是可以立竿见影的捷径，也是一线老师该有的样貌。所以，在很长时间里，我热衷于听课，热衷于模仿，热衷于一招一式的积累和教学方法的琢磨。可是，慢慢地我便发现，这条路越走越窄，越走越困难，也越来越发现，专家所讲的“教学素养”远非我师范时学习的那些基本功和听课时学得的那些招式可以累积的，我的教学设计总会在某个节点陷入困境，无法突围。这时，我才意识到自己是“墙上芦苇”

——根底太浅，“山间竹笋”——腹中空空。那么，该怎么学习呢？路在哪里呢？学什么呢？谁来指导我学呢？这样的困惑一直伴随着我，而不同的尝试也一直在进行着。因为见识和理解水平不够，读一些杂志，看一点文字，实在无法改变我的窘境，也一直不能让我确定方向。直到遇见那“七本书”，遇见我十多年来坚持的阅读。

这七本教育随笔，给了我一个个与名师、专家亲密对话的机会，给了我一个个思考教育的视角。他们用自身的实践和理论涵养为我讲述故事，透析教育，追问课堂，反思成长；他们对教育的激情燃烧和理性思辨令我着迷；他们敢讲敢干、个性鲜明，令我感佩。他们的讲述与透析，追问与反思，将我机械记忆着的那些概念、原则、定义变得灵动、丰满起来；而我已经司空见惯的教育现象、学生面貌突然间变得立体、丰富起来。我确认，这是感性和理性交织共同生发的力量，而他们能将感性的东西如此理性地阐释，关键是他们的思想力，而思想力源自学习和实践。实践我不缺，我缺什么便一目了然。

接下来的阅读，我紧紧抓住这个系列的书籍如饥似渴地读，生怕一不小心读了其他不喜欢的东西掐灭了刚刚点亮的小火苗。这个阶段，我又继续找刘铁芳、陈桂生、郑金洲、张文质、李镇西、吴非的书读，算是强化了对这几位的印象；也在这一类的著作中重新认识了早就熟知的人，如窦桂梅、王崧舟、薛瑞萍、闫学，知道了他们精彩课堂的背后是什么；在这个阶段，我还幸运地碰到了陈鹤琴的《家庭教育》，周彬的《叩问课堂》，帕克·帕尔默的《教学勇气——漫步教师心灵》、温斯坦等人的《小学课堂管理》，那些沉淀在文字里的理论突然间变得不再陌生，不再遥远，不再令我害怕。我知道，我因为阅读终于走进了阅读。换句话说，追着这个“书系”读的几十本书，让我终于尝到了读的滋味，喜欢上了读的生活，更汲取到了很多很多专业的营养，体悟到很多很多专业的秘妙。我的视野变得开阔起来，我的职业生活也变得有趣起来。我能很明显地感觉到，2008年，我再次从一年级接手一个班级时，一切都显得那么不同以往。无论是对孩子还是对家长，对课堂还是对管理，我都似乎变得更加敏感和敞亮，也更加喜悦与自由。读书的同时，写作已逐渐成为我的工作习惯，自觉地记录着我的实践与反思。感觉到这个时候，这样一个自觉阅读着、思考着的自己才像是一位真正的教育工作者，这样的生活才是我想要的生活。

阅读的通路打开，我自然读得越来越开阔，越来越面临选择。于是，“读什么”的问题会常常在我脑际回旋。作为教师，读专业的理论书籍自是应当，读我前面说的教育随笔也是不错的选项，但我同时还是语文教师，如果没有文学的、哲学的、历史的阅读，就一定难以形成良好的知识结构，就必然地为肤浅所困，难以完成自己的专业提升和职业“救赎”——陷在平庸里，于我而言便是自绝后路。我愿意把此阶段的阅读看作走向“个性”“选择”的阅读。在教育教学论著不断丰富着我的书桌、书架的同时，我也在读的过程中知道了更多期待读的书。于是，余秋雨的《千年一叹》《行者无疆》《余秋雨文集》《问学》，王小波《理想国与哲人生》《思维的乐趣》《我的精神家园》，李泽厚的《美学三书》，柏杨的《丑陋的中国人》，以及《中国通史》《泰戈尔诗选》《纪伯伦散文诗集》《海子的诗》《冰心散文选集》《梁实秋散文集》《季羡林散文》，还有获得诺奖的莫言的诸多作品，等等，便先后被我寻到购得。有的细细品读，有的闲来翻翻，有的当作工具书。读这些“闲书”，看似与专业没有什么关系，但这些文学、美学、哲学、小说、散文、诗歌，却是教师成长专业必不可少的土壤——没有“广种”，何来“博收”。这个时期，“专业”书籍与“闲书”交替着读，晚上挑灯夜战选择的往往是教育教学相关的著作，而其他书则读在闲暇时；读专业书籍我会写写画画抄抄注注，读闲书则显得随性得多，不想因为太多任务而累了读书。就这样，每年不少于30本书的阅读量，这些年硬是被坚持了下来。不敢说自己“腹有诗书”，但这样的广泛阅读，确实提振着我的精气神儿，让我活得有滋味，教得有感觉，胸中有气象。我的世界旧貌换新颜。

客观地说，2014年以来，我的阅读又有了一些新变化。一是因为和名师工作室的老师一道在推动阅读，所以作为主持人自然就需要更为精细地考虑给大家推荐什么书读，什么书是当下最需要读的，而因为课堂教学研究是主线，我们更多倾向于教育教学理念转变的阅读；二是因为学校2012年以来一直进行着“生本课堂”教学研究，我作为分管教科研的副校长，必然要潜心读一些书，思考一些问题，方能支持校长、带动老师走好研究之路。这两条线在课堂教学方面形成了交集，因此，我后期陪着研修成员阅读的专著更多偏向于学习方面的理论，偏向于课堂教学改革，总期待着大家从中接受启发，找到方法。如，陶行知的《陶行知教育文集》，佐藤学的《学校的挑战》《教师的挑战》《学习的快乐——走向对话》，郭思乐的《谛听教育的春天》，崔其升等的《崔其升与杜郎口经验》，何炳章的《自育自学》，蔡林森的《教学的革命——蔡林森与先学后教》，安德烈·焦尔当的《学习的本质》，黛比·西尔佛的《课堂教学——一位美国老师的心得》就在课堂教学理念的转变上给了我丰厚的积累，而叶圣陶的《叶圣陶语文教育论集》，黄厚江的《本色语文的主张与实践》，王荣生等的《语文教学内容重构》则在语文教育教学方面给了我更为切实的理论支撑和实践指导。这个阶段的阅读，看似在成全他人，实则完成了自己又一轮的知识结构和教学理念的改造，我感觉到自己好像更懂教学了。

没有阅读，我们常常觉得心里是满的；有了阅读，我们的心里也是满满的。两种“满”是两种境界，两种“满”是两种生活。做老师，要想清晰地照见自己，阅读确实是一个必要的选项。

四、在阅读中凝视

在这样的阅读
与沉淀中
我的眼睛终于
睁得大大的

从工作的第一天起，我以为我就是喜欢学生，了解学生的，我天生可能就是做老师的料。我愿意在他们身上花时间，我愿意做班主任，我愿意带着他们玩儿，我愿意和他们行走在课堂，我欣赏勤奋乖巧的，我也同情暂时落后的……在我的标准乃至不少优秀教师的标准里，我的这些表现也是能说得过去的。特别在20世纪90年代中后期及新千年伊始，我对学生的亲近以及学生对我的“腻歪”一度成为我的标签，一度被自己引以为豪。“没有爱就没有教育”，它几乎是中国教育人集体的口头禅。年轻的我对此确信无疑，以为只要爱孩子便把住了教育的命门。但其实我们并不难发现，爱又是那么难以量化，那么因人而异，那么感性诗意的东西。它如果没有理性去控制，则很有可能走向泛滥，走向无原则，走向随性。我们很少能看到有专家对教育之“爱”进行实证研究，以致我们会以为爱包罗万象，以为微笑是爱，打骂也是爱；宽容是爱，严格也是爱；赞扬是爱，批评也是爱；事必躬亲是爱，放手等待也是爱。我们真的懂教育之爱吗？我们爱学生的方式对吗？孩子们到底需要怎样的爱？爱与专业水平之间又有着怎样的关联？教育基于了解，如果没有对儿童的真正了解，爱将是苍白无力的。我的这些想法，这些顾虑，乃至某种战战兢兢、亦步亦趋，都是有了广泛阅读与深度思考之后才逐步堆积起来的，也是因为阅读与思考，逐步消解或重新认知的。

在一个别人看来已然成熟的年龄，又是一个“积极”“有为”的青年教师，除非有特殊的安排，没有人会告诉我该怎样去爱学生，怎样走近儿童，我只有去实践；没有人会对你的实践给出系统的诊断，我只有去自省。在师范三年的学习中，在有限的文字阅读中，我们粗略地了解到儿童的心理特征、认知水平和年龄特点，知道他们需要欣赏、激励和正面引导，知道他们有求知欲，有可能性，也知道教育要面向全体学生，尊重他们的个性。而这些，还是过于抽象，没有良好的专业素养不足以帮助我们直接将这些理论积淀变成教育教学的路径、方法、策略。所以，我们在阅读的初始阶段，会比较喜欢选择那些倾向于实践性、叙事性、反思性的文字，我们在那里试着打通两极，进行着理论与实践的再学习，再建构。

新课程改革之初，我的阅读主要聚焦在新教材、新理念、新课堂上，聚焦在新型师生关系的建立上，聚焦在教育的问题上。教育随笔、教学实录、案例研究等是这个阶段我最主要的阅读内容。我在这样的阅读中，在他人的间接经验中，不断地对照着自己已有的理念、知识、习惯，以我能够认同的观点、实践去同化、顺应，不断改造着自己的认知图式，推动着自己的进步。于是，原本熟悉的语词开始陌生，然后转变，再变得亲切、熟悉，对教育教学的理解似乎有了全新的开蒙：

【师生】相同的是都拥有着多元的生命，都有着一样的生命渴求；不同的是孩子一定要是孩子，老师就一定要成为有着绝对童心的成人。在孩子歇息时，老师是动听的音乐，感人的故事；在孩子学习时，老师是护眼的灯光，窗外的芳华；学生犯错时，老师是一股清凉的风，不至刺骨；学生成功时，老师是心中的暖流，拂面的春风。

【课堂】这里是心灵约会心灵的地方。每一个人都应是主动的参与者，自我的主宰者，都有真诚表达的机会，都有安静倾听的空间。错误便是创造，失败令人自豪，每个人都充分地相信自己，欣赏他人，彼此尊重，相互吸引。这里是人生行走的驿站，歇歇脚，拍拍尘，探探路，心向远方。

【教学】就是教者与学者之间的桥梁。在这座桥上，应看不见俗套、僵化的模式，只看见随性驰骋的自由；应看不见一统天下的“唯师独尊”，只看见个性张扬的生命的精灵。生活、文本、当下是它的发源，共享、对话、建构是它的过程，这就是一艘追求结果却忘记结果的直指生命远方的航船。

【对话】我想用对话去实现平等。平等是抽象的，而对话是语文的可感知、可操作的平等。对话是一种方式，是一种心态，是一种为孩子端来椅子平视而坐的尊重，是一种微笑面对幼稚、冲动的平和，是一种感谢孩子为自己挑刺的自信从容。在对话中，让师生学会言说；在对话中，让语文更像语文；在对话中，让学习贴近生活；在对话中，让课堂珍视生命。

【合作】更像是生命起航时的握手与鼓励，不管是同行还是分离。合作追求的是相互补充，相互扶持，追求在对话中验证，在对话中顿悟。这不是一加一的简单算术，这需要在分享中增值，在互动中启发。对于弱者，要释放合作团队的温暖；对于强者，要给他们一个在分享中点燃的“场”。

【自由】自由是一种天性，天赋的权利。我们的语文能使孩子们释放自由力量的是自觉、自省。我们的语文必须以一种孩子愿意接受的话语方式走近他们，轻轻的抚慰他们受惊的心，松开束缚的绳，同时更要用语文的方式送他们自由远征——他们原本属于这个世界，属于他们自己的自由的心。

【发展】记住“学生第二”折射的内涵，教师、学生的发展是语文不变的价值取向。教师要成为指导学生发展的权威，在不断学习中才能真正走远；不是学者但不亚于学者的勤勉，不是专家但有着专家的修养；教师在发展的幸福中才能引孩子幸福地发展。让每一个在你的时间里度过的孩子习得生存的本领，懂得生活的真义，获得生命的成全——此谓真发展。

很显然，这样的理解难免稚嫩、浅薄，但就是在这样的阅读与沉淀中，我的眼睛终于睁得大大的，知道眼前的每一个孩子都是独特的生命个体，都有自己生活的、心理的、生命的过去、当下和未来，教育、学校、教师需要做的便是顺应他们的发展需求，为他们不断丰富、有效实践、经验成长去创造一个又一个适合的机会。

真正的教育不是全程护送，不是廉价施爱，少一点代替，少一点强制，少一点威权，或许，我们会做得更好。

五、写的回眸

用不同以往的
目光、态度、心理
去试着
重新审视

真正喜欢或者说愿意自觉写点东西时，已经到了自己的而立之年。对一个渴望进步，且也已取得了一点实践成绩的老师来说，这有点不可思议，却也值得庆幸、嘉许。毕竟，我还是先于很多很多一线的同仁，意识到写的重要，体会到写的快乐，感悟到写的奥妙，开始了有模样的写作。搜索记忆，这条转变之路走得并不那么舒坦、顺利。

很早就知道写日记挺重要，但死活坚持不下来。学生时代因为有学业的压力，有更多其他感兴趣的事情要做，就算有点时间，感觉睡觉也是远比写日记重要得多的事情，所以写日记没有成为习惯。工作了，更是有很多新鲜的事情需要去体验，抄抄写写的事情也不少，日记便被抛诸脑后。1993年工作，1996年就开始做校长秘书，“写”开始强行闯进了我的生活，记录会议、撰写计划总结、拟写公文、汇总周工作要点，这些练笔头的事情让我不得不重视起自己的文字表达，我也在这之后的近十年时间经受着磨炼。我的意思是，这些正儿八经的公文类的写作，我用了很长时间才找到了一点感觉，而这点感觉的可贵之处在于，我不再惧怕文字。这个阶段，我自然也是要应对学校的各种比赛的要求，撰写各类论文去参赛的，但可以料见的是，因为只有相对肤浅的实践体悟，论文的撰写显得艰苦卓绝。其时我并没有意识到我学习得不够，幼稚地以为这是因为实践才刚刚开始，经验还尚显浅薄，等一等自然就好了。然而，这样的等待并没有换来文思泉涌，反倒是懒惰了笔头，平庸了文字。爱上写到底需要走一条怎样的路径？

进入新课程改课，我被逼着开始读书，因为我承担的很多培训主讲任务需要我先一步学习，先一步理解，先一步提升；我同时也被逼着写作，因为公开课教学设计、培训活动自己的讲稿不得不形诸文字。这个阶段，我的读与写变成了形影不离的伙伴，我并没有意识到这是一种必然——读与写天然的近亲关系带来的必然，我只是被任务驱使着去读，被任务驱使着去写，倒也充实，自在，想了不少，学了不少。人自此变得昂扬起来，精神起来，乐观起来。但这毕竟是外在任务的驱动，我忙于应付着，无暇顾及、思考其中的利弊得失、往事今生。所以常常是任务结束，我的勤奋便告一段落；使命完结，我还是回到我原有的轨道上漫步。所谓读起则写起，读落则写落。此时的我，确实写了不少文字，但多半是从网上东拼西凑的应题之作，有些关于“建构主义”的，关于“教学模式”的理论阐释，自己写了讲了，却连自己都没有完全弄清楚，更不要说有洞见的、有价值的文字流淌了。这段经历大约发生在2002—2005年之间，写是写了，却没有爱上。换句话说，这个阶段我并没有觉得写有什么大不了，不写又有什么了不得，全然随心而动，随事而动，当然不会有什么产出，也不会生出什么对写的喜悦和习惯。

如果说“实践出真知”这句话我一直不曾怀疑的话，在我因为读的实践诱发了写的实践，并深切感悟到读写之间千丝万缕的联系之后，它就更是深深地烙进了我的认知，确信无疑。“读写结合”对于有一点教学经验的老师来说一定不会陌生，我是在阅读了丁有宽先生的专著和一定量的相关教学设计后，才有了较深刻印象的，自己并没有深入追问或系统实践这种教学策略，浅尝辄止罢了。可是，使我发现自己确实接纳了阅读与写作，并深切感受到了职业的满足与幸福的，正是“读写结合”着的生活。

我在电脑上正儿八经地敲出从心的文字，应该是2005年春天的某个晚上；而真正把写作站稳并一鼓作气坚持到今天，是在那一年暑假郁校长送书引发我真的阅读兴趣之后。算不上赶时髦，我是在“博客”流行了好几年之后才开始申请了一个空间，并尝试着写文、发布的。不可否认，写的冲动有博客发表的功劳，但这个不足以支撑起毫无功利的教育写作。在我看来，我之所以突然间愿意写起来，确是因为对教育教学中的问题开始有了敏感，而这种思考的原动力主要来自阅读的持续作用。

2005年开始的阅读，为我营造了一个神奇的“圈圈”，我仿佛与书的作者们取得了联系，展开了随心所欲的交流。他们展现他们的观点和教育的生活，我则以我的生活与之对比，以我的观点加以观照，我的教育反思便悄然实现：我与他们最大的不同不是实践能力，而是思想力；我与他们最大的差距不是某种荣誉，而是行走方式。他们也会和我一样带班、教学，但不一样的是他们总在观察，总在思考，并将这种观察与思考化为文字，表达出来；他们也会和我们一样需要面对教育教学的细细碎碎，但不一样的是他们能看出很多很多完整的意义，形成理性的判断。我不缺少教育教学乃至管理的实践，但很明显，我缺少深度思考的自觉与能力。阅读带给我额外的收获，我也开始学着我读过的名师、专家那样开始写作。

他们写学生，我也写学生。我也仔细地观察学生，走近学生，用不同于以往的目光、态度、心理去试着重新审视。再回首，再阅读时，居然被自己的话语和文字感动，被自己从心底里升腾起的暖流感动：

你们的眼神告诉我，有的同学仍然满怀着对我的信任，也有同学透出一种不自信和害怕。无论你们是否长大，你们仍然是孩子，当你们需要和我平等对话的时候，你们可以是我的朋友；当你们有委屈、有烦恼要申诉的时候，你们可以是我的孩子。所以，每个人都应该给自己满心的期待。

他们写生活，我也写生活，那些原本模糊、抽离了的图景，突然间在我的眼前亮起了，清晰起来，我与学生，与同事，与看不见的他人之间，突然间有了密切的关联。我的教育生活，原来也可以如此精彩：

学校生态的改变，使大家包括我赢得了多次的学校教学比赛的磨炼，多次的培训课、展示课、竞赛课磨砺，多次的外出学习培训和培训外地教师，多次的成功与失败……正是这一次次历练，一次次成长，正是这无数个不眠之夜，最终换得了我渐渐清晰的教学思想和主张。除了自身的进步，安师大附小教师团队也越来越有凝聚力，越来越有专业性，正是我们优秀的团队帮我把握住了无数次展示锻炼的机会，也正是在这样的机会锤炼下，我变得越来越热爱我的专业，越来越自信于我的课堂。

他们写课堂，我也写课堂，我开始敏感起自己课堂里的内容、过程、评价，敏感起学生的表情、语言、情绪，并开始积极地反思起原本熟悉的套路，原本骄傲的方法。也许，我不得不说，是写本身给了我神奇的力量：

细细琢磨，我们不难发现，每篇课文所包蕴的文字的、文学的乃至文化的因素很多，在课文学习过程中情感、态度、价值观的成长机会也很多，只要教师愿意，每篇课文都可以筛出很多的“知识点”。选择教学内容的标准一方面要看课标，另一方面要视本班学生的实际情况去酌定，从而确保能够把那些学生学得了的，且对学生进一步学习语文、学会语文、会学语文有帮助的内容引入课堂，带到他们面前。

他们写成长，我也写成长，谁都会在积极进取的过程中有积累，有变化，就看你能否反躬内省，切己体察，读懂自己的点滴长大，放大并巩固自己身上那可贵的成长的力量：

“特级”更意味着一种责任和担当。无论是谁培养了你，你都应该想到后来人，你需要用你的情怀，用你的理念，用你的思考和你的行动去感召一些年轻人，影响、帮助一些和你一样在教育上有梦的人。这样，才不枉别人倾注给你的热情和用心，这才是评出特级的终极意义。

再读这些陌生而又熟悉的文句，我开始确信，自己正被写作带着，朝我要的那个目标进发。

六、两位导师

进步虽然缓慢
但能看到
实实在在的
成长

说到我文字表达的进步，两任校长对我的影响我必须铭刻心间。他们在不同的阶段以自己的方式介入了我的成长，烙给我永恒的记忆。

我在安师大附小的第一任校长是梁建风先生，一位风度翩翩的搞艺术的大学教师。他 1993 年与我一道进入安师大附小，他是校长，我是他的“兵”。他是一位和善的长者，开明的校长。他到安师大附小前后五年，给相对封闭的学校吹进了对外交流的风。而我必须感恩他对我的信任和提携。或许是他看到我喜欢舞文弄墨，便给我设了一个安师大附小开创性的职务——校长秘书。在这个岗位上，我的主要工作是记录、宣传、计划、总结，同时，负责校长交办的其他事务。在那个还不知道“无纸化办公”为何物的时代，我是完全凭着纸笔进行文字输出的。会议记录还算好，那是写实性的话语和文字之间的转换；到在校门口板书学校每周工作要点时，我便要字斟句酌方抄录发布，这项工作也算过得去吧。最挠头的是学校工作的计划与总结，梁校长给了我足够的时间去学习前人写的，也会在拟写计划之前跟我做一番交流，尽管内容基本知晓，但将它们转化为我并不擅长的公文，还是感觉到了费劲儿。为了不辜负这份信任，我总会认真对待每一个文稿的撰写，写完之后总会在初稿上一遍一遍地改，然后再誊抄，感觉不满意，又改，又誊抄，直到自己再也看不出问题，才敢交给校长审阅。梁校长或多或少总会有一些修改，然后便交与我做最后的誊抄。看到他修改的那些文句，我知道与他要求的还是有不小的差距，但是他选择了接纳。就这样，我写我改，他看他改，就在这写写改改中，我总算渐渐消除了对这类文字的恐慌。是梁校长帮助我在最初的职业阶段，密切了与文字的关系，并经由他的认可和接纳，给我树立了继续文字表达的信心。他1998年离开安师大附小，我做了政教主任，此时，自觉应付基本的文字工作已从容镇定，得心应手——尽管现在看来，那时的文字稚嫩、青涩。二十多年过去了，还是由衷地感念他为我开设的平台，以及他在任时给予一个年轻小伙的耐心指导与等待。

2000年开始与我的人生形成交集的第二任校长郁培林先生，成为我文字表达爬上新台阶的关键人物。我是带着满满的自信成为他的办公室主任的，他或许也是因为我做过校长秘书和政教主任，才觉得可以让我试一试安师大附小办学史上的第一任办公室主任。然而，事情可不像我想象的那么轻松。他和梁校长一样也是从大学调任安师大附小的，做过学院的教学秘书，做过科研处的秘书，也挂职做过地方政府的领导。后来才慢慢知道，他是一位极富才情的校长，文笔是他的一大特长。作为办公室主任，校长交给我的一项重要任务便是工作计划及工作总结的撰写。在他看来，计划是学校工作推进的重要抓手，是行动的纲领；总结则是对工作的反思和促进。我以为四年多的历练，自己的文字表达水平足以应付这样的例行公文，也会赢得他的肯定。此时已经有了电脑，效率自然高了不少。我依然认真地写，认真地改，直到感觉文从字顺、意思完整了才提交给他。起初，他会帮我细细地修改，再发给我定稿发布。不看则已，一看吓了一跳，那满是修改痕迹的文稿强烈冲击着我的视觉和心理。他的修改与我的原作形成了鲜明的对比，他的文字凝练、简约，意思表达更为清楚、明了，一改我语焉不详、语义拖沓的文字面貌，看起来更像是工作文件，更像是计划、总结，更多呈现“干货”。此时，我方才意识到自己的差距与不足。学无止境，想要达到郁校长满意的高度，我还需要走很长的路。那么，好好走吧。

之后的岁月里，我更加认真地对待自己的文字，更加努力地朝着郁校长引导的方向去写：指向明确、真实、有“干货”。进步虽然缓慢，但能看到实实在在的成长。在写的实践中，我才慢慢领悟到，当年之所以无法将计划、总结写到那样的水平，其一，是因为自己对全校性的工作并没有完整的概念，才会出现主次含混，冗长拖沓；其二，自己没有对公文表达进行过系统的、有意识的钻研，当然会有错缺漏增；其三，理性思维不够成熟，才会经常冒出无谓的描述和渲染，逻辑紊乱；其四，文字表达的功底本身有问题，只是之前没有被点破而已。一句话，管理实践的参悟不足，文字表达的能力欠缺，我纵有天大的本事也无法达到校长要求的高度。

在郁校长的点拨、指导下，我意识到，只是从写到写地追求写的水平提升是很难的，必须得从根底上下工夫。首先，我针对自己“只见树木不见森林”的宏观拿捏上的不足，在工作中开始注意领会校长的办学理念、思路和指导意见，开始用心关注学校推进各项工作的目的、意义及背景。这样一来，计划与总结便有了“魂”，而有魂的文字通常不会游离太远。其次，便是认真琢磨郁校长每次给我修改的部分，认真对比自己的原文，从中找出变化，领悟改的理由，体会简约、准确的力量。这样一来，我不仅积累了一些公文表达的规范、语词，还逐步关注到了表达的逻辑、层次，表达理性也有所提升。最后，则是长时间坚持阅读，并坚持边读边写，在读写的结合中参悟教育、敏感教育、思考教育，懂得了教育的基本规律，学校发展中的点点滴滴似乎都有了着落，都有了背景，都有了理由，写起来确实轻松了不少，也饱满了不少。

最近这些年，郁校长对我的文字要求似乎更高了。前文提及的2013年“生本课堂”省级课题申报，郁校长将立项申请的执笔任务交给了我。这对我可是巨大的挑战，毕竟这是真正意义上第一次撰写课题立项申请，但这也是莫大的信任，是作为分管科研工作副校长的职责所在，咬着牙也要完成。查文献，读专著，咀嚼郁校长作为课题主持人的思路，终于写成了自己还比较满意的初稿，欣欣然递交给了他。反馈：动了脑筋，花了工夫，但没有吃透本课题研究的精髓，没有将本课题研究的理路写清楚，再改！又是一轮学习、思考、梳理、凝练的过程。当第二稿交给他的时候，他笑颜舒展，首肯了我对该课题研究方向、价值、路径、方法的表达，给了我一个大大的赞。一字未改，却让我两次的文稿有了本质的改变，这是郁校长良苦用心所在——如果作为分管科研的副校长都不能将全校性的课题捋清楚，又怎么可能在实践中协助他做好事关全局的课题推动呢？我只能说，我服他的本领，服他的情怀，服他的指点，才会常常将压力变成真正的动力，做出连我自己都惊诧的改变。

何止是文字本身，两位校长，也是我的两位导师还深刻地影响着我对文字的态度，对治学从教的态度，我慢慢变得严谨起来。

七、写与交往

被欣赏、被关注
渐渐变成
一种动力

古道热肠是有的，但我确实从小就是一个不大善于言谈，且也不大愿意公开发言的人。师范生活给了我改变的机会和舞台，但本质上并没有改变我这方面的个性。我非常清楚，这不是一个优点。不管你愿不愿意，教师必须要善于表达，也要学会积极地交往。出色的表达能力不仅是教育教学实践的需要，更是促进自身思维发展、综合素养提升的重要依托。于是，从正式成为一名小学教师开始，我其实一直在与自己的这个短板进行着较量。

我从1996年开始做行政，这个角色无疑给了我外在的强逼的力量，推着我改变自己的内敛、封闭，以适应岗位对交流、沟通的要求。因为做管理、做服务，我自然需要高频次地与校领导沟通，与教师沟通，与校外的各色人等沟通，这就必然要经常张嘴说话，经常侧耳倾听。在人与人的沟通中，我基本消除了沟通的心理障碍，渐渐变得从容，变得自信，能较为准确地表达自己的意思，也能较为准确地领会对方的情感。就是在这样的与他人的交往和沟通中，我更好地理解着人性，也更好地认识着自己。2005年开始的写作，其实就是一种渴望更开阔交流的行动，一种渴望自己走出封闭的信号。凭借着开放的博客平台、QQ空间，我不经意间也为自己打开了另一扇与他人交往的门，正是这种基于平台的交往，使我的交往半径被无限放大，收获自然也成倍地增加。

与其说我通过写找到了另一种与他人进行交流交往的通道，不如说这种基于网络的交往方式激励着我写的热情。写作是一种表达，而表达需要倾听者，当我决定进行写作的时候，我也同时决定一边写一边将写的东西发布到博客空间。起初，我并没有告诉别人我在写作，只是自己一种纯粹的"玩儿票"的心态，但不久我就发现，那些相识不相识的人会通过他们的方式看到你的文章，然后热情地与你互动，对你保持着关注，成为那种看不见却不断激励着你的隐形的朋友。我突然间觉得我发的文章其实已经成为我与他人之间的一座桥梁，已经成为描摹我教育形象、教育理解、点滴感悟的工具。我用心写就的东西会有人喝彩，我理性表达的感悟会有人共鸣，这文字已不只属于我，它属于共享网络平台的所有人，属于关注教育的所有人。这种被欣赏、被关注渐渐变成一种动力：有人在乎我的文字，有人受益于我的文字，那么，我必须要对我发出去的每一个字负责。我知道，这种网络发表其实就是一种类似于报纸、书刊、公众讲演的发表，就是一种将自己的思想、观点、意见公之于众的交流，你慢慢就变成了那些相识不相识的网友的"公众人物"。

在这样的平台里，我的学生家长渐渐发现了我，因为他们会通过网络找我的资料，找我发布的他们孩子的资料，这个空间便成为家长了解我的教育教学、了解自己孩子成长的一处好地方。于是我也会发一些家教类的文字，表达我对他们的关注和期许。为了孩子，在共同的目标驱使下，文字成了我们沟通的有效途径。

在这样的平台里，我的教育同仁渐渐找到了我，他们愿意在课堂教学之外通过文字与我深入地、从容地交流。大家在共同关心与困惑的话题里相互慰藉，相互勉励，相互讨教，文字便成为志同道合者之间的纽带，让彼此携手同行。

在这样的平台里，我的学生也会主动地来访问我，看自己的作品，看老师的评价，顺便也看看骆老师在忙些啥。然后，他们会发现新大陆似的告诉我：老师，我看到你的博客啦！此时，这空间、这文字又成为我和孩子们相互走近的一大法宝。

在这样的平台里，我竟也常常感觉在和另一个自己交往。我在最安静时写下的很多文字，一段时间后我再去读它，也能被其中的某种温度灼到，被其中的某一记录感动，被其中的某些观点启发。我会在长久的对自己的关注中发现自己的变化，形成对那个自己的认同。

看不见的人关注着我，有时竟也成为一股强大的监督力量。我必须不断更新自己的空间，因为总感觉有人在等着你分享；必须不断追求文字表达的准确和思考的价值，因为总想给别人带去些许启迪。当惰性侵扰时，会有熟识的朋友淡淡地问一句：骆老师，好久没有更新了哦。我便抖擞精神，重新敲击键盘，开始新一轮的书写人生。是这些隐形而又真实的朋友鞭策着我慎思笃行，言行统一，努力地朝着一个“大写的站立的人”迈进。我还是我，却在这样的写作与交往中，悄然改变，不断塑造。

就这么写着，发着，交流着。我的世界，我的眼界陡然间变得更加敞亮，心头似点燃了无数盏灯，照亮我的前方。我在文字中零零碎碎地叨念着教学、教育、管理、生活、社会、自己、学生、孩子……也慢慢地叨念出一个完整的自己，叨念出更加立体的教育观察和理解，更叨念起一个令自己沉醉的交往空间。这种交往，干净、纯粹，直向内心深处漫溯，不需要繁文缛节，不需要俗世人情，只要我愿意，我便能随时进行；只要我不愿意，又可以暂时地歇息。这种交往畅快、淋漓，平常用口头语言难以说清楚，甚至难以启齿的东西，却也能通过文字率性说出，或慢条斯理地表达；我不用和别人争着、抢着表达某种观点，更不用考虑时间不够便匆匆离开。这里练就了我的从容不迫，练就了我的理性观照，练就了我的责任担当。与此同时，这样的高品质的交往，也让我更加坚信，人与人需要交流，教育思考需要表达，只要诚实地表达自己，真心地与他人分享，你便能赢得尊重，赢得信任，赢得成长，赢得快乐，赢得你未必刻意要求却也如约而至的喝彩。

写作即是交往。我相信，我必然持续下去。

八、写着，醒着

和阅读一样
写作是让我醒着的
另一剂良药

写作，一直未曾远离过我。但写作使人明智，写作令人振奋，写作改变生活，写作提升境界，还是近些年才有的感受与体验。

在很多人看来，写作应该是作家或者专家的事儿，他们写小说、散文，他们写专著、论文，这是专业的活计。我们忙碌在教学一线的教师，比如我，也会写，写教案，写计划，写总结，偶尔会写篇论文参赛或投稿，但总的来说，正式意义上的写作我们似乎并不需要。是因为岗位性质决定了我们的平庸？是因为忙碌无暇影响了我们的专注？是因为懒惰畏缩制约了我们的勤勉？还是从心底里排斥使我们无法走近？我说不清楚道不明白，但行动没有跟上是不争的事实。说实话，我们也确实经常会有一些困惑需要表达，会有一些灵感需要记录，会有一些思考需要留下，却往往转瞬即逝，烟消云散，不知道用什么方式去呈现。在犹豫间，这些文字便与我们失之交臂，再也寻不着，找不到。于是，我常常后悔，却也常常忘记。后悔自己为什么没有那些名师身上的勤奋、专心，也找各种自己可以接受的理由为自己开脱、逃避。这是一种怎样糊涂的生活，我当年并不能完全地意识到，也很难全部说清楚，毕竟生活与日子还是那么平静地过着，没有人批评，也没有人反对。寒暑易节，时光流逝，浑浑噩噩，那些称作“梦想”的东西离我们越来越远，直到无踪无迹，无声无息。这样的生活，醒着，无异于睡了；睡了，无异于死去。

值得庆幸的是，我好歹还算得上一个半梦半醒的人，那种所谓的教育追求一直都在，所谓的职业梦想一直都在，心存着向往，也暗藏着力量。只是，我没有逃离惰性，也还痴想着未来。更要命的是，我总觉得时间还有，一切都还来得及。直到遇见阅读，直到真的提笔进行写作，生活的方式改变之后，我方才觉悟：和阅读一样，写作是让我醒着的另一剂良药。它带给我的不仅仅是记录和交流，更是鞭策、指引、规约和成全。三十多岁才发现这个秘密，自然后悔不迭，却亦深感幸运。

写催我奋进。人是随着年龄的增加消退生活与工作的激情的。我不否认特例，但如果没有写作闯进我的职业生活，我必然会走进自然规律，慢慢失去动力。因为写作，我的脑海会常常浮现曾经读过的文字和文字背后的那个人，我会收获一种特别的力量，然后那么具体地想象着朝前走去。我会在写作中想到李镇西，他是特级教师，可他依然那么勤奋，他的那么多文字写出了他的理念，他的思考，他的实践，他的形象，“爱心与民主”不仅是他的，也成为大家共同的财富；我会在写作中想到窦桂梅，她也是特级教师，她的课只是她的“终端”，她的《玫瑰与教育》《做一个有专业尊严的老师》才是研究她、了解她之所以成为窦桂梅的密码。用写激励自己，用写靠近名师，用写过一种有思想的生活，这是我不断进步的阶梯，也是我不断获取能量的保障。

写令我敏感。要写就要实践，要写就要观察，要写就要去思想，于是，我开始对自己的教学设计进行斟酌，也开始对课堂上学生的表现进行解读，我慢慢学会了静静地听学生说话，也慢慢学会了陪伴、宽容、等待。儿童是生长着的儿童，儿童也是个性鲜明的儿童，他们需要什么，他们在乎什么，他们有怎样的生活背景，他们正过着怎样的当下，我会在写作中不断追问，不断省察；教学是科学，我试着从科学的角度去论述、阐发，教学又是艺术，我也试着用更高的标准去分析、观照；我是管理者，也是团队的先行者，我还会在写作中凝练自己的观点、主张，试着与年轻一代去分享，试着为他们领航。写作使我张开各种感官，在实践中去发现，在阅读中去感悟，在反思中去提升。教育无小事，每一个细节都可以放大、咀嚼，用专业的目光、敬畏的心态去获取自身成长的意义，我们才可以慢慢成为“长大的孩子”。

写助我改变。我理解，写是一种输出，更是一种自我形塑。我写我的生活，就会生发出一种过好生活的情感；我写我的教学，就必然将自己导向专业的吸纳；我写我的学生，就悄然多了一份走近孩子的冲动；我写我的困惑，就当然地朝着困惑走去，并试着寻找答案。在写中，我的阅读需求更加丰富：我会读“课”，用他山之石攻玉，不断提升自己对教学的理解；我会读“人”，潜心研究走在前面的人，学习他们对教育的那份执着，给自己力量；我会读“理”，用哲学的、理论的东西改变自己的认知，写变得更有深度，也更加开阔。在写中，生活突然在我面前鲜活起来，跳跃起来，我对生活有了更多的视角，也更能平和应对难以悦纳的人和事，更能笑看遇到的困难和沟沟坎坎。如果说在我用写的方式面对生活之前，我还能凭着自己的乐观、豁达，凭着自己的“朋友圈”去消解和忘记问题，写作之后，我则找到了一条恒久、稳定的突围手段，少了挣扎，少了迷茫，少了无谓的伤怀和埋怨。

我从来都希望自己光明磊落，堂堂正正，更希望自己在人生的道路上走得昂扬，走得顺畅，但没有谁能免得了起起伏伏，没有谁少得了成长的代价。因此，我们需要努力做到的是：在行走的过程中，保持自己“醒着”的状态。醒着，意味着勇敢；醒着，也意味着可能。我知道，我之所以还能不断前进，是写作帮了我一个大忙。

第六章　童年陪伴

儿童是成人的过去，成人是儿童的未来。教育其实就是陪伴，是成人对儿童的陪伴，儿童与儿童的陪伴，更是儿童对成人的陪伴。在相互的陪伴中，我们彼此汲取成长的力量。我工作的二十多年，正是在相互的陪伴中，渐渐走进了儿童的世界，渐渐读懂了他们的需求；也正是在相互的陪伴中，我慢慢唤醒了自己的“童年”记忆，慢慢意识到自己“童心”的缺失。于是，我不断更新着自己的理念，不断调整着自己的方法，力求以顺应、呵护去守卫童年、守住童心。我越来越坚信，有着美好童年经验的孩子，会更加乐群，更懂得合作；会更加自信，更愿意表达；会更加勇敢，更无惧挑战；会更加阳光，更相信未来。

一、被儿童唤醒

那么清澈地走近你
由不得你多想
就已经俘获
你的“童心”

儿童是这个世界上最特别的存在。他们在成人的眼睛里，有的是那么天真烂漫，有的却那么淘气闹心，有的乖巧安静，有的似乎又是顽劣成性。只是孤立地看他们，我们会陷入迷茫，但若是用心走近他们，儿童便会完整地进入我们的世界，才能得到应有的理解和保护。

我喜欢小孩儿，看到他们清澈、无邪的样子，总有一种莫名的感动和保护的欲望。或许是冥冥中的安排，我成了一名小学教师，可以长时间地看着他们，陪着他们，教育他们，也保护他们。但我似乎也逃不开“围城”

的怪圈，真的将陪伴儿童变成我的事业，除了开始的新鲜、好奇促使我和他们形影不离，倍加喜爱，三年五年之后，我的目光便不自觉地挪向了成绩好不好、进步大不大、听话不听话、顺教不顺教。我不大会有起初的冲动，陪着他们一起在操场上踢球了；我也不再有那种傻劲儿，冒着挨批的风险陪着他们打雪仗；我会对那些成绩优异、头脑灵光的孩子满目慈祥，会对那些调皮捣蛋、给我惹麻烦的孩子心生嫌弃；我会盯着落后孩子的问题找家长谈话，也会对屡教不改的孩子冷嘲热讽。做小学老师，我的确是带着满腔的热情走上工作岗位的，但不知不觉间，我似乎被功利绑架，被无知裹挟，将学生看成了表现自我的工具，将他们变成了成全自我的台阶。这种感觉的产生没有明显的界线，不知从哪一年开始，也不知被哪一件事刺激，就这样走着走着，走出了这个样子，走着走着，走出了这般情绪。

如果允许我给自己这样的经历把一把脉，为自己颓废的变化找一些理由的话，我可能会认为长期的（1993—2002年）高年级教学带来的压力是其一。在我带着“小升初”考试的压力进行教学的近十年间，我需要用成绩证明自己，站稳脚跟，所以我便要“搜刮”学生，“压榨”他们，于是，我与他们之间就渐渐成了一种“付出”与“回报”的关系：我付出时间和努力，他们就得回报我以成绩。我哪顾得了他们需要的“当下”和“未来”，更看不到他们还是孩子，他们尚显稚嫩，需要慢慢地拔节，也无法参透大人的规则。我还可能会认为那年月生活的拮据和迷茫是理由之二。20世纪90年代后期，物质条件落后，工资待遇可怜，我几乎看不到做小学老师的未来。即便能想象得到，也是令人沮丧的、自卑的。虽然因为读书改变了世代农人的命途成了城里人，但身陷其中的尴尬竟无法言说，内心的失落和迷茫与日俱增，哪里还有心思做纯粹的教书先生，哪里还有力量支撑那虚幻的理想？孩子、童年、专业、课堂，渐渐变得模糊，离我越来越远。直到今天，我认为最大的理由可能是自身的发展遇到瓶颈之后，苦无出路，恍惚间便将儿童丢在了身后。那是个弥漫着“读书无用”的变革的时代，没有多少人能真正沉下来做学问，尤其是小学教育的学问。自己的专业没有在这个特殊阶段得到很好的发展，“教”的能力不算突出，“育”的水平也平平常常。迷迷茫茫之间，找不到职业的生长点、兴趣点、兴奋点，就很难有那份敬业心、专业心去研究儿童，研究学问。不懂孩子的老师，即便我初心激荡，也只能落得那些年的惨淡经营，勉强度日。

没有人为“儿童”这样的话题找我深入地谈过话，也没有人就“童年”的主题为我系统地做过培训，我心中的“童年”情怀之所以还能够重新被唤醒，还得要感谢陪伴着我的、对我不离不弃的孩子们。

无论我怎样的不平静、不专业、不热情，那一届一届、一班一班从我的岁月走过的孩子们，还是给我留下了难以磨灭的印象。你做班主任，他们会听从你的指挥，那么开心地完成你交办的工作，做得再辛苦，他们都洋溢着骄傲的神情；你批评过谁之后，你自己还在气头上呢，那谁似乎早已经忘记，又那么恭敬地待你，笑语盈盈地对你；他们会在作文中写你，把你的缺点写成优点，说你的一些做法是为他们好；你夸他们时，他们会把高兴亮亮地写在脸上，你批评他们时，那局促、紧张的样子着实让人可怜。孩子在成人尤其是老师的面前，从来都是脆弱的，被“统治”着的。他们无力抗拒也不敢辩驳，于是用他们的“退让”“忍耐”“忘记”“顺从”去保护自己，满足大人，也同时在不经意间“感化”着尚未完全“关闭”自己的成人们——比如说我。学生的单纯、顽皮、童真、变化，学生的课堂、家庭、父母、性情，无时无刻不在努力地勾起我的童年记忆，我的童话梦想。

2002年，我终于得以从一年级开始接手班级，而关于童年的所有美好的回忆和畅想瞬间被激活。他们那么清澈地走近你，由不得你多想，就已经俘获你的“童心”，启动你的“童语”，融化你的“童情”。他们相信我说的所有的话，他们便教会我说好我的话；他们在乎我做的每件事，他们便引导我做实我的事；他们需要课堂有意思，他们便教会我琢磨课堂的意思；他们需要被欣赏，他们便教会我懂得欣赏。他们课下需要我陪着，那么，我就试着让自己留下，也为了被他们了解；他们总试着与我亲近，那么，我就试着撕掉矜持，享受快乐的包围；他们犯错时总渴望宽容，那么，我就试着再给一次机会，悄悄地在一旁观察；他们学习中总期望进步，那么，我就盯着他们的“进步”，相信总比失望要强。我眼里开始能够慢慢地，慢慢地，装进“孩子”“儿童”“希望”“可能”，也能够慢慢地，慢慢地，听着他们说，看着他们笑，陪着他们闹，哄着他们玩儿。因为有了心心相印，因为有了互相依靠，孩子们才渐渐能够读得懂我，我也才能渐渐读得懂他们。

我这才慢慢体验到，“一个灵魂唤醒另一个灵魂”不只是诗，也不是只是远方。

二、陪伴，是爱

我都在这里
都将我的青春岁月
嵌入来路，无怨无悔

因为喜欢
我愿意陪伴
陪伴你早读
陪伴你在课间
陪伴你上操和下操
陪伴你吃饭
陪伴你在学校的每一天
陪伴你把书读熟
陪伴你把铅笔削尖
陪伴你把字写端正
陪伴你把作业做完
陪伴你把黑板擦干净
陪伴你把书包整整好
陪伴你游戏乐翻天
陪伴你在学校的每一天
陪伴你的时候
我不会畏惧寒冷

陪伴你的时候
我不怕流汗
陪伴你被蚊虫叮咬
陪伴你让脊背发酸
就是有时被你和你的家长气得流泪
孩子 我还是愿意对你说
我愿意陪伴
陪伴你在学校的每一天
陪伴你长高
陪伴你长大
陪伴你修完所有的课程
陪伴你在学校的每一天
（抄录自郁培林校长的《爱心是陪伴》）

爱，是我做教师以来入耳频率最高的职业语词，似乎“爱”是做教师的准入证，“爱”是做好教师的关键词。我对此深信不疑，却也从没有深入思考。既然已经成为教育的原则、方法、内容，并已经被专家、学者、普通老师嚼过无数次，我们还有再行追问的必要吗？读着校长的这首小诗，我看到了教育人与教育人的差距。他会在别人的熟视无睹中发现问题，他会在别人的司空见惯里读出启发。确切地说，是这首小诗让我再一次审视起自己的教育生活，审视起自己与学生在一起的时光。都说教师的生活是平凡中孕育着伟大，可我们是否都能将平凡坚守？都说我们的青春为学生的成长而燃烧，可我们是否真的能做好“爱”的学问？借着校长的诗文，我确实有必要理一理“爱心”，理一理“陪伴”。

陪伴怎么就是爱了呢？“爱”不是常常变成宽容、等待、帮助、欣赏，很是深沉、诗意的表达吗？其实，只要我们稍稍回顾一下一天又一天、一年又一年与学生共同走过的时光，我们就会发现，真正的爱心就是落实在细细碎碎里，体现在婆婆妈妈上。我爱学生，但真的不能写成传奇，写成小说。和千千万万的老师一样，陪他们在课堂上，陪他们在课下，陪他们一起出游，陪他们一起玩耍。一茬一茬的学生在我们这里经过，其实就是我们陪着他们一道长大。为他们做着的每一件事，都是一种陪伴，都有爱心发光。

我陪着他们上好每节课，就是我爱他们。每节课四十分钟，是我陪伴他们的最集中的时光。我要备课；我要根据他们的情绪状态组织教学；我要和他们真诚对话；我要在他们面前真实地展现我的喜怒哀乐、我的价值取向；我要引导他们向上，防止他们走偏；我要根据语文学科的特点选择好内容、确定好学法、组织好交流，并认真倾听，及时点拨；我要鼓励他们的优秀，指出他们的不足；我要对学习困难的孩子多一些关注，对他们的进步多一些褒扬；我要面对大班额进行兴趣的调动，注意力的吸引；我还要经常地反思，力求让他们喜欢我，喜欢我的课堂。

我下课尽量陪他们聊聊，就是我爱他们。下课了，我不走，我等着他们来找我，我要给自己、给他们多一些接触的机会，以密切我们的关系，弥补课上的遗憾。我们会聊一些课上没有机会表达的话，满足他们的表达欲，呵护他们对问题的敏感；我们会聊一些生活中的哩哩啦啦，哈哈一笑就过去也无妨，毕竟他们走近了我，我也走近了他们；对于内向的孩子，我主动招呼他们，努力消除他们心理的障碍，让他们感受到老师其实也很爱他们。留下来，我也顺便看看他们在干些啥，了解他们的自然平常，才能知道他们需要什么，我该怎样成为他们的大伙伴。

我能够精心地设计作业，就是我爱他们。我会尽量减少那种机械、无聊的作业，抄写绝不超过五遍，更不会以罚作业的方式进行惩戒，让他们敢怒不敢言；我会尽量减少课外的作业，把该做的放在课堂上完成，以体谅他们不是人人都有家庭辅导，而他们人人都需要有轻松玩耍的课外生活；我会在课堂上努力放大他们的作业优点，算是一种“发表”，更是一种激励，还是想让他们喜欢上作业，喜欢上语文。作业当然是为了巩固学习，是为了探索新知，作业也是为了反馈学情，是为了检测效果。但它更是我和孩子之间的另一种对话，做老师的心贴近孩子，作业的面孔就会亲善。

我那么小心地拉困难生，就是我爱他们。对困难生，我从来都有一种同情在心。我会想到他们不是故意变得这么差，这么慢，这么招人嫌，而是因为家庭，因为父母，因为生活。佛教讲慈悲，我总认为教育的慈悲首先应体现在这类孩子身上才对。我做班主任时，会常去这些孩子的家庭走访，了解他们的生活，激励他们成长，总想用这样的行动告诉他们：老师在乎你，你大可不必自暴自弃；我做配班老师时，总想着借自己的课堂，借我与他们的事情，多一些对他们的关注，多一些对他们的褒奖，至少让他们在与我交流时能明确感受到老师的善意与关怀。

我一陪就陪了二十多年，就是我爱他们。爱自无言。时间将我慢慢地安置在这里，安置在满是孩子的地方。爱与不爱，我都在这里，都将我的青春岁月嵌入来路，无怨无悔。陪着他们，或做学科老师，在一节一节课中看着他们进进出出，迎来送往；或做学校行政人员，用相应的服务为他们创造机会，搭建舞台；或负责一所学校，全副精力想着他们的安全，他们的进步，他们的欢笑……我从一个未满十八岁的毛头小伙，陪着他们一起长大，送走了一茬又一茬。他们渐渐飞高走远，而我还在老地方做着我的事情，继续地迎接着他们的学弟学妹，继续地保驾护航。

陪伴，不总是付出，爱，也不总是给予。爱是互动，陪是互伴，我陪着孩子们，而他们也陪伴着我。我在陪伴中生长着爱，纯净着爱，也享受着爱。没有无缘无故的付出，更不会有无缘无故的收获。我愿，守着他们，让爱开花。

三、走近，再走近

走近孩子，对心中
没有孩子的成人来说
确实很难

近些年，我越发意识到，务必与学生走近，再走近，我们才有教育、引导他们的底气，我们才能找到培养成全的切入点。不仅是我，所有的教育者都应当和学生走近，再走近些。当下，学校、学者或者教师“自说自话”的情况屡见不鲜，那是因为学生在某些人的眼里正慢慢模糊，慢慢远离，或慢慢变成工具。没有儿童的立场，没有儿童的视角，教育就会目中无“人”，学校的天就阴云密布，教师就会变得野蛮。而这些，对于孩子，不啻是一场灾难。

在和儿童有限的接触而形成的最初的概念里，我认为儿童就是小孩子，懵懂、无知、天真、不谙世事、无忧无虑。读了师范，读了《心理学》《教育学》，长了见识，我对儿童的理解多了一些积累和理性：儿童有不同的年龄阶段，不同的年龄有不同的心理，儿童有差异，儿童喜欢游戏，儿童需要正面激励……他们在我的心里突然变得立体，变得神秘，变得满是挑战和学问，与之前生活的感知对接，我对与儿童在一起的生活充满向往。

进入小学，与儿童真正开始了时间与时间的对接，生命与生命的碰撞，孩子们缤纷的个性，在一开始就深深吸引了我。因为踌躇满志，因为初出茅庐，所以在刚刚工作的几年里，我很是满足地、惬意地享受着和他们在一起的美好时光。我陪他们玩，我带他们疯，只想让自己顺应他们的需求，让自己变成他们，好赢得他们，好让他们进步。然而，靠内心的好奇、直觉，甚至是某种冲动支持的旅程，注定没有后劲。当内心受到环境的冲击，受到成长的冲击，受到生活现实的冲击而冷却下来时，我对学生就变得有些心不在焉，若即若离了。因为我开始有了工作之外和工作之内的，有了当下和未来的困惑、焦虑、坐卧不安。没有稳定的情感、态度、价值观去支撑，没有很好的专业理解与认同来助力，对学生好的时候真可能会好上天，对学生不好时可能会走向教育的反面。我坦白，年轻的我确实有过可笑的行为，也有过荒唐之举，虽后悔不迭，却也于事无补。走近孩子，对心中没有孩子的成人来说，比登天还难。

好在，我终究还是在不断地向他们靠近，向他们心属的方向变化。这种力量来自身边的同事，来自书中的故事，来自自身的实践。在学习中走近，也在走近中学习。走近的过程是漫长而艰辛的付出，但也是充实而快乐的成长。

为走近，我努力读懂他们。我的经验告诉我，没有两个孩子是完全相同的，正如这个世界上没有两片完全相同的叶子一样，这体现了教育的复杂性、丰富性。除非我们自以为是，否则，每一个孩子都需要我们去进行深入的了解，了解他们的个性，他们的来处，他们的所思所想，他们的兴趣爱好。我没有什么特别的方法，就是放低自己的姿态，调整自己的心绪，与他们多接触，并试着从外围读懂他们的生活。我知道，他们之所以这样，一定有着生活的渊源，无论是现有标准里的“困难生”，还是“好孩子”，大多如此。首先，我努力消除横亘在师生间的所谓“师道尊严”“话语权威”，力求把民主的、平等的思想传递给他们，为他们营造宽松的、自由的表达氛围，这样我们之间才能形成有效的沟通，他们也才敢把真话说给我听。其次，我会努力做他们的倾听者。大事、小事，高兴的事、烦心的事，只要他们愿意说，我就郑重其事地听，认真地听，以传递一份重视，表现出该有的尊重，以强化他们独立的、自我的意识，帮助他们学会思想，学会热爱，培养他们健康的心理和阳光的模样。再次，我会主动与家长进行沟通，也欢迎家长随时来访、来电。这是从另一个角度去了解学生，把握他们的近况远情，以形成综合的判断，从而给予他们合适的引导。你会发现，这样的努力总会有喜人的回报。孩子们会慢慢与你亲近起来，而你会慢慢清楚他们的优点、缺点，他们的喜好、烦恼。此时，教育的针对性就会大大加强，你的教育生活也变得有意思很多。

为走近，我潜心学习专业。教育教学是一项特殊的工作，没有经验的积累就想成为行家里手简直不可能。专业的事情需要专业的积累、专业的支撑，而专业必须学习。这些年，我的阅读间接或直接地关联着儿童，聚焦着儿童：或指向儿童心理，或研读大脑科学，或关注“生本课堂”，或学习课程与教学理论。阅读的过程，是我慢慢理解儿童的过程，也是自我塑造、用心反思的过程。学生有年龄分层，不同的年龄层之间有怎样的差异呢？这个需要寻找科学理论，进行自我知识的改造。学生需要等待，但怎样的等待才是积极的呢？我应该学习他人的经验，以丰富自己的认知。学生需要玩耍，但如何才能做到“玩中学”“做中学”呢？这又需要我钻研教育教学的方法、策略，以帮助自己找到适合学生的路径。学生期待欣赏，但怎样的欣赏才会植入孩子的内心，变成他们的动机和自信呢？我还得去寻找最新的儿童心理专著去觅得理路，科学施教。人的所有心理都会通过情绪、行为表露出来，成人相对隐蔽，儿童则较为直接。“纸上得来终觉浅，绝知此事要躬行”，我需要敏锐我的眼睛，结合所读、所学去观察，去尝试，去感悟，去调整。这是我经历的另一种学习方式，另一种走进专业的密码。在二十多年连续的学习中，我越来越相信，儿童是完整的、独立的生命个体，他们有着独特的生命态度和体验，也有着独特的成长需求和特点。他们成长轨迹不需要也不能够交由成人去设计，去钳制，去包办，而要为他们创造适宜的环境、机会、土壤，为他们带去合适的资源、条件、阳光。我的主张是用专业的方法、态度、行为去顺应，顺应，再顺应，给他们的自主、合作、探究腾出空间，挤出时间。

为走近，我必须心平气和。学习与成长，本质上是经验、实践，而这个过程注定是长期的、慢条斯理的。我当然期待学生的成长立竿见影，期待在我的课堂里八面玲珑。我其实也的确在做老师的最初阶段，创造过“灌”出来的成绩，体验过速成的进步，但儿童在我面前消失了，对其成长过程的品咂没有了。不知道他们是恨我还是感谢我，反正我是常常遗憾，常有懊恼。成绩固然重要，升学也不能忽视，但我们还是可以更加平和、更加乐观地带着孩子进步，放慢脚步、放缓心态地陪着他们成长。只有在慢慢的前进中，孩子成长的脚步才能踩得扎实，习惯培养才能有益终身；只有在缓缓的节奏中，学生才能从容地应对，不至于慌张，不至于掉队，不至于掉进泥沼苦苦挣扎。我对自己的首要改造就是变“一元”的成绩观为综合多元的学生观，不只将目光盯着成绩，而将焦点放在习惯，放在兴趣，放在心理疏导上。这在当下的环境里需要一定的勇气。我坚信，这是着眼长远的“为了成绩”，这是全面发展的“为了升学”。只有学习习惯培养好了，学习才有美好的将来；只有学习兴趣浓厚了，学习才有不竭的动力；只有心理满是阳光，“成人”“成才”才看得见希望。这样想着，这样做着，我能够更加心平气和地反思自己；这样想着，这样做着，更多的孩子愿意留在我的课堂，围绕在我的身边。

走近孩子，的确是为师者该有的修行。

四、相信儿童

以心育心
小心翼翼
再厚的坚冰
也能被温暖融解

有人说，“没有教不好的学生，只有不会教的老师”这句话太坑爹，这有违教育规律，这无视个体差异，这明显在给教师下套。但我在这句话里却没有读出恶意，反倒是获取了一个视角，一种信念。在我自己的同学以及我带过的学生中，有太多打小不起眼，越长越精神的角儿。小时候性格闷闷的，长大了却八面玲珑；小时候成绩平平的，长大后却风生水起；小时候调皮捣蛋的，长大了却知书达礼。你也许会说，这是后天的环境起了作用。没错，我们做老师的其实也是学生的环境，或者说，我们可以尽量为学生创造适合他们的环境。那么，我们当年为什么就没有教好他们呢？客观地说，即便是有“智障”的孩子，如果能够得到合适的老师的合适的教育，也是可以变得更好的。只是因为我们不懂他们，我们便手足无措，然后就断定“并不是每一个孩子都可以教好的”。我们“教”得是不是用心，是不是合科学，是不是合规律，是不是合需要，还没有盘清楚，就否定某些孩子在校学习进步的可能性，这确实太鲁莽，不公平。此外，好与好之间其实可以有不同水平，不同内容。我们千万不要误会成“教好”就是指分数高，“教好”就是指升学顺，如果这么评价，那“没有教不好的学生，只有不会教的老师”这句话确实近乎残忍，极度不公平了。

我的经验告诉我，教育引导孩子，我们需要相信——要相信只要环境安全，条件适合，引导得法，宽严适度，所有的孩子都可以在我们老师的关心、帮助下，变成“更好的自己”。

我们要相信，儿童有了“欣赏”就能变得自信。

欣赏，是一种理性的喜欢，是基于了解的眼睛发亮，是言之有物的激励表扬。我站在“巨人的肩膀”上一步步走近儿童的时候，确实能看到每一个儿童身上闪烁的不一样的光彩。我努力创造着各种具体的机会去欣赏到孩子们的变化。我用力良多的“日记发布”“习作分享”，就是在用语文的方法切切实实地欣赏着学生文字的妙处、情感的丰富，就是想通过我郑重其事的夸奖、分享让学生自信于自己的表达，喜欢上由骆老师陪着的语文。温和、内向的小文同学，入学时说话都不敢大声，最后能够那么敢于发言，那么坚持写日记，把语文学得有滋有味儿，正是她在写日记这件事中赢得了关注，赢得了掌声，愈发使得她相信自己的能力，也敢于打开交际的圈圈。小昂同学，在幼儿阶段被称为“四大金刚”之一，果不其然，确实调皮，成绩也差，我就让自己始终盯着他身上的优点，比如运动特长以及他的善良。当集体的舆论被引导到欣赏的视角，小昂同学就这样停止了打闹、懒惰，再也找不到“金刚”的印记。这么多年过去了，他会常常牵挂着老师，不忘过节时发来温暖的问候，有空时还能来学校看看。他果然在体育上越来越出色，俨然一个壮实的阳光男孩，自信得令人欣慰，定会有不错的未来。老师的欣赏，同学的赞扬，会改变儿童生存的境况，让他们看到自己优点，相信自己的力量——这种力量弥足珍贵，会让儿童踩实当下。

我们要相信，儿童有了“关爱”就能张开笑脸。

每带一个班，我们都能碰到几个并不幸福的孩子。这些孩子都有着几乎一样的面孔：注意力不能集中，脸上看不到笑容，性格偏于内向，在人际交往中格外小心。他们或是过早地成熟，或是放弃自我；他们多半交友不广，常常会躲在某个角落。学校当然能看到这样的孩子往往伴随着问题，在无力解决这些社会问题时，我们唯一能做的，就是对这些缺少关爱的孩子好一点，用爱传递力量，让他们那小小的心灵里住进阳光，体会到他们应该体会的温暖。苏霍姆林斯基认为：“教育——这首先是关心备至地、深思熟虑地、小心翼翼地去触及年轻的心灵。”心与心如果能够相通，教育可能就开始了。这些年的教育教学，对单亲的、留守的孩子，我总愿意多花点儿时间，目光总愿意在他们身上多停留片刻。对他们的表情敏感一点，并通过聊天、互动，了解他们的内心世界；对他们的需求敏感一点，努力地发现他们的优点，让他们在同学面前活泼泼地站立起来。这些孩子既有着较强的防备心理，又有着强烈的友爱需求，他们相对脆弱，又很容易点着。硬碰硬不行，我就试着走进他们的心里。以心育心，小心翼翼，再厚的坚冰也能被温暖融解，何况他们还只是孩子。小煜同学便是这样的典型，她其实很聪明，但因为父母的离异她总显得局促、孤僻。于是，我心里装着她的戚戚怯怯，有意突出她的语文学习。在“语文课代表”的荣誉下，她越来越自信，越来越优秀，最终是带着笑容度过了她小小世界的大难关。

我们要相信，儿童有了“等待”就能慢慢进步。

我总觉得，学生，特别是小学生，尚处在开蒙的阶段，因为家庭教育的背景不同，成长的进度总千差万别。而当我们将评价的标尺僵化之后，“差生”便有了，烦恼便有了，责难便有了，要命的是，这样的评价理念最终可能会毁了尚待绽放的骨朵儿。经历的学生多了，学习的知识多了，我开始接受“慢教育”，开始在乎等待、宽容的力量，丢掉顽固的“成绩”评定的标尺，以“全人”的观念看他们，以“多元”的智能观改造自己。小榕同学，帅气，柔弱，入学之初总是赶不上别人，十几个要求认的字，他当堂只能解决三五个，懂事乖巧的他甚至在和别人互相认字的过程中急哭了。别急，慢慢来！一次次的鼓励、等待，他居然有一天告诉我，昨天晚上在家提前认字，现在只有一两个不认识了。而这之后，这个孩子在日记中所表现出的对科学的浓厚兴趣被我抓住，不断激励，他就一直写观察日记，甚至写起科学小论文。再往后，升入了好的高中，考到了不错的大学，顺利地到国外读书。他的奶奶很清楚，在他发展相对滞后的那个阶段，老师在耐心地等着，成了他重要的转折，给了他巨大的力量。教育可以慢慢地成全人，也必须慢慢地成全。我们之所以那么着急地做教育，不是我们没有善心，而是不理解成长的核心，教育的规律。我们一着急，便会丢掉具体情况，丢掉学生差异，改用我们的标准，成人的意志，去要求所有的孩子。于是，那些已经被家庭教育调教得不错的孩子，被我们误以为是自己的成果，而丢掉了本应该由我们“拯救”“唤醒”“扶起”的慢孩子。所以，我们需要相信，欲速则不达。儿童成长的过程一定是慢的，快速度、高标准不适合他们中的绝大多数。

相信，基于了解，它是一种态度，同时也是专业的信念。

五、如果重来

如果重来
我会怎样弥补遗憾
和孩子一起
从容、快乐、健康地成长

教育自然不是犯罪，而是行善，但因为不懂教育而留下的遗憾却再难弥补，对某个孩子造成的伤害也很难挽回。我相信每一个有教育良知的人都是向善的，都是为了成全学生而去的。我何尝不是呢？但我也和很多做过教师的人一样，有过凭经验办事的“半吊子”阶段。我有过现在想来都觉得啼笑皆非的行为，有过黔驴技穷而不知所措的经历，也有过茫茫然随波逐流的消极时光。人类喜欢想象，我也想为自己过去的教育时光做一次假设，来一次幻想：如果重来，我会怎样弥补遗憾，和孩子一起从容、快乐、健康地成长？

如果重来，我首先要去找童年时的小J同学，尽管他的心智与他人不一样，我其实也可以给他更多的阳光。对于特殊的孩子因为缺少专业的知识、经验和条件支持，我们确实会常常犯难。但既然他已经来到了的这个集体，我们何不试着和他建立一种让他觉得安全的关系？他不是常常拿着铅笔盒使劲摔砸影响其他孩子吗？那我就找他家长给他买布质的文具袋好了。他不是常常把自己弄得脏乱不堪吗？那我就专门准备一条毛巾，时时给他擦洗好了。他不是不会上课，不会做作业吗？那就不让他做作业，并尝试着为他准备一些玩具或者图画书，或许他会喜欢上这样的安排。他不是总影响其他的孩子吗？那就和孩子们一起探讨，寻找减少影响的办法。他不是孤独难耐吗？那就安排孩子轮流陪着他下课玩一玩，走一走，让他感受到来自伙伴的温暖。我不会再试图用威严去吓唬他、震慑他，我要努力地改善和他的关系，以给他基本的安全和信任，或许他会慢慢地接受我，听从我的劝告。我也不会那么无奈地找家长撒气，试图让他们知难而退把小J接回家，而是和他们一起保护小J愿意留在这个班级的希望。我没有照顾特殊孩子的专业能力，但我可以试着走近他，关心他，慢慢摸索，不断尝试。谁说专业就是写在书上的那些叽里呱啦，实践更是寻求真知的最好办法。

如果重来，我要去到二十年前的小H面前，和他平心静气地聊成绩，聊兴趣，聊生活，聊他当下的困境。他被惯成这个样子，我确实不喜欢，但我更需要抱以同情。他确实很调皮，给我惹太多麻烦，但他毕竟还是孩子，改变不是完全没有希望。我为什么非要“以暴制暴”，给他狠劲地踢那么一脚？我也是从男孩子过来的，我懂得他们需要什么，我应该有希望成为他的朋友、伙伴，不必装得那么严肃，离他们那么远。他爱打打闹闹，爱惹事，一是因为惯出来的野，一是因为憋出来的气。家里的放任我管不了，但我可以消除他在集体里的孤独无援。我可以再耐心一点去发现他的优点、进步和哪怕可能的某种兴趣点、动机点，给他一点推力，或许可以将他送得更远。我可以在同学面前给他更多的鼓励，给他渐渐树立自信，不必逼得那么紧，让他乱了心神。我还可以和他多聊聊天，多了解了解他的苦恼、他的麻烦，给他更多的关心、理解和实质性的帮助。人心都是肉长的，况且是一个孩子呢。我会相信“淘气包”的世界一定有特别的理由，一定有自己的精彩，只要身边多一些理解他们的人，他们就一定能被融化，变回我们想要的模样。

如果重来，我要努力地上好每一节课，好好享受与学生的每一次对话，感受他们每分每秒的变化与长大。看到孩子们那期待、闪亮的眼神，我走进课堂就不应该让他们失望。我会好好地准备每一节课，不管此时我有多忙，我不会因为管理上的某件“要事”把学生放在一边。我要带着他们在语言文字里穿行，和他们一起玩转语文，绝不会因为什么不爽影响了我在课堂上的专注和赞扬。我会把耳朵真正竖起来倾听他们的表达，会用我的理性激发他们的自主性，把课堂真正变成学生感到安全、愿意分享交流的地方。我要好好地设计过程，准备资料，好好地选择方法，注重实践，为他们的思维发展和素养提升创造更大的可能。我绝不会再花什么时间为自己“作秀”，我要把目光真正聚焦到他们的身上，看他们的表情，观他们的动作，听他们的语言，读他们的文字，于细节处反思教的问题，于细节处发现学的契机。我还想带着他们把语文课上到教室外面去，和阳光做伴，与小鸟对话，享受别样的语文风景，抢回本就属于他们的童年时光。课虽然是我的立身之本，但我会把精力更多地放在研究“学”上，感悟“以人为本”，读懂“以生为本”，践行“以学为本”。我作为教师存在的价值，就是用最适合的方式看着他们、陪着他们一起长大。

如果重来，我一定夺回那些曾被浪费了的宝贵时光，做一个有规划的人，早早地捧起书本，好好学习，好好成长。我不会再怨天尤人，也不会左顾右盼，从一开始我就会给自己把目标定牢，为做好一名语文教师奋力奔跑。然后我会给自己好好规划，一步一个脚印，给自己的职业生涯打好底子，垫好基石。这其中，我最需要做的就是尽早地捧起书，补足专业上的那个缺口和浅薄。我没有必要一会儿学法律，一会儿想跳槽，甚至还跑到广告公司打个杂，想学个手艺赚点外快。我要将有限的时间用起来，钻研课堂教学，研究学生，记录生活，反思实践，努力让自己做一个有思想、有内涵的人。我的成长在一定程度上决定了课堂的方向，它是否更真实、更扎实、更朴实、更专业，完全在于我的引领和导航，所以，我必须学习；我的成长一定程度上决定了儿童的当下，他们能否向往学校，能否活泼泼地学习，能否健康阳光，我可能是关键力量，所以，我必须学习。我不要成为那种在舞台上发光的名师，而要成为那种拥有真学问，为一个班，为一所学校，快快乐乐，悲天悯人，也安安静静做教育的普通老师。

我当然知道，时光一去难复返。我闪光的、灰暗的、多彩的、周折的生活都一去不再回了。过去的已经过去，但未来，只要你“在场”，一切都还有希望。

六、写给儿童

你的小手
只要温暖
对大人

就有力量

儿童，这是个多大的概念，又是个多大的群体！我该如何写给他们，又能写些啥？只觉得要跟他们说些什么，便早早地拟下这个题目，现在终于可以坐下来想想。好像不需要去构思吧，任笔头自由挥洒，那笔头流淌的便是我的肺腑之言，我的真心话。

孩子们，先给你们讲个故事吧。一个出生在农村贫寒之家的男孩，从小就和很多很多普通的孩子一样，玩泥巴，玩枪战，玩过家家。他放过牛，看过瓜，也爬过树，干过农活。他喜欢上学的生活，能够和那么多的小伙伴一起玩耍；他喜欢唱歌画画，还能写漂亮的书法；他喜欢一切新鲜的东西，也特别喜欢看连环画。他没有我们现在这么优越的条件，早上甚至只能喝点儿稀饭，但他很快乐，很享受他童年的时光。慢慢地，他长成了少年，学习上很专注，也很听家长和老师的话，从来都是大家心目中的好学生、好榜样。再后来，他考上了师范学校，算是品学兼优，也算是欢欢喜喜地成了一名小学教师，成了“孩子王”。他说，他之所以选择做老师，和他有一个还算快乐的童年有关。他希望自己能做一名懂孩子的老师，让他们的童年也快快乐乐，幸福长大。不卖关子了，他是谁？他就是我，一个长了的孩子，不算完美的爸爸。

我是一个长大了孩子，所以我特别清楚你们的想法。学校生活确实不能如你们的意，那里有那么多规矩、要求、作业和课堂；玩也会有约束，高声说话也被认为影响大家；犯点儿错误，会挨批评，连提个意见的机会都很难很难。你们向往自由，喜爱玩耍，体育、音乐、美术、科学、信息技术课永远比语文、数学、英语更吸引你们，如果能常常春游、秋游，开运动会，放放假，你们一定高兴得直蹦，甚至晚上睡觉都兴奋难安。可是，为什么还需要学校，我们在学校里到底该怎样生活，怎样学习，又该怎样交往？

孩子们，童年终归要逐渐长大，我们当下最最需要体验它的酸甜苦辣。因为，过程就是经验，完整地经历这个过程，我们便获取了成长的能量。学校就为我们提供了这样一个改造和丰富经验的地方，也为我们提供了促进思维、促进抽象的空间。一句话，学校不可替代，尽管他并不大讨人喜欢。我小的时候没有讨厌的学科，我把学习的过程当作“探险”，每一科都有令我好奇的地方，每获得新的知识和技能我都愿意炫耀炫耀，挡不住满心的快乐。因为喜欢，成绩自然就好。就是在这样的从喜欢，到主动学，再到取得好成绩的过程中，我的小学学习生活充实而不慌张。那你一定会问，如果不喜欢怎么办？我帮你们分析分析，不喜欢的主要原因还是没有学好，或是作业压力大，最大的可能是成绩不理想，感到不自信。我的建议是，先不管成绩，让自己真正去享受学习过程中的每一次挑战，说英语，写作文，做数学题，每一项练习的机会都不含糊，不落下，不懂的就请教同伴、老师，这样的同学他们最欢迎，也会对你的印象加分。课堂上积极举手发言，答不好一点都不丢人，至少我锻炼了胆量，参与了思考，也集中了注意力，学习了表达。就这么主动地学习，一段时间后，你就能发现自己有变化。因为主动，因为专心，学习不再是跟你无关的无聊的事情，它也并不像你想象的那么难，如果你能一直这么坚持下去，你的成绩一定不会太难看。

玩耍方面你也不必委屈自己，如果有机会，就痛痛快快地参与进去，玩他个天昏地暗。不过，玩的场合、方式和内容得有个控制，绝不做不安全的事情，比如一个人去游泳，去做什么无法预知的试验。尽量让自己多到户外去动动，躺在沙发上看电视、玩手机，或坐在电脑前玩游戏都不应该是我们这个年龄的孩子该有的生活和模样。这些事情只会让我们获得暂时的快乐，于身心却没有多大的进益，甚至有害。学校要求的不能大声喧哗，不能追逐打闹，虽然让我们有约束感，不自在，但这却是有修养的人应该学会的东西。毕竟，我们在公共空间里，不只是我们自己，还有很多其他的人，他们有权享受到校园公共空间的安全、安静、有序、和谐。我们的喧哗、打闹显然忽略了别人的感受，也侵犯了他人的权利。我们都必将是社会的公民，“心中装着他人”，他人才会关心我们。我的意思是，玩儿我当然支持，只是得给自己设个限，才会玩得自在，玩出名堂。

我也是一个爸爸，所以我很清楚家长心中的秘密。“望子成龙，望女成凤”，这是所有为人父母的人共同的心愿。养育子女，对绝大多数的中国父母来说，是一件了不得的大事情，他们在其中倾注最深的情感，最大的努力，最多的时间，无怨无悔，天地动容。他们一旦有了子女，自己的生活、工作都会为之改变，有的甚至会放弃事业，回归家庭。受文化的影响，他们多半会对下一代寄予厚望，有很多父母甚至将自己没有实现的理想、抱负转移到孩子的身上。不管怎样，“鹰爸”也好，“虎妈”也罢，虽然他们面相不好看，方法也过于简单，但我们一定要相信，这些亲爸亲妈之所以对孩子这样，是因为他们对养儿育女太过重视，太过投入，太过紧张。我们要相信自己父母的善意，体谅他们的苦口婆心，理解他们的严格高压。多和他们谈谈心，让他们看到希望，说不定可以给他们定定神，减减压。当然，我们要努力用自己的进步让他们气顺，用我们的健康、阳光让他们心安。他们总想给你们一个光明的未来，于是，就觉得一定不能放松现在。那么，我们就让自己的生活习惯更好一点儿，不挑吃、不挑穿，有合理的作息，有健康的交往，自己的事情尽量自己做，还可以主动承担一点家务，从小锻炼自己独立生活的能力，让家长看到你一天天长大；我们就让自己的学习状态更好一点儿，专心自己的学业，做到有目标、有计划，读书、写字、做题、歌唱、手工、实验、运动、画画……喜欢不喜欢的，我们都去尝试，做敢于实践、勇于创新的少年。我们还可以做一个关心长辈的孩子，为父母送去暖暖的慰藉。他们为了我们操劳，我们现在就可以回报：尊重他们的意见，表现出该有的礼貌；他们劳累、烦恼时送去问候、关心，给他们大大的拥抱；批评你，先听着，有想法，委婉相告。一句话，你的小手只要温暖，对大人就有力量。

亲爱的孩子们，想对你们说的，何止千言！只是希望你们，在面对大人的、环境的、生活的各种困扰时，要试着换一个角度，面朝阳光。我们虽然弱小，但可以主动发光。你们现在所经历、所承受的，都是财富，都必将转变成你的能量，硬实你的脊梁。相信自己，一路昂扬！

这是写给儿童的心里话，也与陪伴儿童的成人共勉。

七、与父母们共勉

孩子有孩子的节奏

他们需要
慢慢地拔节
慢慢地体验

我说过，我是一个不算完美的老师，也是一个不算完美的爸爸。以孩子爸爸的身份，似乎与同是孩子父母的人能够聊到一块儿。

我们的身上，有中国人共有的印记，也烙着中国父母共同的印记。我们和我们的祖辈、父辈一样，深深地爱着自己的孩子，眷恋着自己的家。可面对孩子，我们也同样有我们的保守，我们的顾忌，我们的紧张。然而，我们的心里都藏着一个不宣的秘密：孩子，只要你健健康康，便是晴天。可是，我们也看到太多太多的现实，作为父母，他们生养了自己的孩子，带给孩子的，却不都是晴朗。

我们多半是在没有学习怎么做父母的情况下便做了父母的。我们凭着自己的经验，一步一步摸着石头过河；我们看着别人的做法，照着葫芦画瓢。可问题是，在孩子面前，我们常常变得无所不知，无所不晓，我们俨然成了他们的代言人，是他们成长的向导。不错，成功的、失败的经验都可以给我们启发，拿来参考。我们是“过来人”，有体验也有思考，但每个孩子都是不一样的个体，世上没有完全可以照搬的育人秘籍，谁都不能打包票。孩子降生，我们其实也应该同步上一所“学校”，学习如何养育，如何选择，如何陪伴，如何引导。我们要读书，我们要学习家教的知识，积累家教的经验，与孩子一起成长我们自己。可事实是，在这所学校里，我们未必都是好学生，我们可能会开小差，可能会逃课，还可能彻底辍学，快乐逍遥。要命的是，我们的导师往往就是自己，我们一旦放弃，没有人能够帮得到我们。所以，我建议的底线是，不管你悟性如何，能力怎样，至少你要让自己始终在场，学习别人，反思自我。

现在的孩子当然比我们当年条件更好，但事实上，他们承载的压力远远超过我们当年，小小的肩膀已经被压得吃不消。所以，我们需要慢下来，让他们从容地体验童年，不要没有学会走路就让他们快步奔跑。学习是成长的应有之义，它能让孩子们与外界对话，与他人对话，与自己对话，形成自己的知识意义，对他们的经验不断改造。但学习从来都不是灌输，也不是越多越好，那些超越他们极限的各种补习班，各类兴趣课，不仅抢走了他们的时间，更剥夺了他们的兴趣，伤害了他们的身体，无法提升他们的素养，倒成了他们的噩梦。我们是看到了练出来的“钢琴王子”，也看到了考出来的“状元郎”，但我们有没有去计算过，有多少孩子因为考级恨透了音乐？又有多少学子学到最后都不知道前路究竟在哪，职业如何规划？对自家的孩子有高高的期望，这个可以理解，但我们更需要细细观察，看他们的天赋、兴趣，看他们的优势、短板，然后，我们可以成为他们的支撑条件，顺应他们的成长需要再出场。这个过程一定很慢，我们要有足够的耐心去发现，去旁观。

我们还常常有个习惯，总是不停地在自家孩子耳边夸赞“你看你们班的×××……”，“你看他多么……”，我们确实是想用所谓的榜样激励孩子，以为这样就会唤醒他们学习、进取的动机，使他们“知耻而后勇”。可是，我们忽略了一点，那些叫“×××”的孩子，如果真像我们所描述的那样优秀的话，一定有家庭的因素，有家长的因素，有孩子自身的因素。我们是否更应该在心里默念着：哟，这个孩子的家长真的很懂孩子，这个孩子的家长确实教子有方……然后首先从我们自己着手，改一改我们对自己孩子的固有认识，改一改我们对自己孩子的教育方法，改一改我们自己的某些不好的习惯。我们还要着力沉淀这样一些思考：男孩与女孩是不好比的，独生与非独生子女是不好比的，兴趣爱好与天赋特长是不好比的，父母陪伴的时间短与陪伴时间长的孩子是不好比的，父母的职业不同则子女的特质也是不好比的……所以，我们还是回到自己孩子本身，要仔细想想孩子的成长经历，孩子的当下：孩子最喜欢什么，最讨厌什么；孩子在哪个方面比较出色，哪个方面显得紧张；孩子的习惯养成如何，对学习是什么状态；孩子的过去怎样，现在有了哪些变化……这些才是我们引导孩子、关注孩子的要点，要纵向地、发展地看自己的孩子，而不是盲目地拿别人跟他（她）比。因为他（她）可能比你更了解那个孩子，为什么那么多缺点你不说，专拣别人的优点比他（她）的短项？孩子毕竟是孩子，当他（她）不理解你而又不得不屈服于你的权威、专横时，一切的“比较”

都不会实质性地起到作用，只会徒增孩子的烦恼、不平、焦虑和不安。

我们对孩子常常犯的错误多半来自操之过急。因为着急，我们往往缺少理性，把很多原本可以更好的事情办砸；因为着急，我们往往方法简单，对孩子的实际情况视而不见。我们催着孩子做所有的事情，生怕他（她）慢下脚步落到了后面，“快点儿，快点儿，再快点儿”，快点儿起床，快点儿吃饭，快点儿出门上学，快点儿放学回家，快点儿做作业，快点儿洗漱，快点儿上床……如果可以，我们还想孩子快点儿进入梦乡。其实，我们并不清楚为什么总催他们快点儿，只是潜意识中盼着他们跟上我们的节奏，“快一点总是好的”。殊不知，孩子话说不利索恰恰需要耐心地等待，和他们慢条斯理地说话，说着说着就说得从容，有了章法；题目做不对有时就是求快惹的祸，思维的发展不是靠我们催一催就灵的，而要引导他们学会慢慢分析，细细思考；字写不好不能急，一笔一画的书写本身就是在启迪孩子耐心细致、平和沉稳；习惯养成不好不能急，那瞬间就能做到的都不是习惯，你要给孩子持久的关注、提醒，并以身垂范才好。急着让孩子成为“小画家”“小音乐家”，很可能就会熄灭他们心中的艺术火花，从此避而远之，不再走近它；急着让孩子拿更多的奖状，在装点门楣、光耀家长的时候，我们有没有考虑到孩子为此付出的代价；急着让孩子快快长大，什么事都套上成人的标准，以为他们就应该懂得了，做得到，其实孩子可能被逼得乱了阵脚。我们这些成人确实被现实压力逼“急”了，会不自觉地转嫁，但孩子有孩子的节奏，他们需要慢慢地拔节，慢慢地体验，那样的成长才扎实、牢靠。

朋友们，父母们，孩子确实是您的孩子，但他们的生命体验却不是我们能够替代的，他们的未来更不是我们可以左右的。作为他们身边最亲近的成人，我们要放下那恼人的“面子”，直面真实的孩子，给他们树立好的样子。路怎么走，最终一定是他们自己决定的一步步“棋子”，我们确实左右不得。

以此共勉。让我们好好珍爱上帝赐给我们的那曾让我们感动不已的孩子吧。

第七章　环境恩赐

没错，就是环境！她有时冰冷、客观，让你找不到任何逃离的缝隙，被死死地裹挟在里边；她有时滋润、温暖，任你恣意挥洒，丝毫不用提防；她有时又表现出少有的理性，直入你的心房，让你乘着她借你的翅膀，思无涯。但是，我必须用我自己的经历证明，无论她以怎样的面目出现，她都是在折射着这个时代和你自己的某种过往和当下。感恩她吧！因为一直有她才会有现在的你和未来的展望。感恩她吧！只有她才会毫不掩饰地给你真容，推你向前。环境，永远都在。

一、我的“朋友圈”

谁都不见得高明多少
但谁都有自己的
视角、经验和理解

知音难觅，这是自古以来的常识。在我的成长记忆中，“与朋友交而不信乎”“一个好汉三个帮”“多个朋友多条路”构成了我对“朋友”基本的认知底色。最近，周国平先生“做自己的朋友”这句富有哲学意味的话也入了我的眼，闯进了我的心。我广交朋友，刚刚结识的人我们很快能够熟络这个不假，老婆说我这叫“自来熟”，但于我而言，性情相投的才会保持长久的交往，志趣不合的自然也就成了匆匆过客。我是这样，其他人也大抵如此吧。越是难以做到的事，人越是珍惜。中国人的“四大美事”中，“他乡遇故知”便是其中之一，足见朋友——尤其是那种故交老友，在中国人的血液里有着独特的浸润，其地位可见一斑。人是群居性的，在这个世界上生存、生活、生长，绝难忍受孤独的形单影只。于是，我们就要去寻找能聊得来的，能互诉衷肠的人，切磋共进，消除寂寞，交流情感，以求一个圆融的人生体验。这些人便构成了你的“朋友圈”。

做了老师之后，我最主要的交往对象是曾经的同学、现在的同事以及校外专家、同行们，这些人成了我的“朋友圈”。我的另一半就是从教师队伍中觅得的，这不正说明与什么人交往便有什么样的收获，就能过一种什么样的生活吗？我在交朋友方面其实不大主动，却也不大会拒绝，总是要试着接触接触再做判断。有人说，这是天秤座的纠结所致，或者就是一种“随缘”的心态，绝不刻意地与谁密切地、主动地交往，只让时间做主，让感觉做主。好朋友自能经得起考验，伪朋友便慢慢淡出视野。在同学、同事中，后期更密集的交往对象自然是同事或其他同行——教育教学工作是我们之间的纽带、媒介。

和同事之间，同一年级或同一办公室的自然亲近许多。因为大家一头扎进学校之后的时间，多半是在办公室里度过的。改作业、备课、处理班务、做学校交办的其他各类工作等等，办公室同事变成了我教育生活的重要的见证人、榜样、咨询对象和聊天伙伴。大家会在一起聊班级发生的事，聊学生的表现，聊作业批改，也聊种种琐碎。时间久了，大家就亲如一家，而脾性相投的一拨更是会常常聚一聚，深入地交换思想。有年长的老师甚至如我的父母，嘘寒问暖，有时还会带上一份自制的暖汤，令我感动到无以复加。这样的圈圈，让我对单位渐渐有了归属感，对职业有了更丰富的感知，对人也似乎有了更多感性的积累。我所在的办公室同事一次次给了我温暖的力量，甚至对我相对内敛的个性都形成了积极的影响。在与这些同事的相处中，我很容易地褪去了自己与这座城市、与教师生活之间的陌生、不安与矜持。他们给了我家一般的感受，让我这样一个孤身在外工作、打拼的人有了精神的小屋，让心落了地，让人稳住了根基。我现在做分校校长、做管理，特别愿意给老师营造一种亲切宽松的环境，引导大家和谐相处，与我年轻时所经历职场生活有着密切的关系。

同事中，还有一些是因为教学教研结成的友谊，形成的交往。大家在专业领域里有共同的志趣，相近的理念，纯纯的追求，于是，就会一起出去听课、培训，一起就某节课进行研讨、交流。相互之间沟通的渠道就这样慢慢拓宽，同气相求的友情慢慢加深。有这种关系的人越来越多，所经历的这样的教学研讨越来越多，我对教学研究工作的喜爱与关注也被影响着，越来越多。与其说这是对专业的教学研究的喜爱，不如说是被大家在一起交流的那种充实、喜悦、率性、从容的氛围吸引。谁都不见得高明多少，但谁都有自己的视角、经验和理解，谁都无需顾忌地表达自己的观点。这样互通有无，这样毫无保留，一定程度上互相启发着，互相诱引着，走到学术的、专业的深处。我在安师大附小二十多年，经历了教研活动的由少到多，由浅到深的变化。无数次的教研活动，为同事彼此之间的了解开辟了一条路径，为促进大家的业务提升创造了极好的机会。友谊与业务双丰收，这也算得上一桩美事。

在我的交往中，还有一个相对特别的人群，那就是校外的同行和专家。入职的前十年，受制于自己的活动边界，这样的朋友多半来自芜湖市内各小学，来自市区教研室，来自安徽师范大学。即便偶尔会有出市、出省活动的机会，也多半是跟着同城的老师一道，难得独当一面。因为安师大附小是直属学校，我也是学校里的后生新人，所以常常能有更多的机会跨出校门参加教研、培训、交流，也便常常得到前辈老师的指点、鼓励和关照。久而久之，自然会生出一份好感，加深彼此的印象，再加上我所表现出的积极向上，自然也会多得一份看重和关爱。因为是直属学校，又是安师大的附小，我这样的青年教师便有机会得到市教研室、安徽师范大学教授的直接指点和关心。他们常常会把参与编写专著、上公开课、约稿写文章、参与培训的机会交给我，我也就得以常常与前辈、专家直面，获益良多。在与他们的交往中，耳畔多是“小伙子基本功不错”“课上得不错”“前途无量”之类的鼓励、鞭策。我有自知之明，倍加珍惜这样的抬举和欣赏，行动中便多了一份自觉，多了一股力量。再往后，因为时间的推移，也因为自己专业展示、交流、比赛机会的增多，交往的半径得以不断扩大，与省内外教学骨干、名师及专家有了更多交流的可能和舞台。他们对我的影响和鞭策我没齿难忘。尤为幸运的是，在专业成长的过程中，全国知名的崔峦老师、蒯福棣老师、陈先云老师、周益民老师、窦桂梅老师、孙双金老师、戴建荣老师以及故去的钱正权先生等等这些专家、名师都曾经对我进行过面对面的指导、点拨，这份感动和自豪值得我此生珍藏。当然，更多的圈内朋友、老师是见面时的无话不谈，和不在一起时的互相勉励、牵挂。

综上所述，可以看出我说的“朋友圈”其实更像是广义上的职业生活圈，它给我提供了一种心理环境，一种成长土壤，一种外在动力。在我二十多年的职业生涯里，它构成了我“天天向上”的重要外因。

二、“附小精神”

安静、专注
满足、从容
种在了
新一代人的身上

管理者喜欢用一些响亮的词语和句子对大家讲演，以激发干劲，昂扬斗志。我所在的安师大附小，现已有近70年的办学史，算是数得着的老牌学校了。也不知从什么时候开始，从谁开始，“附小精神”这个词就登上了一些公开场合，成为我们对安师大附小办学中所沉淀下来的好品质、好意志、好状态、好面貌的一种综合表达。我虽然不大说这个词，但听久了，也不由得想去琢磨琢磨，而“这种精神是不是在我的身上得以传承”，或者说“这种精神对我又形成了怎样的影响”这些问题更是我比较感兴趣的点。

没有人具体分析过、展开过“附小精神”，安师大附小也从来没有郑重其事地组织过关于此精神的讨论。所以，“附小精神”一说仅止于一般性的激励用语，最多就是在教师大会上出现。但实际上，我们每个安师大附小人，都可以将这种表达拿过来咀嚼咀嚼，或许，我们其实一直生活在这种精神里，我们也为这种精神贡献过自己的力量。“人活着，总是要有点精神的”，安师大附小既然是人才集中的单位，且是为人师者挥洒才情的地方，更是要有点精神才对的。在我看来，大家口中的“附小精神”应该指的是几代安师大附小人身上所表现出来的执着、坚持、团结、拼搏、不怕苦、不怕累、敢实践、能创新的精神气质，是指那种想干事、能干事，且也能干成事的内在气魄。

我到安师大附小工作之前的很多年，学校是不大有新教师加入的。一是因为规模始终保持着相对稳定，没有大的突破，于是教师队伍自然也相对稳定；二是人才流动没有现在这么频繁，自然也不需要人员接替、更换，多少年都可以保持原先的模样。于是，在我进入安师大附小时，看到的多是成熟、持重的三十开外的老师，且女教师偏多。他们早已经站稳了课堂，甚至彰显出风格，很从容地应对着教育教学工作，绝难出现家长不满意教师而向学校提意见的事情。他们成为像我这样的毛头小伙和年轻的女教师学习的最好样板。我们在俯仰之间，很轻松地就能瞥见或是感受到前辈教师身上特有的魅力。他们稳稳地教着书，改着作业，教育引导着学生，不慌不忙，不急不躁，朝八晚五，享受着清贫却充实的职业生活。在这样的环境里，我们年轻人有样学样，很自然地学会了如何坚守岗位，如何驾驭课堂，如何待人接物，如何应对琐碎，虽没有惊天动地，却自有快乐、恬静；虽不懂长远规划，却能应付裕如。所谓传承，应该就是这样，没有刻意的鼓动，只是慢慢流淌；也没有刻意的授受，自然欣赏、接纳。老一辈安师大附小人就这样把他们身上的安静、专注、满足、从容的职业精神种在了新一代人的身上。

时代变迁，进入20世纪90年代后期的安师大附小回避不了自身的革命。当外界的变革轰轰烈烈地发生的时候，我们似乎慢了半拍：教学教研慢了，人才培养慢了，规范管理慢了，学校发展慢了；当我们还沉醉于“安师大人”的骄傲中时，别人已经玩出了课堂精彩，办出了特色教育，培养出了名师。最为直接的打击出现在千年之交，安徽师范大学教职工子女开始从我校往外校转，原本热热闹闹的跨片择校的学生也大幅回落，招生时节一度出现“门前冷落鞍马稀”的景象。本地几所传统名校中，安师大附小处在了极其尴尬的发展境地。虽然大家不明着说，但很多时候已经不大将安师大附小当回事，这确是事实。个中原因很是复杂，很难一言道尽。这不是哪一个人的问题，这是综合征、老毛病，这是长期的优越感带来的必然结果。古语有云：知耻而后勇。这种局面，对于深深爱着安师大附小的老师来说，确实难过，确实震惊，但大家没有轻言放弃，而是在学校班子的带领下，积极开展教学研究，积极对接外面的世界，从课堂抓起，从学生规范教育抓起，从教师队伍建设抓起，重塑安师大附小办学形象。我清楚地记得，郁培林校长带着我走访芜湖市多所知名幼儿园，宣传安师大附小办学，吸引大家关注安师大附小，选择安师大附小，那种赔着笑脸找生源的经历毕生难忘；我清楚地记得，校领导打破传统，丢掉矜持，主动跑师范学校，跑师专院校，选聘优秀毕业生到安师大附小工作，以提升师资的整体水平，其用心良苦天地可鉴；我也清楚地记得，一个又一个不眠之夜，老师们在一起做课件、磨课例，硬是将一个又一个老师推上前台，百炼成钢，硬是将松散的队伍凝练出团队的精神，彰显出安师大附小的风采。“疾风知劲草，岁寒知后凋”，“附小人”咬紧牙关，稳扎稳打，一个成果一个成果地积累，一个难题一个难题地破解，一件事情一件事情地办好，一段故事一段故事地讲述。慢慢地，全市性的活动中有了安师大附小名师的身影，全国性的大奖中有了安师大附小师生的份额，各级各类的交流也渐渐有了安师大附小的声音。这一段办学经历刻骨铭心，这一段精神锤炼骄傲永存！

如果说过去“附小精神”帮助安师大附小走出了低谷，走出了神采，而进入新的发展时期，特别是随着安师大附小集团化办学的逐步推进，随着烙有“安师大附小”印记的学校、教师、学生越来越多，随着安师大附小成为市民最向往的学校之一，安师大附小又重新回到自己办学的巅峰，找回了往昔的精彩时，“附小精神”就是学校的底色，是不竭的发展能量。确实，一所学校很像一个有血有肉的人，有精气神，自然神采飞扬，昂首阔步，张弛有度，不慌不忙。安师大附小所以为大家信任、推崇，所以办出了品牌，就是因为她目标高远、包容开放、求实求新、求真求变，就是因为这闪耀在她身上的富有时代特征的“附小精神”。在这样的熔炉里得以锻造，我的成长自然而然。

三、好校长的力量

十多年如一日
他令人吃惊地
保持着
惯有的“真”

我之所以能够笃信“一个好校长就是一所好学校”，是因为我见证了好校长与安师大附小并肩走过的岁月，感受到了他的独特魅力，独特作用，他影响着这个集体的气质和发展走向，给我引领、鞭策和启迪。王尔德说：“我们都生活在阴沟里，但我们中有些人仰望星空。”这位校长，便是我的世界里“仰望星空”的人，其力量和温度令人称羡和感动。我们生活在“最好的时代”，也生活在“最坏的时代”，在中小学校工作，并不是这个时代最热门的选择。但我要描述的这位校长，在他最壮年的阶段，选择安师大附小，勇挑重担，用他自己的学识、思想和行动带着安师大附小，带着我这样的年轻人们一路走来，打开了办学的局面，赢得了今天的品牌，实属不易，当为翘楚。他，便是在安师大附小工作十八年之久的校长，郁培林先生。

进安师大附小担任校长他三十六岁，执教过大学的课堂，做过大学的行政管理人员，也到地方挂过职，算是见多识广，但唯独没有从事过基础教育工作。在安师大附小办学有困难的时候委他以重任，我以及安师大附小的很多老师并没有抱太大希望，以为这是体制内的事，和以前一样，不必大惊小怪，安天命、顺人事就好。但是，做着做着，你就会发现，他是真将这副担子当回事了。不是不懂小学教育吗？去请教其他的名校校长好了，多听听一线老师的意见建议好了。他入职之初的一段时间里，通过听、看、访、问的方式，很快进入了角色，让我等刮目相看。不是学校落伍没有话语权吗？他从教科研着手，全力改造教师观念，提升教学教研水平，将专家请进安师大附小，将活动请进安师大附小，用比赛磨炼队伍。三五年间，便撬动了封闭落后的教研面貌。不是对安师大附小失去信心，纷纷转学吗？他带领老师狠抓教学质量，研究方法、策略，连续几年在全市小升初考试中大放异彩，扭转了办学颓势，赢得了社会、家长的信心和赞誉。你会发现，他特别清楚学校工作的矛盾重点，知道抓住牛鼻子，知道鼓劲打气，知道激励调动，知道用心发力。当安师大附小再次迎回热热闹闹的招生场面时，老师们知道，他是安师大附小需要的那种校长，他正在带着安师大附小朝更高、更远处奋进。自此，我和很多老师，打消了各种疑虑，信服地跟着他向前奔。

他从不高谈阔论，我们知道，那是因为他"求真、崇善、尚美"；他从不巧言令色，我们知道，那是因为他有着深厚的人文情怀。当安师大附小渐渐从低谷中缓过劲儿来，他开始想着将安师大附小办成"省内领先，国内一流"的小学。在为安师大附小铸造品牌的过程中，他谈得最多的是课堂，牵挂最深的是人才。在他的带领下，安师大附小乘着新课程改革的快车，扎扎实实地推进教科研工作，专心致志地培养着自己的骨干。我校在全市小学中率先成立了教科室，全面协调推进教科研工作，传递出作为校长的办学关切，也使相对落后的教科研工作渐渐成为安师大附小的亮点，一批老师脱颖而出，在全市的教科研活动中有了地位，有了声音，有了观点，也有了自信。学校还开创性地成立了课件组，探索信息技术支持课堂教学的路径，为各类公开课、竞赛课、展示课提供技术支持。在这个领域形成了很好的探索，更凝练了安师大附小教师良好的团队精神，为后来取得多项全国性赛课成果奠定了坚实的基础。最浓墨重彩的是，在他的策划、指导下，学校居然作为主体开始每两年举办一次大型教育教学观摩研讨会，将全国知名的专家请到我们的舞台，让我们自己的老师与他们同台展示、交流，这在全校掀起的思想与行动的革命，穿透心门，直入血液，引爆了我们的教育青春，迎来了安师大附小真正的新时代。我不知道安师大附小是不是已经成为"省内一流"，但在安师大附小人自己的心里，那些成绩，那些勇气，那些成长，所支撑起的新的安师大附小，已经成为我们自己的骄傲。

安师大附小南迁绝对算得上2011年震动本地的大事件。伴随着学校整体南迁的，还有人们的唏嘘、观望乃至嘲讽。我们能感受到其中的善意，但带给我们更多的是压力与质疑。郁校长没有怨言，也从不泄气，凭着他特有的理性、冷静和睿智，始终坚信南迁这一步是安师大附小发展必然的选择，正确的决断。他那几年说得最多的是，我们不能选择生源，也不埋怨别人，我们需要用行动、用质量向别人证明南迁的正确，证明安师大附小的价值。这之后的几年里，郁校长带着团队开始了新一轮的创业，而这个过程在我看来居然有一点“卧薪尝胆”的味道。郁校长经过对生源，对课堂教学，对教师观念等现实问题进行深入的了解、分析，觉得要想使安师大附小保持近年来一直拥有的教学质量的领先地位，课堂教学必须改革，大量增加的青年教师素质必须尽快提升。为此，在他的策划、培训、指导之下，学校首先在语、数、英三科教学进行了长达四年之久的“生本课堂”课题研究。这项研究，深刻影响着教师队伍对固有教学模式的认识，影响着大家对“教”与“学”关系的认识，影响着老师们对学习本质的认识。我自己就是在这一轮教改的冲击下开始新的学习、新的实践和思考的，或者可以这么说，由郁校长掀起的这一轮教学改革几乎可以认定为我职业生涯的“拐点”。我有意识地读了一系列教改与学习理论方面的书籍，深入反思、整理了自己对教学的理解，也积极投入教学改革的实践中，在追随、支持、落实郁校长的教改理念过程中，我自己也确实经历了一次真正意义上的“革命”。其他老师也在疑惑、迷茫中，实践探索，学习讨论，不断丰富着对“生本课堂”的理解，不断提升着教学素养。课题于2016年年底顺利结题，但“以生为本”“以学为本”的理念已经深深地扎进老师们的思想与信念中。

南迁之后做的另一件大事则是对课程的优化。没有人知道郁校长用了多长时间进行着这方面的思考。在我们大多数老师还沉浸在“生本课堂”，沉浸在自己的琐碎日常中时，郁校长提出了“优化课程结构”“实施活动类课程”的新主张。所谓活动类课程，就是在现有学科课程的基础上，基于学生需求，利于学生发展，设置可供学生选择的兴趣类课程，强调活动性、趣味性、实践性。为此，郁校长组织团队外出取经，深入讨论，制订方案，尝试实施。我们将活动类课程融入学科课程形成“必修类课程”；完全根据学生的兴趣设置的"选修类课程"由学生自主选择，实施普及性教育；另设"学生社团"，吸纳有兴趣特长的学生加入，开展实践活动，建设特色课程。集体的智慧在课程中凝练，学生的学习有了更丰富的选择和体验，办学的"生本"理念有了更深刻的诠释和落实。

十多年如一日，他令人吃惊地保持着惯有的"真"，而这种"真"也渐渐渗透，潜移默化地变成了学校的品相。他待人求真，绝难有言不由衷的伪装，绝不会虚与委蛇地敷衍，要求老师做到的，他必然率先做到，他甚至放弃了可以于老师处争得的种种荣誉、职称。所以，他的团队也是敢说真话，争做真事，付出真心，很少矫饰、浮夸，大家把这位校长当作精神的领路人。他理念求真，从初任校长开始便一直将"求真知，做真人"作为校训，一直不断地思考着"知行合一"，带着大家坚持不懈地"走行知路，育文化人"，于是安师大附小人便习惯于在课堂上求真，将学生放在课堂焦点，将质量视为至高荣誉，努力研究和逼近教学的本真。他管理求真，以他所倡导的"制度说话""情感管理"思想，将学生和老师放在学校的中央，为师生的成长营造风清气正的环境，搭建健康、多元的平台。

一位好的校长，就是办学团队这个"动车组"的核心动力。郁校长就是这样的校长。安师大附小从低谷走到辉煌，因为有他；安师大附小南迁获得新生，因为有他。就安师大附小办学发展的事实而言，我敢肯定地说：好校长的力量是惊人的！

四、环境，环境

积蓄的是气馁
彷徨、焦虑
一度，想改行

绝不能低估环境对人的影响。不仅是因为哲人这么告诉我们，我的实践也清晰地告诉我这样一个真理：环境造就人。

我从教的二十多年，很明显地分成了几个阶段。第一阶段是1993至

2000年，入职最初的七八年，我的“年少轻狂”遇到了现实摧残，有说不尽的低迷、彷徨；第二阶段2001至2010这十年，职业生活焕然一新，我居然完成了自身的蜕变，活得昂扬；第三阶段应该就是2011年到现在了，因为开始做校长，身份给了我另一种体验和环境，我开始过上了另一种生活。每一段体验都是深刻的，每一种生活都是必然的，发挥作用的因素当然很多，但内在的、外在的、物质的、精神的环境至关重要。

环境过于安逸和自由，容易使人失去压迫感和进取心。我在2000年之前应该是“春风得意”才对。别的同学绝大部分都分配到农村工作，而我却成了“市里人”，这原本令人骄傲的生活偏偏过出了“举杯投箸不能食，拔剑四顾心茫然”的心境。此时的安师大附小，因为安徽师范大学的缘故，常常被他人形容为“背靠大树好乘凉”。大学教师子女生源质量高，考试竞赛自然没得说；师范大学资源好，各项工作开展条件便利；人事、资金由大学支持，办学的规格似乎高人一筹；就连老师的交往圈也比其他小学老师要高端很多；等等。这些所谓的因素成为“附小人”骄傲的理由，也同时成为大家自我陶醉、自我封闭的资本。我们这些年轻的老师们，自然很享受这份特别的资源、环境，也很自然地在这片“桃花源”里“躲进小楼”，孤芳自赏。殊不知，因为体制的问题，安师大附小的独立办学在赢得某种相对自由的同时，也少了一种横向交流的广阔平台，如果自己不动，也不大会有人来催你、逼你，毕竟大学有太多大学的事情需要去烦心。而其他小学却有专门的教育主管部门去考评、去比较、去督促，其精细程度令人咂舌。独立的好处自然多多，但如果不能很好地发掘自身能量，不能自觉地进行自身的革命和发展，“夜郎自大”“自说自话”便会成为必然。在这七八年里，其他方面尚且感觉不明显，但学校教科研水平的滞后渐渐难以掩盖。我和另一位同事参加1996年全市教学大赛双双垫底便是最直观的例证。在这样的环境里，我渐渐找不到头绪，渐渐失去了方向。和我年纪仿佛的青年教师，多半过着和我一样的生活：平静亦平庸，自由亦自卑。原本对教育教学生活有着诸多浪漫想象的自己，在这样的现实环境里，积蓄的是气馁、彷徨、焦虑，一度想改行不做教师。环境也许还是之前的环境，没有多大的变化，但它确实已经不能适应新时期发展的需求。“逆水行舟，不进则退”，学校是一个与教师成长息息相关的环境，它的好与坏自然会比较直接地反映在教师的身上。如果你足够强大，你就有希望突围，但对于年轻的我来说，这希望极为渺茫。

我常常会用“山重水复疑无路，柳暗花明又一村”这句话来描述我的第二个职业阶段，亦即2001年至2010年这十年。相对慵懒的环境因为遇到了招生的“滑铁卢”，安师大附小人开始意识到这是个问题，至于是什么问题，大家并不能在“当局者”的视角说得太清楚。2001年，随着新校长到任及新领导班子的组建，学校的变化顺着新时期的大环境开始发生。学校开始重视教科研，对教师写论文、上好课越来越关注。于是，我自己也不自觉地开始了专业上的学习积累，开始对课堂实践有更高的要求。上平常的课，我会铆足了劲儿上出公开课的状态，因为当时总觉得上好公开课，或者说上出一节高水平的公开课一定程度上能够证明自己的教学水平。做日常的教育教学，也会自觉地进行反思，以寻求更贴近教育本质和规律的方法、路径，毕竟，我们总想把班级带得更出色，以证明自己的教育管理能力。这确实不是“献媚”于谁，是学校大环境的“正气”占了上风，你会不由自主地随着大家或者顺着学校想要的方向去努力。即便不一定能够做出什么像样的成绩，但这个过程足以让自己变得更像“集体的人”，更像安师大附小需要的那种人。这种改变，得益于新的校长，新的领导团队，也得益于学校更多老师所表现出的忧患意识和进取心。在短暂的“低谷”期里，每一个有自尊的安师大附小教师，其实都憋着一股劲，期待着学校重新崛起。于是，在遇到对的领路人，遇到对的发展环境时，老师们一定会表现出自己久藏心底的那种热情、干劲、智慧和才情。不好的环境会使人多一层保护膜，将自己尽可能安全地包装起来、藏起来；好的环境则会使人尽量地把自己放在阳光下，让优秀的一面更加熠熠生辉，不好的一面也能得到光亮与温暖。就是在这十年里，安师大附小积累了一整套管理的办法、措施，也吸纳了许多优秀的人才，学校自此进入了良性的发展轨道，每个人都似乎焕然一新。我就是在这个阶段完成了许多教育教学“高端”体验的：被聘为市级教研大组组长，被评为市级“骨干教师”、省级“教坛新星”、省级“特级教师”，也拿到了全省、全国性教学大奖；在这个阶段养成了至今引以为豪的习惯：读书及写作；在圈内渐渐有了一定的名气——被别人知道，自然会增添许多自信，有了更大的动力……

2011年至今，我的职业生活有了根本性的转变，我从一位普通的教师变成了校长——因为学校发展带来的机遇，我成为安师大附小第一所分校的校长。岗位的变化，直接影响着我思考的角度、立场和内容，也直接影响着我的职业态度、行为和情感。我是校长，于是我有了办好学的心愿，有了新的学生观，有了新的教师观，也必然地需要学习相关的知识，需要丰富、完整、系统我的教育教学及管理认知，提升相关能力。因为是校长，我开始接触和思考以往无须费心的学校全面或分管工作的问题，以相对全局和宏观的视角去剖析、处置，并用心于教师的培养和教学、管理团队的建设。当然，我也开始认识到，校长的高度决定了学校的高度，你的认知水平和榜样示范将会影响这所学校、这项工作，你必须要多一份成长的热望和自觉。也就是说，从与这个身份和岗位形成交集开始，除了要继续关注自己教育教学专业的进步，还要下大力气展开学习，不断提升自己的管理水平。比如，如何去建设管理队伍，如何建立健全学校管理机制，如何去调动、激发老师的工作热情，如何给教师专业成长搭建平台，等等。老师的进步、学校的发展是评价校长工作的最直观的指标。凭经验，之前没有；凭冲劲，很难理性。鉴于此，我必须进行与之前完全不同的学习、实践和思考。有谁逼着校长学习吗？没有。完全是职责、岗位所需。你会觉得所有人都在看着你，你的每一句话每一个意见，你的每一次行动每一个决定，都会成为大家认识你、接纳你、评价你的依据，努力让自己摆脱“外行”显得至关重要。所有这些，构成了我的全新的环境，激励着我超越过去的自己。

每一种职业生活图景都是一种环境，其中，有积极的因素，也有消极的力量。我们要做的，就是利用好环境的正向激励，让自己不断进取，臻于完美。

五、“自己也是环境”

不给别人
带去困扰的“好人”
成为别人心头的
清风、暖阳

记得郁校长在与我聊天时说过这样一句话：每个人自己就是环境的一部分。从此我便记在心上。我最终还是没有查出这句话是不是郁校长的原创，也不大好意思去问他，因为百度上找不到源头，不知是谁第一次说出。或许，这就是郁校长自己的人生感悟，就是他脱口而出的哲思原创。

其实，他是不是郁校长的原创已经不重要，重要的是由郁校长说出的这句话能一直那么深刻地烙在我的心上，一定程度上影响了我对环境的敏感和认知。“人是环境的产物”，我承认有道理，但“自己就是环境”透出人作为主体的一种主动性。这句话总是在暗示着我：你作为个体的好与坏，其实总会通过各种方式成为你自己生活的大环境的一种力量，一个因子。你好一点，环境就好一点，你不够好，环境可能就会消极一分。再换句话说，你是这个学校的老师，你如果足够优秀，你就可能产生某种“引力”，带着其他人变得优秀；如果你善良、诚实、温暖等等，你就会对环境贡献出自己特别的价值和意义，对他人产生积极影响。反之，你带去的便是负能量。所以，我想用更直接的话语表达自己的理解：自己也是环境。我前面的文章有很多是在表达“他人”之于自己的价值，之于环境的意义，对于“自己也是环境”这个视角，确实需要做一些分析和例证。我说这句话至少有两层意思：其一，自己是构成集体大环境的一个因素；其二，自己是自己的环境。

自己是构成集体大环境的一个因素，这并不难理解。别人能够成为你的环境，那你自己也能成为别人环境的一部分。大家在一个单位共事，抬头不见低头见，你的喜怒哀乐，你的德能勤绩，多半会被“八卦”进大家的耳朵里。于是，你就被编织进了名叫“环境”的这块布里。在被别人“编织”的同时，其实也同步地“编织”着其他人。我算是个老实人，在集体中总能以积极、阳光的面貌示人，总能在各项工作中积极地迎上去，所以我想，这自然会给大家传递一些正向的能量。总不至于我在老老实实地好好工作也招人恨，然后让其他人讨厌工作，非得以消极怠工去抗议我的老实，那就太不可思议了。自己虽然渺小，但作为教师，我常常是守住一个班级的一科教学，陪着五六十位孩子共成长；我也常常是与大家共事在一个办公室，一个年级组，每天都能看得见，招呼得上。我的行为举止，有时可以忽略不计，但有时完全可能影响着整个班级孩子对语文学习的态度，影响办公室老师一贯的坚持。特别是我一直教学、行政双肩挑，前辈老师看着我成长，后辈老师学着我进步，其重要性我从来都不敢小看——当然，这也许从来都是我自己对自己的看法。可是，如果自己都不拿自己当回事，你在这个集体的环境里，便多半只能扮演那种可有可无，或者惹人生厌的“边缘人”了。为了我们大家的学校能够更好，我努力地做一个积极因子便理所当然、顺理成章。

我要重点谈一谈“自己是自己的环境”这个论断。这句话的另一层意思是：自己要成为自己的环境。古人云，“君子慎独”“不怨胜己者，反求诸己而已矣”“吾日三省吾身”，为什么？都是在求一种自觉与圆融，求人生的大境界。我以为，人给自己的要求便是给自身营造的环境的第一要素。有了要求，便有了心气，有了目标，也就是有了那点“精神”。取法乎上，得乎其中；取法乎中，得乎其下。天上不会掉馅儿饼，只能是自己有追求，才可能达到我们想去的地方。有了这个目标和追求，接下来，自己的行动，也就是自己在“做什么”会成为自身环境的关键要素。目标再高远，如果不落实到行动上，一切都是枉然。作为教师，修炼我们的仁爱之心是首要的。在具体的工作中爱学生、爱同事、爱一切身边的人和事，宽以待人，严于律己，和谐共处，慈悲为怀，以德报德，以德报怨，传递温暖、善意的信息和力量，很多事情就会亮堂起来。第二，要修炼自己的道德情操，为人师表，纯粹动机，以我们的社会主义核心价值观建构自身的道德认知，硬实自己的道德行为，用健康的心态、高尚的追求武装自己，这便是我们干成事业的底色、底气。第三，要老老实实地扎根实践，积极反思，不断提升自己的专业水平。这是我们获取真知，做好老师的必然修炼。边实践边学习，边学习边实践，并坚持“为了孩子”“为了发展”而教，教出专业的高度，教出敬业的厚度。到那时，你便站在了职业与人生的新高地，你一定能看到你人生更远处的风景。所有这些积淀、变化、提升，其根本力量必然源于自己。没有自己对自己的规劝、提醒，甚至强压、逼迫，很多美好的愿景永远只能藏在脑海里或是文字中，不会变成现实。

自己就是环境。因为我们是社会的人，是各种关系影响下的，也影响着各种关系的人。我的二十多年职业生活，既开放地接受着环境的影响，也积极地给自己很多很多理由，在集体生活中尽量做个“好人”——那种少给别人增添烦恼，不给别人带去困扰的“好人”，成为别人心头的清风、暖阳，至少成为别人不厌烦、不躲避、不突兀的一个存在。渐渐地，这样的自己便成为一个自己能接受的合理的自己，成为自己能相信、能鞭策的积极的自己。

我将不断地警示自己：你也是环境！

六、我与团队

他会让独木
得到森林的拥抱
也会让独木
变成森林的骄傲

我曾经做过这样的归纳：与本市某某名校相比，安师大附小的教师个顶个地不一定比他们强，安师大附小这些年能够取得突破和发展，团队建设是关键中的关键。这似乎有点绝对，但不绝对不足以表达我对安师大附小教师团队那种浓浓的情愫，不足以表达安师大附小教师团队在学校发展中特殊的地位。在我看来，我校教师团队建设经历了不同的阶段，付出了艰苦的努力才走到了今天。我和很多老师都是见证者，更是受益者，所以，便有了某种表达的愿望——既是表心中感恩，更是想梳理梳理个体与团队之间那种紧密的关联，或许还能参悟到事物发展的某种“法门”。

我经历过“附小人”相对自由、各自为政的年代。那时的安师大附小有集体，却不知“团队”为何物。不怪安师大附小，20世纪90年代初期，教育系统对“团队”其实还不感冒，还是“集体观”“大局观”占据舆论主导的时代。我游弋在这样的氛围里，虽也有玩伴，却少有真正专业上的同道。我称这个阶段的安师大附小为“原生态”集体。大家只是共事，你做你的，我做我的，见面打个招呼，生活有个寒暄，有活动在一起玩玩，完全是一种自然而然的“在一起”，少有刻意，也不必经营。同事之间在专业上难免会有相互的影响，但那也只是单方面的自觉和追随，难以形成有效、积极、稳定的互动。不可否认，此时的安师大附小，更像一个温暖的大家庭，老师们认真完成自己的本职工作，相互陪伴着，互相感染着，实现着那个时代的人生价值和职业理想。这样的职业生活，确实挡不住你积累实践经验，但更长远、更开阔的成长并没有在教师身上发生。职业的快乐多半来自自己或学生竞赛获奖，学生升学考试成绩出彩，或是一次出差一趟旅游，一场球赛一回聚餐。难得会有一次公开教学，听课者寥寥，议课者寥寥，但你还是能够听到真实的声音，好就好，不好就不好。所以，这个阶段的安师大附小，让我顺利地开始了职业征途，并渐渐适应了职业的生活。只是，这里似乎少了某种催人奋进的鼓点。我几年之后确实多了一点实践经验，但我还是那个适应着这种生活，却没有什么本质变化的小老师。不得不再次提到1996年的那次糟糕的比赛成绩，不仅可以标志我入职初期的专业水平，应该还可以标志那个阶段安师大附小“团队”建设的基本状况。

我没有与安师大附小走散，是因为安师大附小团队的力量。安师大附小教师队伍真正的“抱团取暖”开始于新课程改革。新课程改革与安师大附小新的领导团队组建，激活了安师大附小青年教师的教研热情。我所说的教研，此时主要是公开课、比赛课的磨课。在学校的组织下，大家会因为某位教师的某节课聚到一起，贡献各自的“金点子”，提出各种修改建议，并有专门的课件组老师为执教者做课件，然后再试教，再讨论，再修改。这一来二去，大家便在课的研讨中走得更近，也在课的研讨中喜欢上了教学教研。

我说过，我是在2002年正式进入课改班级的。因为之前积累的一点基础和“名气”，学校便给了我不少上公开课的机会，我也自此开始了漫长的赛课、磨课之旅。从市级研讨课《自己去吧》开始，到市级、全国比赛的信息技术整合课《一个中国孩子的呼声》《赤壁之战》，再到市级赛课《搭石》，人教社录像课《呼风唤雨的世纪》，省级阅读教学比赛课《自己的花是让别人看的》，以及华东六省一市比赛课《这片土地是神圣的》，市级骨干教师评选课《老人与海鸥》，省级教坛新星评选课《乡下人家》，省级特级教师评选课《狼牙山五壮士》，全省展示课《泊船瓜洲》，全省素养大赛课《触摸春天》，全国素养大赛课《一个小村庄的故事》，等等，近十年间，几乎年年有展示，年年有赛课。于是，我便享受着“众星拱月”般的礼遇，一次次备课、试教，一次次接受学科组内老师的听课、建议、帮助，一次次思考、实践着自己的课堂。教学的水平见长，教学的成绩累积，我对团队的感恩之心也愈加深切——几乎可以说，是团队的智慧帮着我跨越了一座又一座职业生活的高峰。团队是我的背景，是我的依靠，是我信心的主要来源。

其他有类似机会的老师，也同时接受着包括我在内的许多同事的听课、建议、帮助，所有学科内的老师得以在这样的磨课研讨中聚焦课的细节、思路和理念，同事间突然多了一种学术交往的纯粹的味道。喧嚣减了，思想活了，相互间的感念多了，执念少了。就这样，我们才有了多年未见的赵耀老师破冰式的市级一等奖出现，才有了后面那么多的示范课、研讨课展示，才有了一个又一个市级、省级、国家级比赛一等奖的涌现。所有人都在集体里接受着别人的支持，而自己也心甘情愿地在集体里支持着别人。团队的精神便在这样细碎的积累中逐步凝练、升华，“成全别人，成全自己”成了安师大附小教师普遍认同的价值追求。

团队造就了我，我该成为团队里的一股清流，把自己的力量传递到有需要的年轻人身上。2009年被评为特级教师之后，我清晰地认识到，我应该更为主动地发挥自己的作用，为其他老师，特别是年轻教师提供帮助。我需要用自己的行动回报这个集体带给我的那么多荣誉、机会和信心——我当然知道，这也必然是进一步提升自我专业水平的一条路径。这些年，我做得最多的，就是对其他教师的公开课磨课不遗余力地参与，和他们一起思考教学设计，一起研磨课堂实践。原因之一，我喜欢，我愿意在其中花更多的时间去琢磨。原因之二，则是感恩。我也曾经这样得到前辈教师和其他同伴不遗余力的帮助，我也曾站在他们的肩膀上取得一次又一次的进阶。关心、关注其他教师的成长，这是我回报集体的应有之义。2011年，我成为分校的校长之后，更是自觉地走进常态课堂，领着大家用心琢磨课堂教学的真谛，专心致志地服务于青年教师的成长。2013年开始，我担任安师大附小分管教科研的副校长，当仁不让，研磨课堂教学设计，提升课堂教学质量，成为我必须参与的一项本职工作。我看着别人在有我参与的团队的助力下能够获得好的成绩，能够变得成熟、专业，能够越来越投入、专注，心中自有一种欣慰和快乐。

团队的力量，神奇的力量！它会让独木得到森林的拥抱，也会让独木变成森林的骄傲。其中的每一棵，在相互的摇动中抖擞精神，挺拔向上，也在相互的簇拥中直指蓝天，有力成长。我与团队，大概就是这样一种关系。

七、分校的挑战

所有的情景
都是熟悉的陌生
所有的陌生
又总感觉似曾相识

安师大附小的集团化办学是从2011年开始的，而我很幸运，被派往第一所分校担任第一任校长。再清楚点表达，我是安师大附小与芜湖市三山区合作的碧桂园分校的第一任校长，任期两年，加上筹备的半年，我在这所学校倾注了两年半的心血。在我的职业生涯里，有这样的机会因缘，不能不说是安师大附小发展带给我的另一种“福利”。

从校长助理，变成一所全新学校的校长，我需要学习独立地经营；从浸淫课堂的老师，成为一名带领老师办学的管理者，我需要找准定位和方向。文字写写只需要逻辑清楚、语法准确，可真刀实枪地办一所学校，其中的考验是文字无法想象和表达得了的。这难得的职业考验，给了我一种崭新的生活内容，开启了我“求取真经”的新旅途。我知道，这里边一定有我意想不到的精彩，也必然有我难以预料的困境，但因为有安师大附小不断发展的大背景和所有人对办分校的热情支持，我从未对自己接受这样的挑战感到过后悔。

所有的情景都是熟悉的陌生，所有的陌生又总感觉似曾相识。这奇特的感觉激发出我对事业的新的探索热情。

在分校，我经历过“光杆司令”的日子。我接受学校安排到分校工作的任务是在2011年年初，我所带的2008级孩子刚刚三年级过半。考虑到新校筹备等工作的未知性和可以预见的复杂性，学校便让我暂停本部的教学工作，全力以赴投入新校正式开办前的相关工作中去。于是，2011年上半年包括暑假，我是在大量的基建工作对接中度过的，而此时，这个学校确定的员工只有我自己。我需要独自对陌生的人事花工夫熟悉，也需要独自对陌生的工程做现场监理，还需要独自考虑学校的设备采购与室内装修，并精心策划着一所学校的全新起航。当这些事一股脑地全冒出来的时候，半年时间居然觉得很短。“光杆司令”的弊端是很多事情无法去碰撞、商量，需要你自己与自己较劲，自己做出判断，又不能总是麻烦本部的领导、老师，确实常常犯难；而“光杆司令”的好处也有，它会逼着你走到现场，细细思量，变得独立，变得能扛，而这对于一个即将挑起校长重任的人来说，不能不说是必要的修炼。

在分校，我切实体会到人才之于教育的价值。从无到有的过程充满挑战和压力，也充满惊喜和成就感。尽管学校起始的规模只有92人，可“麻雀虽小五脏俱全”，办着办着，你便有了自己的发现和感悟：“白手起家”并不可怕，没有成熟的教师队伍，任你三头六臂也难把学校办得精彩，玩得转。我所迎接的首批13位女教师，都是政府招聘入编的新教师，是刚刚大学毕业或是一直在考编的年轻人。她们有热情，有干劲，但可以想见的是，她们最缺少的是经验。一个两个倒没什么，甚至一半青涩一点也不打紧，当全部都是新手，都缺少必要的教学、管理的经验时，校长的所有想法的实施只能靠自己领着大家去干，你必须手把手地教，那些事才能办成。好在我基本能保证这些年轻的老师能在相对纯粹的学校里做纯粹的事情，好在我有耐心去等待和指导，好在她们多半有良好的进取心，学校的工作还能够在可接受的范围内去运行。会有人说，新学校好啊，一切从头开始，年轻人好管理，不像老学校拖不动，我会心一笑，并不急着反驳。我之所以将自己与这些年轻人的相遇告诉大家，不是埋怨，而是感慨。到办一所学校才知道，“人”才是办好学校、办好教育的根本依靠。于是，你必须高度重视青年教师的培养，发挥骨干教师的作用，你必须将人才资源做最合适的安排，以帮助他们通过实践本身提升他们实践的、思想的、执行的能力。这样，教育或者学校给了教师更多成长的机会，他们就一定会在不远的将来给学校发展带来更多的机会。

在分校，我应对着“跳出课堂”办学校的考验。我是老师，是一位上了一二十年语文课的小学老师，现在成了校长，自然不能只沉在课堂里。毕竟，办学是一件与上课有着不同特质的事情。在分校，我也上课，我甚至运用校长的“特权”尝试“助教制”——一班两位语文老师，我担任主讲，另一位新教师担任助教。但我知道，我现在的根本任务不是到这里来教书上课，而是做好校长该做的事情。于是，我需要“跳出课堂”来考虑整个学校的课堂：教师怎么安排才更加合理？他们的课堂有哪些问题我能看得见帮得到？既想“减负”，又要“增效”，年轻的老师真的能做到？带着这些问题，我需要深入课堂去观察，带着他们一起听课、研讨——课堂的问题就这样变成了办学的问题，课堂的问题也变成了成长的聚焦。于是，我还需要“跳出课堂”关注全面，努力让自己长出很多“触角”：行政会我要去主持，以带领大家共同研究办学的事情；各种会议我要去参加，以领会上级意见，好回校落实；后勤保障再陌生也要冲，学校除了我再也没有更“专业”的另一个；迎来送往，校长必须出面，人事不熟悉，何谈“融入”（“融入”是我不太赞同的一种官方表达）？不知不觉，你便成为一个“杂家”——那种什么都需要关注，什么都需要面对，什么都不能不懂一点的“万金油”。因为“跳出了课堂”，方知课堂只是教育的一隅，有那么多事情与教育相关；也正是因为跳出了课堂，才知道这“教育一隅”——课堂才是我们所有管理该要用心思考的地方。

在分校，我接受了太多事情带给我的教育和提升。做校长，你会受到和做教师不一样的尊重。我想，这大概是因为大家觉得一校之命运多半系于校长，对校长好一点，校长应该也会对大家好一点，对眼前的这所学校这份事业尽心一点吧。所以，我尊重我的每一位同事，尽可能像关爱我带过的学生那样去关心他们——我认缘分，这样的合作确实需要我们做对方的那棵“树”，那朵“云”，那个纯净的“灵魂”，以推动自己，唤醒他人。做校长，我也尝到了之前不做校长时难以尝到的压力、困惑和烦恼，以致你开始怀念没做校长时的生活。有时候，你基本可以确认你在做校长这件事情上并没有准备好，且还要面对你并不中意的某些外部环境，但你已经是校长，你居然无法退缩。于是你就不得不重新抖擞精神，去学习，去思考，去放下各种疑虑，去以积极昂扬的面貌再次出现在老师面前，出现在学生面前，甚至还要展现在家人面前——你若不表现出振奋，陪着你、跟着你的人哪有信心？做校长，你会对学校太多的人和事变得敏感起来。于是，你要掌握“阅人”的本领，从而知人善任，人尽其才，或者有的放矢，对症下药；因为你是校长，你便有义务、有责任去帮助你年轻的同事们不断进步，或者为他们搭建更多成长的舞台；于是，你还要睁大你的眼睛，去消除校园里的一切安全隐患，去纠正老师们不恰当的工作方法，去和谐人与人之间的共事交往；你还要调用你的心力，去引导家长关注孩子的成长，去向上级争取学校项目的批复，去为师生创造美丽校园……

分校两年半，只是人生一瞥，但这一瞥，足以铭记永生——它带给我的成长意义深远、悠长。

第八章　文字见证

成长是漫长的旅行，而文字便是我行走的足迹。二十多年的职业生活经历，我的文字诚实地记录着细节，记录着蜕变。每每回望自己的教书育人，我总无限感叹自己为自己描画在文字里的过去，那都是一面面镜子，照出了我的在乎，我的敏感，也照出了我的稚拙与纯粹。这些文字似乎有一种特别的力量，不断推着我踩实脚下的路，不断激励我追随内心的向往。文字是见证者，文字又是我职业人生的指挥官。

一、教学叙事选录

“我们都是长行的旅客”

——《珍珠鸟》教学叙事

这是《珍珠鸟》一课教学的第二课时。

虽是普通的一课教学，却有着完全不一样的教学体验。这一节课，几乎是在我深情款款中深刻地度过的，连很少与我单独沟通的小馨也在下课时与我继续探讨她上课时未及表达的理解。

教学伊始，我便开门见山直入主题地引领学生走进课文，再次循着“信赖，往往能够创造出美好的境界”这个中心句，寻找那些“因为信赖而呈现出来的美好境界”。我自认为，在这样的问题主线中，学生至少可以再次从优美的文字中走一个来回。上一课时已经初读了课文，并捕捉到学生竟然读着读着情不自禁地笑出声来这个细节，让学生将文中那些读来让自己会心一笑的内容读出来，让学生自己说原因，猜原因，让读的同学邀请其他同学猜，孩子们上得很开心，读得很到位，那已经是一两个来回了。

如果再在课文中“走一个来回”，孩子们是一定能够在语感上、在情感上有更大收获的。果不其然，学生中很快有举手的，但我提示他们再认真读，并有感情地读一读找到的内容，不急着举手。在交流各段“美好境界”的内容时，小想、小彤开了一个好头，我有意识地大加赞赏：“小想那动听的声音和微笑的表情足以让我们感受到那份美好！”“小彤读得真好，似乎都不愿惊醒那熟睡的珍珠鸟，我都被你的读书声陶醉了！”——小彤读最后一句时甚至将声音降到了最低，微闭双眼，看来她真的读懂了作者的心，正用自己的朗读与他对上了话。也许正是这些真诚的表扬激发了其他学生的自信和热情，很多同学纷纷举手参与交流。

接下来的交流同样精彩，我则将学生精彩的发言提升到板书的简练表达和语言的激情渲染——我努力传递着我对孩子们发言的郑重、严肃的认可和喜悦，并确立了“小鸟能够……这一切都是因为有——信赖”这样的提升、转换的总结语。事实证明，这种方式的互动简练、有效。在这一过程中，小磊的发言让我大为惊喜，他说：“作者不管它，实际上是给小鸟自由，为它好；而我们需要管，老师也是为我们好。这样（不管它）使小鸟对作者产生了信赖。”他说这话时，表情没有平时的那种搞怪，显得一本正经，其他同学也听得入神。在他说的同时，我立刻捕捉到了“老师管我们也是为大家好”这样的表达，在强化了他的前半段的论断理解后，我问他们：“骆老师让你们感觉到在管你们了吗？”学生一大半很“配合”地说“没有”。我说：“你们并没有完全说真话，我知道，你们在乎我的感受。”有同学小声地补充：“骆老师的管也是很轻松的管。”——哈哈，好聪明的孩子，居然知道怎么鼓励老师！我略带激动地继续将话题挑明：“你们向往什么样的自由？”学生的发言更多地集中在“玩”上，有同学概括为“吃喝玩乐”。我说：“是的，我们每个人都会有这样的需求，但我们更应该吃出营养，玩出名堂，乐出健康，不是吗？这样的自由才是我们需要的自由，才是有追求的自由。”学生纷纷点头，并若有所思。我接着说：“骆老师其实并不想管着大家，而是希望大家能自由地沉醉在语文课上，沉醉在课下，沉醉在生活中。”

在随后的摘抄环节，小可同学不失时机地展示了自己写的一首小诗：

自由就像小鸟，
有的在展翅飞翔，
有的则被关在竹笼，
小鸟对小鸟说，
我想飞得更高。

我想，这不是孩子们最好的回答吗！

我现在知道了，由于我倾听了，赞赏了，并真诚地与孩子们探讨、表达了教师自己，像一位孩子概括作者和小鸟的距离时说的——正是因为我和孩子们之间的“零距离”，才很好地感染了学生，感染了自己。更为重要的是，在我心底，正升腾起一个亲切的词眼：生命。我要努力将我的课堂自觉地构建成适合所有孩子的生命课堂，能“唤醒”所有孩子“成为最好的自己”的生命课堂，能“成全”所有孩子实现自我需求的生命课堂。

冰心说：“人类啊，相爱吧，我们都是长行的旅客，向着同一的归宿。”我说：老师啊，敬畏生命热爱孩子吧，我们存在于同一时空，有着一样的生命守望。

定能生慧

——《七律·长征》教学叙事

我的嗓子因为感冒哑哑的，发音很是吃力，但因为今天上的是《七律·长征》，我不得不调动我全部的气力倾情出场，可过程却一波三折。

第一节课，检查预习时发现很多学生如我所担心的，没有查词典理解难理解的词语，而是直接抄参考书上翻译的答案。我一问，他们什么也说不清楚；我再检查预习效果，请人试读，举手的同学寥寥无几。有学生小声地说：“我已经会背了，可我不想读……”还没有说完，发现我在瞪着他，止住了。此时的我，情绪已经受到强烈的冲击，这无异于抽在我身上的几记重鞭。一种莫名的自责、羞愧、愤懑的情绪夹杂着涌上心头，我很是生气地批评了几位有惰性的同学。我知道这样毕竟还是难从根本上解决问题。这不，学生虽然是安静了，但明显更缺少那种跃跃欲试的斗志。我说："这样吧，四人小组在一起说说，会的同学多帮帮那些不懂的、偷了懒的同学，他自己对自己不负责任，我们来帮他们。"这么一说，缓和了气氛，更为有过努力的同学打了一剂"强心针"，为他们"正了名"，也让他们有了表现的机会，对做得不好的同学也是一种保护和点拨。班级气氛重新归于活跃，而且能感觉到他们是很认真地在交流。

小组交流时，场面热闹，但稍一了解，好几个小组都有说不清楚的地方——典型的表面繁荣。我不禁"一声叹息"——难道昨晚回家他们都没有认真预习？这太不正常了，是什么让他们这么没状态？回想我借班上公开课的那次，同样是这课，那个班学生不也是课前预习一下就在课堂上交流得挺好吗？我的这班孩子到底怎么了？

我定了定神，把思绪从上次公开课快速抽了回来。这是日常课，没有所谓的时间、标准限制，我得再实一点，不要总从学生方面找问题。于是，我到各小组逐一了解情况，这才松了一口气。原来，所有的问题都集中在几个难解的关键词上，如"走泥丸""腾细浪""云崖暖""铁索寒"等，这不正是我打算在课堂上进行重点讲解的词语吗？这样看来，学生并没有失掉水准，所有的疑难都够得上"疑难"。我将学生提出的这些词语一一写在黑板上，并引导全班讨论，最终在个别查了资料的学生帮助下，大家基本理解了这些词语的意思。不过课后反思，理解词语这个环节，方式应该可以更扎实一点，譬如，以学生自读自悟为原则，让学生联系整篇、联系上下文去理解，不仅学知识，还学方法，效果应该更好。

这样的教法，使原本两课时的教学拖到三课时。第三课时恰逢下午的第三节课，不是为了周末前将这节课结束（今天是星期五），我是不会在下午这个即将放学的时间段接着学习这篇课文的。为了使"人"的概念更深入地进入学生的思考中，我在上最后一句（尾联）时设计了这样一个问题："红军从瑞金出发时有8.6万人，历时一年到达陕北时只剩下6500人，面对这么多的战友献出自己宝贵的生命，他们为什么'尽开颜'呢？"问题很好地激起了学生的思考，他们从实现革命目标，从告慰牺牲的战友，从征服千难万险几个角度回答了我的提问，还是颇有见地的。但看得出，学生并没有进入该进入的情感世界。于是，我沉沉地说："所有的红军战士和我们一样都是血肉之躯，都需要呼吸空气，但他们却在这沼泽中越陷越深，直到没过头顶，直到一个鲜活的生命无声地消失，而所有看到这一幕的战友却无能为力，这是多么令人心痛的场景啊！即便这样，红军怕了吗？"学生齐声回答："没有！"我接着引导："来，一起把这种感受读进诗句中，齐读第一句！"在这次朗读中，学生读出了该有的情感与表情。

课堂，一如我们的生活，不会总是光鲜亮丽，万事顺意。当不如意来临时，就看你选择怎样的态度，有多大的决心去坚持或调整，又以怎样的智慧去引导或点拨，这几乎决定着课堂宝贵的生成，决定着教学的最终走向与结果。

定能生慧。这是教学的哲学，也是人生的哲理。

简约，但不能简单

——《这片土地是神圣的》教学设计叙事

总记得那句广告词："简约但不简单。"最近，我因参赛而进行了教学设计，这个过程让我对课堂教学的"简单"与"简约"有了新的理解与体认。

在我为选哪篇课文踌躇不定的时候，特级教师周益民以他的视角和特有的情怀为我推荐了西雅图写的《这片土地是神圣的》。不错，这是印第安人西雅图酋长，为了应对当时的美国政府购买他们世代生活的土地而写的一封信——不是拒绝，也无力拒绝；不是谈判，也无条件谈判，但这封信却被后人誉为"历史上最震撼人心的环保演说"。在最初接触到这个文本的时候，我被文字中流露的对土地的崇敬、眷恋、热爱的情感深深打动，继而联想到这应该符合我一贯的教学风格，它应该就是我想要的那一类文章——文字优美，内涵丰富，有时间上的厚重，有空间上的广度，情感上也有澎湃的余地。说简单点，教学设计有"戏"。加上益民老师的推荐，我便毫不犹豫地选择了它。

备课开始于三四个月前，开始于细读文本，开始于查阅相关资料，开始于寻找灵感。文本细读让我感受到文字的跳跃和潜藏的深度，感受到西雅图及印第安民族对土地心存的神圣感是我们难以想象的一种情愫，看似与我们很近很近，实则很远很远——这是我们难以真正感受到的印第安人的现实境遇。

怎么实施教学呢？孩子会把教学带到什么地方呢？六年级的孩子，我有能力将他们吸引过来吗？随着备课的深入，一个又一个疑虑、困难接踵而至，我甚至开始后悔选择了这一课，但又不甘心就此罢手。于是，我原本想呈现的第二课时教学无奈地滑向了“第一课时”——熟悉背景、初读点拨、感悟“神圣”，将深入理解文本作为第二课时的任务。这样避重就轻，也许是一个不错的选择，我这样想着。但试教几乎毁了我的所有信心，连我精心设计的“诗歌”（用文中土地上的事物串联起的有一定意境的诗），也没能让我有一个好的心情。我知道，我陷入“课时”迷茫中了——赛课到底上第一课时还是第二课时？第一课时应该是什么样的？比赛组织者允许我上第二课时吗？其实我很清楚，评委才是我要考虑的第一要素，我唯独不敢坚持的是为自己、为学生。

我第一次试教后，几乎彻底推翻了关于第一课时的构想，但我没舍得完全推翻。第二次试教之后，郁校长立即“叫停”——诗的“作秀”，课时目标的含混不清，读书没有落实，时间安排失衡……有太多的理由要推翻这个设计。到此时我似乎大梦初醒，才发现很多迎合评委的做法实在不是我平时能接受的愚蠢做法，连“以读为本”的语文教学思想都不能在教学中很好地落实，这还算是好课吗？教学设计的构想倒是挺好，可进入教学实践环节显然不自觉地停留在了技术的层面，没有提出特别有价值的问题，没有留下什么值得玩味的东西。在比赛日渐渐临近的几天内，我能够设计出令人满意的教学吗？

还是定位在第二课时吧。在大家的建议之下，我将读作为一种线索贯穿全课，将“神圣”作为领悟的核心进行多层面的品悟，最后完成了一个首先让我自己还算满意的方案：以复习词语入手，以词语来营造意境想象画面，感受“圣洁”，此为一读；由“圣洁”自然过渡到深读文本，圈画词句，感悟土地的“神圣”之处，此为二读；再在此基础上重点引导学生感悟水、空气、动物等处的句段、词语，力求读出理解，读出感受，此为三读；在三读之后，再回归文本整体，用西雅图贯穿全文的嘱托将感情升华，此为四读；最后是“一写”，写一句话来表达自己最强烈的感受，并大声读出来。大家听过之后基本满意，只对细节提出一些建设性意见加以完善。

最终的课堂实施过程算不上完美，但我毕竟将“我自己”上了出来，也得到了评委的一致认可，并被评为一等奖。

认真想来，我只是花了不到两天的时间便设计出了完全不同的方案，什么原因使然？教研团队的帮助和校长的点拨当然是关键因素之一。更为关键的是，这节课的设计有我自己的深度思考，符合教学基本规律，简约、清晰，所以才成全了课的流畅、灵动、有效。简约的设计思路不仅让我把握起来没有什么负担，学生也能很轻松地领会教的意图并能很好地学起来。它让我从第一稿那样的“作秀”负担中解脱了出来，让我把更多的目光、时间投注到学生身上，投注到课堂反馈上，投注到适时引导上。教学不就应该是这样的吗？以最简单的方式获取最高效的回报，以最轻松的状态守候最本真、最有生命活力的课堂。如果教学设计过于花哨，势必会牵扯教师的精力，影响教学的生成，也会因此丢失教学的一大半精彩。

回顾我们日常的课堂，常常会出现我们难以想象的惊喜，不就是因为课堂的本色、宽松吗？不就是因为教师的真实、真诚吗？不就是因为孩子们的随性、自由吗？不就是因为学得扎实、朴实吗？少了框框的课堂，正如少了限制的习作，可以任尔驰骋，错也享受，对也享受——享受的是课堂宝贵的教与学交融、师与生共振的理想状态。

始终朝着简约的高效进发，我们的课堂就一定越来越不简单。

这样的识字课

国培班的学员和安徽师范大学教育科学学院实习生来听我的课。我来得很早，而他们来得也早，一聊才知道：他们是在另一个学校跟岗研修的学员，想来这里听听我的课——客气的表达是“慕名而来”。我在想，是慕什么名呢？许是我前些日子在国培班给他们讲过课，他们也想听听那位讲座时眉飞色舞的家伙到底是“说得好”还是“做得好”吧。

为学员或实习生上课，我一贯的做法是让他们听随堂课——这才是最贴近于教学本真的活生生的课堂。按照教学进度，今天应该上《识字2》了，那就上呗。我用了大概10分钟的时间梳理了教学思路（注：课已经备了，但我更习惯把思路重新梳理一下，再简要地写在书上，这样便去除了详细教案的干扰），便是早读，然后是早操，再往后就进入课堂了。也就是说，这完全是一节与平时别无二致的普通课。然而，正是这节普通课，却有不少值得我记录、咀嚼、回味的教学体验。

教学从热身环节开始：“今天又有老师来咱们班听课了，我们掌声欢迎！老师有个大大的问号在脑海里：为什么这些天总有老师到咱们班听课呢？”我能想到学生会有话说，却没有想到有那么多可爱的答案：“因为老师有名！”“因为老师是副校长！”“因为老师是全国阅读（比赛）第一名，我上网查了！”“因为他们是学员，学了以后回去好当老师……”在开心互动之后我正色引导：“其实他们更是冲着你们来的，他们更想看到你们的精彩。”这么一说，你再看小家伙们，个个神采奕奕、信心满满地做好了上课准备。没有刻意设计的开场，我几乎是被学生的回答点燃的。

课题都没有写，第一个环节我便问学生：“课下你们最喜欢做什么？”孩子表达，我点拨表扬，然后话锋一转，进入课文：仔细观察课本22、23页的六幅图，上面的同学正在做什么呢？学生说我写：拉二胡、唱京戏、栽花草……这些都是《识字2》的文本内容，我写下学生说的，当然是肯定他们的回答，更是为了后面教学方便，强化生字的认记。接下来，补充图上没有画的其他内容：养金鱼、练书法……写下来，当然是要读。

第二环节：自己借助拼音去练习读，读准、认清，在此基础上请小老师领读。从学生的领读中我已经发现认字能力较弱的小童都已经会读，那么其他同学应该没有问题。于是，我便在此处做了一个教学上的调整：生字不要花太多时间，把更多的时间让出来去读词语，去写生字。

第三环节：顺着学生齐读文本的状态，我做了读书示范，引导学生拍掌有节奏地读，直到他们读得热情洋溢、热血沸腾，我又以游戏的方式带着学生玩“我说你猜”——让他们听我唱“提篮小卖”，猜读“唱京戏”，让他们看我做拉二胡状猜读“拉二胡”，以及“弹钢琴”“做航模”等等。随后方法一变，再让一学生上来做动作其他同学猜读。一来二去，多元化的、活动性的认读词语，不仅仅增加了他们接触、认记这些新词的机会，更是用一种他们能接受的方式去理解词语。之后再让他们齐读，感觉个个都会读了。这时，小洁冒了一句：“我知道这些词语为什么排在一行。”“呵！那就说吧。”当她说完第一行是关于文化、学习的词语后，我引导学生再看其他三行，孩子们也都能用合适的词语表达、归类。我不禁感叹：课堂插话，有时也是资源啊！

第四环节：我说，既然你们都会读了，看看这些生字是不是也认识了呢？回答当然是“认识”。可怕就怕学生回答“认识”之后我们就真以为他们都认识了。课堂的检测绝不可少。我出示字卡，他们认读很顺利，有拼音没拼音，齐读都挺响亮、正确。但我觉得这还不够，这种常见的“齐读检查法”并不能保证困难生也学会了。我要求同桌之间借助课后的生字条（无拼音）互相指认、请教、互助，这是另一种方式的自主学习，自主“建构”。我在其间抽查了几位认字能力弱的孩子，居然只有一两个字不大会认，其他都能准确认读。此时，我确认本节课的识字目标基本达成，后面就可以写字了。

时间不够，字并没有写完，但完成了互相读、互相组词，发现左右结构、上下结构以及左中右结构的共同点，基本完成了自己描红、练写一个的任务。常态课就是这样，没有精确的时间计算，没有教案的精确设计。于是，少了顾忌，少了牵绊，多了灵动，多了本真。

不能说没有遗憾，但从学生的状态，从学习的效果，从课堂的效率等各项指标去考量这节课，我对它是极为满意的。因为，我的饱满情绪影响到了学生的情绪，我的课前思路影响到了教学效率，我的课堂应对增强了教学的张力，我的“以生为本”让目标扎得很实。这样的写字课给了我这样的启示：好课是为了学生的课，是专注学生学的课，是智慧“应对”的课，是远离刻意雕琢的课。

在预约和不可预约之间

每节课我都期待着精彩——这句话也可以这么理解，我的每一次预设都期待有精彩绽放。这种愿望在每一个喜爱课堂、关注孩子的教师心中，都是一个无法释怀的情结。

今天下午的两节语文课，一如往常，我预备铃一响便来到了门口。孩子们鱼贯而入，都在第二遍铃响起时在教室坐定。大概是因为我已经站在教室门口的原因，孩子们比较快地安静下来，做好了上课的准备。我在想，如果我们所有的老师尤其是一年级的老师们能坚持做到预备铃一响就站在教室门口迎接孩子，提醒他们做好上课准备，那种在课前等待老师过程中形成的散漫一定会得到有效的改善。这是可以预约的。

孩子们安静而专注。我满心欢喜：这是我要的学习状态。我给孩子们读了一个故事：《小摄影师》续写。我们之间什么也没交流，他们只是听我读，只是听我表扬我们班有不少同学写得同样精彩。就这样，孩子们将注意力回归了课堂——毕竟，故事的吸引之于孩子是巨大的。这亦是可预约的。

我通过简单回顾便将教学的重心转到《奇怪的大石头》的第二课时教学（之前孩子们已经读通了课文，书写了生字，并说出了课文讲了一件什么事）。我说："当我们读完课文之后，奇怪的大石头还奇怪吗？我们都已经知道这奇怪的大石头是什么了？不翻书，凭着记忆说。"这是我惯用的策略，让孩子们接受游戏式的挑战，往往能激起他们学的兴趣。一贯有学习热度的小优拔得头筹："这奇怪的大石头是冰川带来的。"小杰听课很投入，投入到在我板书时他就忍不住问："老师，冰川怎么会将石头带来呢？"其他的孩子立刻告诉他："冰川是流动着的，就带动大石头了。"哈哈，不用我做什么，他们就解决了一个问题。我笑笑，过了。小小插曲，却为课堂学习赚得一定的气场。意想不到，却在情理之中。毕竟，我的课堂始终允许这样针对于学习内容的插话存在，孩子们都明白。这里没有预约，但精彩、情趣顿生。

教学的“拐点”在下面。我说：“你们刚才说是‘冰川带来的’，这其实就是故事的结论。那么，李四光是怎么得出这个结论的呢?”我精心预设的提问是想启发孩子们理性地梳理出李四光发现问题、解决问题的脉络，然而，孩子们却两眼茫然。是我没说清楚？不是。是这个问题太难？也不至于。抑或是过于理性、冷静让他们兴趣索然？有可能。于是，我转变提问的方式：“那你们能说说李四光和别的小朋友有什么不一样的地方吗?”我知道，这个问题和上个问题将会殊途同归，但更感性、更有意思，学生应该会更感兴趣。果不其然，小手林立。随后的发言中，学生把李四光与他人的不同一一找出，而我只需稍稍点拨便脉络全有：产生兴趣（亦即提出问题）——问了多人（亦即“追问”）——想了多年——学习、考察——得出结论。孩子们找得轻松，说得明白，而我点拨得到位：“这兴趣其实是什么?”，“‘问了这么多人’这样的做法你能用个什么词语来概括一下?”，“骆老师送你们一个词，和你们说的‘刨根问底’‘打破沙锅问到底’意思差不多——追问——哈哈，我偷个懒啰，就写‘追问’，这样板书少写几个字”。孩子们哈哈一笑中，课堂的师生融合达到了高潮。我还在梳理的冷静中不断地注入热情：我扮演老师，孩子们扮演学生读读文中的对话；我和孩子们探讨“考察”这个词与“学习”的区别在哪里；我让孩子们相互交流自己脑海里藏着的疑问……有些是我预先规划的思路执行，而有的却分明是瞬间生发的问题——是那种顺着自己的、孩子的情绪自然流淌出的问题，对话由此产生。这让我很是惊喜。这亦是没有预约而遇见的精彩。

我没有想到孩子的状态会如此强烈地影响着我，我完全进入了一种“着魔”的状态里，异常的清醒却分明充满激情，很多的点拨都是随口而出，随性而生，却精彩不断，高潮迭起。

这就是课？就是在预约不预约之间激发孩子及自己的参与激情，在一种完全自然状态下的陶醉和喷发？是的，不止一次的这样的课堂经历让我有理由相信：充分地预设，灵动地生成，以学生为本，倾所有热情，定是儿童成长所需要的课堂模样。

二、教学反思选录

让“生活”进入课堂

——《一去二三里》的教学心得漫谈

生活，我说的是真正的生活，应该是这样的：没有绝对的恣意，却有自我的空间；没有特定的场景，却有偶遇的精彩；没有常设的限制，却有不变的追求。平平常常，从从容容。我们虽常说“教育即生活”，但我知道，真正能将教育理解成生活的人并不多，能将教育演绎得像生活一样精彩的人更是少有。而且，谁都不知道理想得像生活一样的教育是何种模样，只能用心去体会，在实践中去摸索。今天，下午，《一去二三里》的教学似乎让我隐隐触碰到了“生活”的惬意烂漫。

一、闲聊式的引课

闲聊，是我常常选择的一种进入课堂的方式，像是一种预热，更像是吸引学生对老师的关注，现场即时捕捉或是事先稍作准备，选择完全来自身边的人、事、物作为引子，以一种像是话家常的方式进行聊天。像今天，孩子们在上课伊始表现出的安静、专注让我情绪振奋，随着几句表扬，孩子们表情轻松，流露期待。我突然发现剪了头发的小源同学，话题从她这里继续：“哦？小源的头发怎么了？”嫩生生的小源略带羞涩且快乐地告诉大家：“我把头发剪短了。”“噢，我还以为上美术课的时候自己一不小心把头发剪成这样的，哈哈！”“哈哈……嘿嘿……”孩子们知道我在开玩笑，也乐了。这时，小优（小源的同桌）开腔了：“下午我来的时候，一开始还以为她是小萌呢（小萌是我班一位著名的短发小女孩）。”我一看，还真是。挺有意思的意外的资源，该怎样整合到我的课堂呢？“这样吧，我们一起来听听她们俩来读《一去二三里》，看你们能不能听出她们的区别，好不好？”“好——”孩子们显然很兴奋。就这样，课堂以一种别有情致的方式开始了。读的课文就是我们正在学习的内容，检查读书是必须的目标任务，而现在，全没有上课的痕迹，只有孩子们快乐、轻松、好奇的表情。在我让大家评价两个孩子的读书时，站在讲台前的小萌居然撒娇似的跳着要同桌给她说说自己“好的”地方，孩子们都乐了。那一瞬间我更是幸福无比——孩子们在老师营造的氛围里没感觉到上课却已经沉醉于课堂，没有什么负担却已经复习了旧知。发轫于生活的活泼泼、热腾腾的课堂，是我梦寐以求的课堂生态。

二、游戏式的活动

对待课堂，如果能像玩“过家家”，玩捉迷藏游戏那样好玩，孩子们一定能全情参与，也一定能将快乐转化为动力，将兴奋变成对知识的好奇，那课堂自然会消解很多顾虑、隔阂，成为师生相互吸引的最好依托。在《一去二三里》的教学中，我将游戏或是带有游戏味道的活动贯串始终。复习“一”至“十”十个汉字，我先写出十个阿拉伯数字，问学生这是什么字，能不能在我手中的字卡中找出他们的朋友。孩子们高兴了，小手林立。一一对应后，我再请找对朋友的孩子拿字卡读出手中的汉字，读对了全班跟读，不对则不作声。全班就都参与这个游戏了。再读课文的时候，我边读边做出十个数字的手势，未等我开腔学生就说有发现了，我说：“行，我们一起来边读边做手势好吗？”孩子们的眼睛露出神采，做得好读得有味道：爱说话走神的在做，常做小动作的在做，学习有些吃力的在做。你几乎不需要再为孩子听不听课发愁——课堂游戏的新颖、有趣和老师放下架子的游戏表情已经完全将他们吸引，哪里还会游离这里？哪里还会不愿学习？我们必须承认，课堂教学横亘在我们教师面前的最大问题便是孩子的参与动机和学习热情。我们想尽千方、用尽百计，目的就是想吸引孩子们关注课堂，参与学习活动。不大爱在课堂上做游戏的我，今天确是很清楚地知道，孩子就是孩子，尤其是低年级的孩子，游戏显然是他们的最爱。游戏会让课堂的面容变得更加亲切，会让课堂变得不像“课堂”——孩子们看不到课堂的严肃、刻板，感受到的多是有趣、快乐。枯燥的讲解、说教让位于生活化的轻松、适意，于生、于师、于教学的推进都有极大的助益。

三、生成式的互动

我们应该知道，课堂面对的是活跃、灵动的学生个体，他们敢于想象，充满好奇，但认知水平、学习习惯参差不齐，性格偏好也多不一样。如果我们以僵化的预设去应对，教学可能会“走”过来，但也一定会错过很多风景。真正“以生为本”的课堂，应该高度重视学生课堂的学习反馈，并就“现场”的情况作出合适的互动点拨和策略调整。

这节课，我并没有按照成形的教案去上课，只记着基本流程：复习巩固旧知，认识田字格，指导写字，学生练写。我甩开教案的束缚，把关注的焦点放到学生的言语表达、行为举止上，然后便有更多的时间和精力及时捕捉课堂的精彩“生成”，并及时做出反馈和应对。在我让学生拿字卡到黑板上找阿拉伯数字朋友的时候，十个孩子显然站不下，胖胖的小天拿着“七”字笑眯眯地站在其他同学的外围，与“7”还远着呢？学生笑了，我知道他是故意搞怪。于是，我顺水推舟，给他的“七”与阿拉伯数字“7”画了一道弧线，并笑着说：“他进不去，我就给这两个朋友画一座桥，行不行？”孩子们也笑着大声说：“行——”此时，你对学生的观察，对学生的理解，对教学的认识以及你个人的情绪、心态决定了互动效果。

指导学生写字时，我认真地板书示范，但可能是站位问题，字写得不够完美，孩子们太厉害了，一眼就看出来了：“这个字好丑！”怎么办？此时，绝不能敷衍了事。“好丑？”我故意吃惊地反问，“说说哪里丑？”孩子们说得还真都在理，有些地方甚至连我自己都没大在意。我不失时机地问：“你们知道骆老师没写好字的原因吗？”有的孩子说是因为老师没有仔细看书，有的说老师走神了，我说：“那我再写一个可以吗？这一次我仔细看书，绝不走神。”接下来的事你应该能猜到，他们用掌声鼓励了我的进步。

顺遂课堂的“意外”，以一颗纯纯的爱心和童心，加上师者的课堂理性，去努力营造一个属于孩子的缤纷课堂——基于信任与对话的有效课堂。

四、随堂式的实践

无论学什么，必要的实践往往能巩固所学，起到事半功倍的作用。语文学科是一门实践性很强的学科，脱离实践，我对教学的效果表示怀疑。一年级的学习最忌板着面孔不按规律办事，特别是读书、写字、背书等等这些重要的实践活动，如果不在课堂上做扎实，问题便会越来越严重，差生也便越来越困难。且不说“转过身”回家做的作业学生是带着怎样的态度去做的，也不说在家长的长期看护下会带给孩子一种怎样的学习——准确地说是作业感受，但我发现家庭作业尤其是书面家庭作业的质量很不理想是现实。比如写字吧，课堂上老师注重指导，认真示范了字的写法、要领，如果不能在课堂上立刻布置孩子们练习，恐怕回家后也就忘得差不多了。更重要的是，学生写字时的姿势、习惯是否符合要求，老师看不到，也无法引导，久而久之，一旦形成定式，再想去纠正就难了。《一去二三里》的写字教学全程我都在课堂上进行，这也是我一直在坚持的一种教学策略：重要的实践任务当堂完成。教学中，我首先逐字进行示范板书，孩子们在书上描红、练习，然后在练习本上写，我则在他们练习的同时巡视指导。看到学生的姿势不好，我立刻找一位典型来激励：“嗯，小言的姿势多漂亮，难怪他的字写得好。我们向他学习。”然后你看，一批同学挺直了腰板。看到某个同学的字写得不正确，我便示范，要求他重新写，很快得到了纠正。此外，我还表扬写得好的，引导写字时的安静，随时指出普遍性的问题。在我的“控制”下，整个过程孩子们静静地练习，静静地书写。因为有我的贴身指导和帮助，绝大部分同学的字写得有模有样。当然，随堂式的语文实践活动还可以拓展到小练笔、口语交际、读书、背书、听写、默写等等训练内容上。不难想见，长此坚持，何止是在作业的质量上，更会在学生的良好学习习惯培养和学习态度形成上产生积极影响。这种随手就把该做的作业做掉，不仅仅是教学的逻辑和目标要求，更是语文实践性、生活化的需要。

课堂，如果能融扎实和真情于一体，让预设和生成相得益彰，把教学策略和方法努力“藏”起来，把课堂的生活气息和诗意“放”出来，真正让孩子成为课堂关注的焦点，为孩子们创造丰富、温暖、开阔、快乐的语文课堂学习体验，那么，幸福的仅仅是学生吗？

教学当追求“三实”

——以《搭石》一课的教学为例

语文教学应追求一种回归，或者说，追求教学的真实、朴实、扎实。我近期设计并付诸实践的《搭石》一课公开教学便是朝着这个方向努力的。

所谓“真实”，就是力求呈现孩子们最熟悉、最习惯的常规教学的真实面貌，不走“竞赛”路线，不走“作秀”路线，还原课堂最本真的样子——既不刻意雕琢，也不松散随意。毕竟，在日常，我们没有太多的时间、精力、技能保证现代技术手段充分参与课堂，也无法保证每节课都妙语连珠、设计巧妙，更无法保证日常教学中学生个个乖巧、听话。如果说公开教学像是在坐“大奔”，那日常教学这样的“公交车”我们一定还是丢不了的，那才是我们普通百姓真实的生活需求——不够舒适，但实在、实用。所以，在《搭石》这节公开课之前，我与同学们并未见面，只是交代他们要带些什么东西，没有就课文内容做任何渗透，力求还教学于常态。我能够带给学生的东西，全在课堂里展现，从而以最真实的课堂操作来检验“这个”40分钟是不是能够达到预设的目标，最大限度地保证这节课与“日常课”是同样的节奏，同样的礼遇。这样，才能给听课的教师以更真切的体验和启发，也才能使课回到课本身而不是别的什么上去。

再说说“朴实”。很显然，它的对立面是奢华、气派，是讲深度，讲广度，讲惊人度。我们都知道，一节课毕竟只是一节课，要想在有限的时间里带给学生实实在在的成长，我们就必须丢掉花花绕绕，丢到“八股”，丢掉哗众取宠的、上给“别的人”而不是学生的内容，把语文课上成语文课，上成“一课一得”的课。如此，便善莫大焉。在现实中，我们常常能看到这样的教学景象：不管需不需要，都要使用多媒体；明明每人手中都有课本却硬将课文打在屏幕上；明明教师自己朗读就很好，却非要把录音机用上……这就叫阵势——追求的是听课者的视觉、听觉上的冲击，却忽略了教与学的本质需要。在《搭石》这节课中，我只在识字环节借助了电教手段，大屏幕的直观呈现既方便又形象，我就用了；写字教学过程中，我选择的是老师用粉笔在黑板上示范而不是用电脑展示笔画笔顺，既然传统工具能够实现我的教学目标，还需要挖空心思地想着别的什么阵仗和手段吗？不管怎样，朴实的课应该是顺应学情、自然贴切的，应该是在学生语文素养的提升上有效、高效的，应该是不铺张、不花哨、追求简约的。

最后说说“扎实”。课标说：“语文教学要注重语文的感悟、积累与运用，注重技能的训练，给学生打下扎实的语文基础。”从中不难看出，像写字、读书、说话、习作这些属于基本技能的东西，还是需要扎扎实实训练提高的，而训练就要追求科学，追求效能，注重实践运用。《搭石》这节课，我从识字、写字的指导、练习，到文本的反复多个回合的朗读、默读、合作读，再到第二课时的情感读、小练笔的落实，无不贯彻扎实训练的思想，还原日常教学的常态。与此同时，我深深地感觉到，在这些看似常态化的训练过程中，教师的基本素养往往影响着课堂的走向和品质。用著名的特级教师靳家彦的话来说，就是：“教语文，学养是第一位的，技术是第二位的。”这是在告诉我们，你要教学生读，你首先要会读、多读、读出自己的意义；你要教学生写，你首先要爱写、能写、写出自己的精彩。所以，要想把课上扎实，老师首先应“扎实”自己的功底。

崔峦老师告诫我们：“与时俱进，莫被‘传统’束缚头脑；科学发展，不为‘时尚’放弃永恒。”语文课，当然需要革新方法，提高效率，但是一定要在真实、扎实、朴实的轨道上稳稳地行驶，因为，语文教学的“永恒”命题是为了学生语言文字运用能力的提升，为了学生综合素养的提升。而这，一定假不得、快不得、躁不得。

语文教学真的要改

“语文教学真的要改”对于正在进行的课程改革来说，好像是一句正确的废话，但我坚持要表达我的观点，也许能在这一堆废话中淘出些金子，淘出些宝来。

首先我们得看看语文教学现在是个什么样。

我们把教材当作教学的母本，当作范本，我们喊着叶圣陶先生的“课文无非是个例子”，却把教材当作语文教学的全部。我们做课本上的作业，写字、抄词、造句，我们写小练笔、写作文，我们兢兢业业地完成教材框定的所有可能与考试相关的教学内容。我们做课外练习——对不起，只是练习题，用练习卷的方式进行日常检测，检查学生学的效果，好让考得不理想的孩子警觉起来、害怕起来、努力起来，以便在期末的较量中不落后于别人，为自己争光，为老师争面子。当然，我们也进行综合实践活动，但那多是孩子们闹腾闹腾，我们意思意思，做成什么样靠天收，有什么效果我们也没什么期许，也没办法评估。要知道，中国人信奉“是骡子是马拉出来遛遛”，期末一考定优劣。这被成绩一“遛”，你的“教学真容”便大白于天下了，谁也抹不开这面子，谁也得罪不起年终奖励。那么多的时间耗在教学上只为“拼”个期末成绩；那么多的语文课程资源譬如日常生活、美丽自然、丰富读物排除在课堂之外；那么受学生欢迎的、生动的语文实践活动被我们的课堂漠视甚至遗弃……稍稍有些良知的人，应该赞同我主张的一改：改改固化的教学内容，换换单一的教学思维。

再看看一线老师们的教学生活吧。

我们每天都要用大量的时间备课、改作业、改试卷、上课，于是，教师在校时间除了站在课堂上，便是“扒”在办公桌上，间或有些教研，但在教学时间中所占比例那是少得可怜。八小时之内的内容决定了很多教师在做的是一个“匠人”的工作，这是一种“职业式”而非“专业式”的生存状态。也许老师们回家也会看书、思考、研究，但这种看书、思考、研究的时间能有多少，效果能指望多好，能对教学产生什么影响，我不敢过于乐观。再看我们的学生，每天都是重复着从家到校，从住宅到教室，上课、做作业、考试，听家长说道，听老师教导，生活早就被设计好，被照管好了，他们只需要按照成人的指令完成规定的动作，取得令成人“满意”的结果，那么这一天便阿弥陀佛了。我们可以想象，再浪漫、柔情的教师，再天真、无邪的孩子，都会在这样的生活里磨得没有脾气，磨得生硬刻板，磨得烦躁难耐，最终与语文、与成长渐行渐远，与生命中可能的幸福越走越远。依我看，语文教学非常有必要进行另一改：改改师生的生存方式，找找成长的幸福“天路”。

我还想就考试的事情唠叨几句。

为了期末那一考，有多少次作业打着基础，有多少次平时的小考“伺候”着，我们都知道。考试是语文教学或者说所有有考试学科的奇怪“心结”——谁都输不起，谁都不想输在这个能通过多训练、多练习、多作业、多考试便能提升起来的成绩上。我们以为这其中的“罪过”是“高考”那个“指挥棒”，但我们其实更清楚的是，在小学就开始带着学生一起跟着“指挥棒”走，其实更像是一种自我开脱——避开教学的深度研究，把课堂朝“知识学习”的单一道路上弄。不是说中学语文的考试不再直接呈现课本内容，更看重积累、能力、素养吗？既然高考是“指挥棒”，小学的考试为什么不能与之保持一致，提前预演这种模式的质量检测？为什么不能对我们的语文考试方式、考试内容、考评标准改革一下呢？这就是我想唠叨的第三改：改改现行的考试评价，动动墨守的那份成规。

不想说太多，稍稍有点教育理性的人都应该知道，这样下去，语文有希望吗？教师有希望吗？孩子有希望吗？未来有希望吗？我的理解有限，我的深度有限，也总结不了太多的问题，但仅凭以上三方面问题，语文教学改革是不是就应该动点真格呢？如果可以，我希望来它个“七十二变”，来它个“天翻地覆”——从人的发展出发，按语文的规律办事，以人的幸福为归宿。智慧的中国小语人应该是有办法的。

以学为本，方为正道

——一节香港语文课带来的启示

不能不承认，香港语文教师的汉语口语水平真的不如内地教师，但他们对小学语文课程、对教与学的理解却已经走在我们的前面。香港地区的语文教学在我的心中一直是一个闪亮的不可小视的存在。无论是十年前的全国阅读教学大奖赛上的口语交际课，还是八年前我在香港本土听到的阅读课，都能隐隐地感觉到别样的气质和思考。2014年9月27—28日，我带领工作室的全体成员参加了“名师论道之相约铜都”研修活动。尽管早就领略过香港语文课的风采，但是其中一节来自香港的普通话滞涩的冯志达老师的《包公审石头》还是给了我不小的触动和启发。冯老师的“戏剧教学法”再一次提醒着我和工作室的老师们，以学生的“学”为教学原点，真正把学生的“学”作为课堂关注的核心，我们才算行走在正道上。

冯老师要求学生课前阅读《包公审石头》，并安排几位学生预排了包公审石头的表演。上课伊始，从对包公的已有认知导入，再让事先排练的学生上台，一边有学生读课文，一边有几位表演故事，在表演的过程中，教师几次叫停（所有表演的学生做雕塑状），引导学生思考：包公为什么审石头？人们为什么这么议论？围观的人为什么被包公要求丢钱到盆子里？真是那个人偷的铜钱吗？故事表演到包公抓住那个小偷的手时老师再次叫停，又设计了新的学习任务——如果你参与了故事，你会怎么往下演？于是教师出示创作剧本要求，学生分组创编剧情，尝试表演，然后教师请了两个小组表演接下来的剧情。教学推进到这里，因为师生语言交流上的障碍和教学环节设计的波澜不惊，学生并没有表现出热切参与课堂的情绪。除了几位预先安排表演的同学给课堂带来了些许活跃的气氛，其他时间，学生多是在静静地观看、思考、答问。而就在并不特别出彩的小组创编表演之后，冯老师安排了一个十分“惊艳”的教学环节：根据教师提出的“你觉得包公是什么样的人？为什么？”这样的问题进行“循环涂鸦”。所谓“循环涂鸦”，就是让学生分组将本组形成的对上述问题的综合意见用一两句话写在整开的大白纸上，再将本组的意见纸与其他组轮转，相互在别的小组的意见下方发表本组观点，确定赞同还是不赞同其他小组的观点并阐明原因。如此这般，至少轮转三次。也就是说，让每小组的同学在表达本组观点的基础上，还可以与至少三组的观点见面、对话，进行表达，当然，方法是一样的：小组共议，“文书”记录，再与他组轮换。“循环涂鸦”之后，让学生交流展示自己的循环涂鸦作业纸，并张贴到教室的墙上（据老师课后反馈，他平时至少要将这样的作业纸在教室留存一周以上，学生可以根据自己对课文的理解随时补充新的观点）。说这个环节“惊艳”，不仅仅是因为教师在组织学生小组合作和分享交流的方式独特，更因为在涂鸦的过程中讨论的热烈，因为学生趴在地板上书写的惬意。到此时，课堂的学习进入了高潮，学生完完全全进入了自己的“学习时间”，若不是教师反复强调“时间已到”并不断地“赶”孩子们回位，他们是不会愿意从那份学的沉醉中拔出来的——尽管他们未必感觉到这是在学习。

就是这样一节从技术层面看简直有些粗糙的课堂，我们看到并见证了“化腐朽为神奇”的力量——超越语言的动机激发，超越文本的语言训练，让一节普普通通的语文课变得不简单、不普通。原本紧张的学生，之所以越学越愿意学，越学越有滋味儿，越学越出彩，不是因为冯老师的口吐莲花，不是因为他的机智煽情，更不是因为他设计了所谓“有趣”的活动，而是因为他将本应该属于学生的课堂交还给了学生，将语言、思维的实践放在了一个有儿童立场的智慧课堂里，儿童便在适合他们需求的语文学习中爱上语文，学会语文，会学语文。学生的“需求”能在这节课里得到满足，无非是好玩的“戏剧”情境，充分的小组合作，表达的自由畅达，分享的成就喜悦，无非是教师隐到了后台，让他们成为课堂的主角儿。

想想我们的课堂，因为我们对知识以及知识学习理解上的偏差，常常把没有什么价值的知识灌给学生，常常把教师的牵引当作“学习”，学生便在长期的束手束脚、百无聊赖中，失去了对“听课”的兴趣，变得不再“听话”，不会学习，不爱学习。而对此，我们往往全然不知，这岂不是灾难？教是为了不需要教，是建立在“教为着学去教”，“教的法子顺应学的法子”之上的。只有将我们的教放在研究学、促进学、成全学的道路上，课堂方能成为学生的天堂。

三、教育日志选录

宽 容 吧

没有切身的体验，你不会知道孩子对宽容的需求有多强烈。

宽容不是单纯的原谅，宽容不是刻意的包容，宽容更不是无理的纵容；

宽容是一种理念，一种具有前瞻的期待，是一种发自心底的尊重。

小帆，一个见到老师绝对礼貌、热情的小男孩儿，一个较长时间陷在“脏话门”事件里的男生，一个在学习上松松垮垮的成绩中不溜的孩子。在我宣布交流“小练笔”的时候，他的眼神透出一丝不安，也没有举手发言，别人的发言也没有激起他的热情关注——他无聊地打发着他的课堂时光。在摘抄佳句时，我走过他的身边，目光注意到他的“小练笔”——仅仅是一句话而已。我心中的“火苗”腾地起来了，但安静的教室里我通常少有高声说话的习惯，我依旧不经意地走着，直到下课，也没有揭穿他。下午，课继续，人依旧。在上新课之前，我照例了解孩子们预习的情况，此时，我又想到了他，经查没有任何预习的痕迹——实在忍不住了，这个“典型”不抓一下实在过意不去。我的责问，他的无语——一切全在我的预料之中，却让现场陷入尴尬。怎么办？我选择了深沉的批评：“请你坐下吧，我能说你什么呢？骆老师不想责罚你什么，当你把我布置的作业当作负担的时候，你就永远不会获得像前面几位同学那样的掌声，不会感受到写的快乐。”（上午的“小练笔”交流中，好几位同学的文字赢得了大家的掌声。）我很真诚地看着他，说了这番话。他惭愧地低下了头，也表现出真诚。我同时看到，无声的班级里，无数双眼睛正若有所思地传递着他们的领悟。若不是宽容，就不会在教育一个孩子的同时启发、影响那么多的孩子。

小罗，一位身上绝对不缺少戏剧色彩的女孩，一位我喜欢的另类学生。由于太自我，对别人造成的影响接近地震，所以她已经很长时间被安排在一组的第一座了，表现尚可。这不，她早上神秘地对我说，用了一个月的时间背会了白居易的《琵琶行》。我便让她上台好好地秀了一把，如我所愿地让很多自以为是的家伙好好地鼓了一次掌，伸了好长时间的舌头。但，她毕竟是她，又来事了——小宇告她“抢劫”了他的东西，我第一时间看到的也的确是小罗正回着头呢。怎么办？我没有立刻批评小罗——也许是潜意识里对她的偏爱，而是提醒自己：在未弄清事情来龙去脉之前不能轻易地下“抢劫”的论断。果然，这给大家都赢得了思考的时间。小罗厉害，先声夺人：“他用橡皮套子弹我！”好险！如果我轻易地相信眼前的结果，岂不冤枉了小罗？此时，我瞪了一下略显惭愧的小宇，“哦——”了一声便上课了。两人都无语，归于平静——很多或观望或看戏或紧张的学生也归于平静。不是宽容，小罗可能会挨批，小宇也会挨批，事情便需要双倍的付出才可以平息，甚至更糟。

小培，离开老师眼神的“关照”就绝不闲着的“洒脱”男孩儿，惹过无数事情都“挺了过来”的“好男儿”。语文课上，居然让我看到他的嘴在一动一动地嚼着什么！四目一对视，他嘴立刻停了，再过一会儿又嚼，再对视再停——他一定知道我发现了他的情况，正襟危坐，恢复了上课的样子，嘴也不嚼什么了，估计吞下去了抑或吐掉了。在我投入教学的时候，实在不太愿意戛然而止——情绪受到冲击不说，可能会让事情的负面影响放大，对当事学生的消极作用更不用说。面对小培的课堂游离，我选择了无声的约束和点拨。对这个心中没有熄灭进步之火的学生来说，老师的宽容给他带来的不仅仅是颜面的保护，更是给了他一次宝贵的自我教育的机会。

我知道，这些孩子仍然会犯错，但我们不能熄灭心中期待的火苗，不能漠视宽容的作用。学生与老师之间，不是针尖对麦芒，更不是小偷与警察。有时候，因为师者的宽容留给学生自觉、自省的机会比什么都重要。

护　　航

今天，我的心被深深地震撼。

昨天收到一位家长的短信，说是班级有同学收费租借图书。这事我似乎有耳闻，但没当回事。现在有家长关注到了这件事，应该是事实，我必须要过问了，我回复：“我了解一下。”家长于是回复作进一步解释：“孩子有些不理解，提出了问题，我说先和你说说。”好一个理智、审慎的家长！我觉得更有必要把这件事作为大事来关注。

当天下午，我把这个问题抛了出来。看得出，有相当多的同学愤愤不平，认为这有点不像话——怎么能在班级搞这种收费租书的事呢？说实话，我也是教书教到现在第一次遇到这样的事，无名之火在心里翻腾——收费？

班级图书角不是挺好的吗？又在搞什么？但职业的敏感告诉我，不能简单、草率地处理这件事，这中间一定潜藏着值得我们关注的教育问题。于是，我和学生商定，组织一场辩论会。但由于课堂时间不够，我们刚刚开始的辩论不得不暂停。我告诉学生回去认真准备，明天继续进行辩论（正方：应该收费；反方：不应该收费）。学生或兴奋或若有所思或不安地放学了。

放学时，我看到组织收费借书的同学又忙碌起来。小镕手中的一张“会员卡”吸引了我，我不禁停下了脚步，与这拨人数不多（十人不到，没有一位女生）的“收费借书”发起者们简单聊了几句。我这才知道，他们对这件事很在意，不是插科打诨、跑跑龙套完事。他们甚至做了像模像样的“会员卡”，采取了很多吸引人的措施。我于是鼓励他们，认真准备，把自己的观点好好地表达出来，只要是好的，骆老师支持——我相信到此时他们才基本确认，骆老师没有带着一般的粗糙的观点蛮横地否定他们。只见他们几个人使劲点头。

第二天下午的第一节课，我按照预先的计划，没有上语文课，略微处理了一下班级图书角的事务后，便开始了辩论会。因为班级曾经有过一次辩论会的经历，这次在形式上更趋简洁：每方三人三人地交替发言，陈述观点，最后总结，给定的时间基本相等，但发言总人数可以不限。这样做的目的是为了让孩子们能够充分表达，把观点从容地说完整。

说实话，我期待这样的辩论能够带给我惊喜和意外，不仅仅是辩论本身，我更想听听组织这项活动的同学是如何看待这件事的。果不其然，学生的辩论一次次敲打着我的心——时醉、时乐、时惊、时叹。在他们辩论的过程中，为了强化某一方的观点，为了让学生能在更高层面上理解论点、论据，我采取了互动参与的策略，即学生发言完毕，我尽可能用最简洁的语言进行概括、提炼，这样使我较好地扮演了中立的角色，也有助于听者的理解——这是此次辩论会比较得意的一笔。

正方先说：

“我们就是想自食其力，用这种办法可以有自己的零花钱，不用再找爸爸妈妈要了。”多天真的想法！小安的发言立刻引起不少人的小声叨叨，我及时制止。

“我们不强迫任何人来租借我们的书，再说我们的收费也不高。平均还不到五毛钱一本。”小宇煞有介事地说。

“我们会用收的钱去买新书充实到里面，使书越来越多。”小东补充，好一个“滚雪球”理论！

我很仔细地听着正方的观点，我需要发现他们策划这种活动的出发点，这是我之所以发起本次辩论会的关键所在。他们中有不少观点值得品咂：

“我觉得他们借书收点费用很正常。我从一则消息上看到，美国一位小孩在社区修剪花草，一小时能挣7美元。”小远支持正方让那几位挺兴奋的。

“我们并不是只图收费，我们还有很多的优惠，你捐一本书进来，你就能看二十本书。我们还在同学生日的时候免费赠阅。”我大声惊呼“很人性化”。

“有一些大家想看的书在班级图书角不多，就可以到我们这里租借，能确保大家及时、方便地看到想看的书。”呵，居然找班级图书角的茬，实在不给本老师留面子——好在没有太伤面子。

尽管学生越辩越酣，我却越听越平静：这一拨孩子的想法是单纯、可爱的，是积极、应世的，是我们很多大人想做却不敢做的，而且他们有着自己一整套的管理思路。至少我不能也不忍找什么理由来阻止他们继续下去。

但反方同学义愤填膺者众，一派正义凛然的样子：

“借书本来是件好事，但你们收费就不好了，你们想过没有，到底是同学友谊重要，还是钱重要？”我记不清是谁这样反问。

“你们要零花钱干什么呢？比如我就没有什么零花钱，需要的时候我爸给，我不是过得挺好吗？”好久没有看到小成如此的风采了。

“我们哪来的钱，还不是找父母要？这样一来，因为看书，又会增加父母的负担。”反方继续补充。

当然，反方反对的声音中还有“小煜式”的真情献言：“如果你们真心帮助大家，想让大家多看一点书，那么就不要用收钱的方式，这样会让大家感觉不好，伤了同学的情谊。”温情款款，却狠狠地敲打着孩子们稚嫩的心；有“小玮式”的理性分析：“我从数学的角度来算一算，我们借的人还是划不来。我们花了钱看了书，只是暂时的，书还是要还，有的知识可能记不了多少。而你们却可以用我们的钱去买新书，学期结束，你们再把书分分，我们得到的太少了。”厉害吧？这小脑袋瓜动的，视角新、有力度。

我能听出来，反方同学反对的观点主要是这样几点：收钱伤了同学的感情；收费太贵了；现在我们不需要为了有零花钱而想着赚钱，现在的主要任务是学习；班级的图书角那么多好书干吗还要这样呢——也都是站得住脚的分析。

目的达到了，见好就要收。我及时叫停了辩论会，并对双方的表现和观点进行了总结、评价，但对于组织“有偿出租”方的几位同学，我心中有着莫名的怜惜和偏向，我说：“尽管大家对他们的反对意见有很合理的地方，但骆老师想说的是，他们的创意是了不起的，他们的出发点也是很好的，这在全校应该说是首创。”正方同学没有想到我会这样鲜明地表达支持他们观点，有同学振臂自勉，庆贺“胜利”。

“让我们先拭目以待，不理解的可以先做一个旁观者，有意见你可以不去理会不去租阅，或者直接向他们提出来，建议改进。让我们多一点宽容与等待，让他们在自然的状态下进行。如果他们是对的，他们会继续办下去并能办好它；如果不对，最终就会被淘汰。大家说，这样好不好？”

“好——”大多数学生高声应和。

对所有的孩子来说，他们都乘着自己人生的小舟不断前行，我们所能做的，就是在他帆翼倾斜时给他们一股扶正的力量。路，需要他们自己走；我，只求为他们护航！

秋　游

哦，诗意的秋！宜游的秋！

当我上周宣布将有可能在下周一去秋游，孩子们的兴奋让我吃惊。我就纳闷了，他们家人也带他们外出游玩啊？他们也时时享受课间的轻松时光啊？可事实就是这样，孩子们表现出的热切的盼望居然那么强烈！也许，丰厚的物质条件不一定总给人带来愉快的生活体验——孩子们的反应足以说明这朴素的真理。

于是，虽然今天的天气不是很好，我还是在简单考察过后决定带他们去赭山的后山游一游。下午，我早早地来到了班级，十来个同学在教室里玩着，更多的人在操场上嬉戏。当我告诉他们马上去秋游，赶紧把操场上的同学叫回时，那要求比任何时候都管用，一批人蜂拥而去迅速将大队人马集齐。激动的情绪立刻洋溢全班，小超两次冲到讲台边说“骆老师你真伟大”，连平时内向、老实的小宇都扭着腰板儿走向座位。而且，你知道吗？小家伙们试探性地带来了橘子、饮料、果冻，甚至月饼。哈哈，他们联想到的是春游，是那个可以带着吃的东西去野餐的春游，可见这种急切的盼望充满着之前的双休日——他们为此做了充分的准备。我说不可以，这一次的出游连水都不要带，只需要带上我们的眼、耳、口、鼻，带上我们的心去走进秋的怀抱，一两节课就会回来。我知道他们的两只手要空出来，心才能真正轻松地走进秋天。孩子们真乖，没有一个提出异议，生怕得罪了老师使这次秋游泡汤。

当然，小小插曲也是有的。为了整肃纪律，确保外出的安全，我不得不“痛下决心”，让两个不听要求的同学留在办公室，拜托其他同事照管。让那两个孩子不得参加本次秋游，这可是在集体出游中我从来没有用过的惩戒。我想到，我还将多次地带孩子们出去，如果他们不能形成规则、安全的意识，如果我不兑现我之前说过的话——不按要求、表现不能让人放心的同学将不能参加秋游，那么我们出去的时候可能真会难以控制，孩子们也会把对老师的信任打一个大大的折扣。

我们顺着人工修建的山路，轻松向上。我不要求他们队伍整齐，我不要求他们安静无声，我不要求他们规规矩矩，只告诉他们慢慢前行，一路观赏。心自由了，美的东西才会尽收眼底。山路曲折盘旋，两旁参天的大树绿意依然葱茏，如果不是那飘落满地的各色的叶子，如果不是秋风萧瑟，果实满树，你几乎难以判断这就是秋天。孩子们边行边捡，还未到山顶，已经是满手的叶子，满口袋的果子了。一位大学生姐姐微笑着让孩子们先行，一位歇息路旁的爷爷带着的小狗引起一群同学围观和逗乐，迎面而来的行人投来善意的目光，一路同行的老人也似乎在跟孩子比比脚力、腰板。

不知孩子们是否注意到了这些，但我看得出，他们正以自己的方式兴奋、快乐在游秋的后山。

来到“中山堂”附近，我看这应该是山顶不错的歇脚地，便告诉同学们可以在这里玩耍。天哪，有必要那么兴奋吗！所有的人似乎已经憋足了“马力”，几乎是冲着来到“中山堂”前的小小广场。可不，连平时内敛、温柔的小雅才眨眼工夫双手就挂到了一辆车的备用胎上。又是一阵快乐的采摘，我看是野花野草便放任他们去了。难得啊！孩子们本就该这样，像野花野草一样任雨露滋润，与大自然亲密相偎。你看，小元同学居然还悄悄地带了笔记本，不知她在上面记录了些啥，任她用自己的方式去玩赏秋天，回去再说吧。上蹦下跳的他们犹如出笼的小鸟，在上下翻飞里构成了秋日里最具生命力的图画！

该回去了，孩子们，还会有下次的。你的老师，我也在你们快乐的身影里接受了秋的洗礼。

四、异域交流选录

寻访哥廷根

若不是因为季羡林的《留德十年》，并因为我上过季老写的关于德国的《自己的花是让别人看的》这篇课文，我昨天考察、参观哥廷根的热情可能会减少一半。从情感上，我似乎更像是在哥廷根寻访季羡林先生的足迹，感受他曾经生活了十年的那座小城。

接待我们的是一位个头不高的女士，性格开朗，语言能力极好的专业从事翻译的中国人，名叫南萍。此外，还有她的朋友，哥廷根大学科学院的教授（德国人）及她的夫人（菲律宾华侨），教授是南女士特别请来的我们前半段的导游。因为这里是大学城，因为教授是哥廷根大学的教授，这样会比较方便走进大学，了解大学。除此之外，我想，还因为这位德国教授特有的风趣和博学吧。

在一座维修中的教堂门前，他告诉我们那醒目的、镶在地下的铜质贝壳是教堂的标志，每个教堂都有不同的标志物。然后，他继续补充说，扇贝很好吃的，中国人很喜欢。多有趣的老头啊！因为他的太太是中国人，因为他了解中国的文化，于是，玩笑脱口而出。他领着我们走进了哥廷根大学的老校区，这里，是这所大学的象征。尽管新校区更大，学生更多，但这里沉淀的是学校的历史和内涵，更值得品味和流连。没有看到季羡林的什么雕塑、画像，毕竟，这里是科学院，与季老所从事的语言研究没什么关联。这里所展示的都是被历史认可的在某个领域有卓越贡献的大家，多是欧洲人。也罢，还是静心欣赏这里的人文景观吧，即便见不到季羡林的相片，即便不能见到他的故居，也能感受到他留德时所生活的土地和环境。南女士热情而清晰地翻译着教授的每一次介绍，我们则边听边拍摄着我们少见的景观、设施，拍下每一处看似历史久远的房屋，每一处科普教育的设施，每一处我们看不懂的文字。准确地说，这不是在拍摄，更像是另一种观察，一种透过照相机的视角而进行的观察；更像是描摹，用眼睛和心灵将画面描绘进我们的记忆深处。

之后，我们参观老市政厅，看哥廷根的新校区，我们亲吻“世界上被亲吻最多的女孩”——牧鹅姑娘，我们去看老城墙，去寻找朱德留学德国时的住处，去品下午的咖啡……我们逐渐走向哥廷根的纵深地带，零距离感受着这个小城市的脉搏跳动。在这里，市民可以借哥廷根大学里的图书；在这里，人们首选自行车出行；在这里，街道上遍是形形色色的书店；在这里，成千上万的自行车摆放成一道风景。独不见季先生所说的家家户户的窗户上都有鲜花，走在街上也完全没有“如入山阴道上”的感觉。许是时代在变化，德国人传统的生活理念也在新一代身上慢慢地发生着变化吧。这不，过马路时，也看到极少数的“阿飞”式的小伙子闯红灯，可这样的无视规则的行为在哥廷根、在德国又是多么稀罕的事情啊。

这就是哥廷根，那个让季羡林做了一个“思乡的梦”的哥廷根。

写于2011年11月17日　星期四

一位校长的办学理想

昨天，到达杜塞尔多夫的时间是中午。汉园中文学校的孙老师接站，李姐（校方的朋友）安排就餐。下午，宾馆安排妥当之后，就跟着李姐游览杜塞尔多夫市容市貌。莱茵河畔和步行街的美丽风光以及圣诞的风情深深地吸引着我们每一个人。当然，我们之所以一直在街上转，也是在等一个人——杜塞尔多夫中文学校的创办人王杰先生，他正从北京赶回德国，要陪同我们共进晚餐。

当我们在本市一家顶级的牛排餐馆门前见面时，已经是晚上约八点的光景。眼前的王先生是一位健谈的中年男士，京腔京调，颇有风度。与之前我见过的很多中文学校的校长不同，他是男的，以前在国内做对外贸易，他有多年“行走江湖”的经验，现在还在与伊拉克人做塔吊的生意。于是，他对办中文学校有着其独特的思维方式和办学思路。比如，海外中文学校教学生学习中文，一定要实行有偿的教育。为什么要收费？收费方能激发学的热情，让学的人更珍惜学的机会；他很想尝试将中文学校办进德国的全日制学校，已经初见眉目；他在努力让中文学校学习出来的学生其汉语水平能够得到官方认可，并能为上大学加分；他甚至在思考把电脑写作、书法习字等教学内容引进他的中文学校，既是激发学生学的兴趣，更是探索高效的学习路径，如此等等。席间，他不断地向侨办的领导汇报着自己办学的情况，不断地向大家请教或验证中文学校的办学思路，不断地咨询国家关于海外中文学校的政策法规。你能很清晰地感受到他十多年的办学经历丰富了他对海外中文教育的认识，形成了他坚定不移地走自己的路的办学信念。

或许我之前所见的校长们也有这样开阔的远景规划，也有自己执着的办学追求。否则，海外中文学校何以坚持办到现在，何以在十年、二十多年间规模越来越大，影响越来越好呢？我真切地感受到，海外中文学校的健康发展，中德文化的恒久交流，需要这些有理想的校长们策马扬鞭，继往开来，扛文化的大旗，做开路的先锋。我衷心祝愿他们越走越好！

写于2011年11月19日　星期四

德 国 一 课

已经有十天了，一直行走在德国的土地上，谈论着国外华文教育教学，沉淀着对很多问题的思考。与此同时，我对国外华文教育的面貌有了更多感性的接触和了解。昨天在杜塞尔多夫汉园中文学校上了进入课堂的第一课，真实地面对了孩子，真实地体验了教学。

我走进教室的时候，一眼看到的便是不多的几个孩子和几位成人坐在那里，事前了解到成人应该是老师和家长，他们安静地坐着，面带微笑。细细数来孩子只有10个，也都较为小声地用德语聊着天说着话，或是安静地写着作业。我听不懂他们在说什么，他们也并没有因为我的到来有特别的变化，异常淡定。也难怪，都是中国人的面孔，与平时能有多大区别呢？对这些见多识广的德国华裔后生而言，除了我是中文学校里少见的男性老师会引起他们些许的兴趣，其他的方面，又有什么值得大惊小怪的呢？

十个孩子的课堂除了我在国内管理的分校有这种情况，再就是兴趣班了。德国的孩子学习汉语，也真的是按照国内兴趣班的形式在学习——或是周末，或是平时某天的两三个小时，除了有国内专家编写的专门教材提供外，其他的教学组织形式和时间长短，真是与兴趣班别无二致。孩子们不大利索的汉语水平我在不莱梅的课堂上已经有所了解，这很显然会影响课堂上的交流。而交流的吃力，在某种程度上影响了孩子当下学习和将来学习汉语的兴趣和坚持。若是像在不莱梅那种聊聊天的课堂上倒也无妨，但今天不同，今天是要正正规规地上一节课啊。接下来的课能上成什么样，一直是我这些天里不断在脑海里翻腾的东西。

课文是《守株待兔》，内容对于我们母语为汉语的孩子来说，很容易读懂，但我知道这是在德国，面对的是以德语为母语的孩子们。于是，我从让他们自我介绍、师生互相问候开始了今天的教学。我使尽浑身解数，借助我真诚、幽默的语言和举动，孩子们的注意力终于被我吸引过来，终于，僵局渐渐打开。

早就有同行的专家和这边的老师给我建议，因为孩子的实际情况，课是不能上得太深，节奏也不能太快的。我采纳了大家的意见，并在教学中始终以识字、写字、通读为教学的重点，既降低难度，又始终在听、读、说、写中穿行。在我看来，这样的语言课总不会跑题太远。课堂上，还是能看出大部分孩子是从中国人的家庭里出来的，比较守规矩，安安静静地听，认认真真地读，仔仔细细地看，一笔一画地写。倒是一个叫凯的男孩（混血儿）让我稍稍领教到了西方孩子的那种不羁的个性。投影机放在他的桌子边，好奇的他总是用铅笔不断地在光束前晃动，其他孩子很习惯地忍受着他的调皮，似乎并没有受到太大影响。我想，不管怎样，总得管管的。于是，我说，我看得出来，凯长大了一定能成为一名出色的指挥家。孩子们都领会到了我的意思，会心地笑了，而凯也伸伸舌头笑着收回铅笔，故作老实地趴在自己的课桌上。这之后他还想重复之前的玩耍，看我暗示他的眼神，又较为配合地缩了回去。后面，我抓住他一次举手的机会，让他学着我读课文，他居然读得有模有样，颇令我吃惊。于是我再次热情夸奖："我发现凯将来不仅可以当个指挥家，还能做一个优秀的话剧演员，我们把掌声送给他！"他开心地笑了，再也没有将注意力放在投影仪上。

语言不同，生活的背景不同，但孩子的心理是一样的，只要你心中装着他们，无论上什么课，总是能够对他们产生吸引，上出效果的。

写于2011年11月20日　星期五

考察俄罗斯儿童教育中心

今天是赴俄罗斯米宁大学学习培训以来最劳顿的一天，但也是最令人兴奋的体验之旅。来回六个多小时的车程，让我们完成了一次从下诺夫哥罗德出访，考察儿童卫生健康教育中心营地的特殊培训。

米宁大学的老师告诉我们这个营地在郊外，来了才知道，它其实是被大片树林包围着的一个得天独厚的幽静、封闭、自成体系、美不胜收的学生医疗、教育、训练的绝好去处，类似于我国的学生实践基地，但又完全不同于我们的设计。

从营地的领导与老师如数家珍般的介绍中我们知道，设立这样的营地完全是官方的行为，国家投入经费保证国内学生接受训练。它的存在一方面是为了奖励、激励在各项比赛中优胜出来的中小学生以及大学生，另一方面是致力于对优秀学生或是有心理缺失的学生进行补偿教育。

根据学生的特点，营地会设计相应的课程和诊疗方案，如游戏、运动、音乐、手工、绘画、情景剧课程，或是心理、医疗方案等。每一期的孩子会在这里进行25天的封闭性训练，没有特殊情况，与外界是不联系的，完全地进入，完全地调适，完全地训练，结束后孩子回到自己的家庭或学校，开始全新的学习和生活。按照这样的节奏，营地每年会有15批次的学生入营，有约7000名学生接受各类课程的学习。另据他们介绍，这个成熟营地已经有着良好的国际影响力，服务范围已经不局限于本土学生，目前有27个国家的学生先后来营地接受了相关课程的培训，中国已然在列。

午餐就安排在营地的食堂。进入食堂的门厅，无论是环境还是设施我都很难与国内的学生食堂联系在一起，但这里确实是学生、教师就餐的地方。简约的雕塑，精美的壁挂，古典的色调，安静的餐厅，一切都显得那么典雅，引人入胜。走上二楼，长条形的餐桌上已经摆满了面包、小糕点、巧克力以及餐盘、刀叉。我们虽然不大习惯西餐，但我们完全被就餐的氛围和主人的热情感染，居然胃口大开，无拘无束地享受起这里的美食。其间，一位约摸50多岁的厨师模样的女士（据营地老师介绍，她是在这个食堂工作了15年的负责人）不断地召唤我们吃蔬菜沙拉，给我们推介摆在桌上的食品，询问还要不要再添加些什么，让我们所有人体验到独特的俄罗斯性格，宛如回到家里。

带着就餐后愉悦的心情，我们在营地一位中年女教师的引导下，参观校园各处。环顾四周，绿意葱茏，静谧闲适，感觉类似我国某处疗养胜地。

丛林环抱之下，各种形状的楼宇相映成趣，各种造型的亭子散落其间；营地的学生一群一群地聚集在一起，或快乐地聊着天，或自由地弹唱，或进行着情景剧表演。见到我们，学生们甚是友好而热情地挥手或报以微笑。老师呼唤一群正在聚会的学生和我们合影，他们快乐地响应，欢呼着涌向我们，空气中充满着甜甜的味道。

随着参观的深入，我们了解到，营地有极其完善的医疗设施、运动场馆、心理诊疗场所。因为是午餐时间的缘故，我们没有看到多少学生在训练现场，但完全可以想象得到，25天的生活对在校学生来说一定是丰富多彩、终生难忘的。在园区，我们巧遇来自中国上海市七宝中学的老师，据她们介绍，她们带学生在这里开展的培训课程已经快要结束，而学生的收获是巨大的。

真是一个好的所在！从顶层开始设计，为“精英”或有“障碍”的学生，为全日制中小学乃至大学生体验、实践、提升、矫正创造一种机会和可能，无论是背后的理念还是实际的行动，都有值得我们好好反思、认真借鉴的地方。

写于2015年7月29日　星期三

每一位教师都是“演说家”

下午，俄罗斯米宁大学按照课程计划，组织该校各学院的教师代表与我们见面，主要是为了回答我们访学团老师们之前提出的诸多问题。

教室变成了围坐式，该校的教师代表坐在一边，我们则基本上坐满了三边。对方除了之前在米宁大学体育学院见到的体育系主任是男教师，其他皆为女教师。从相貌上看，有三位教师略显年轻，其他教师应该都在50岁上下，有个别教师应该将近60。但不可否认，他们每个人的气质都很好，看上去都很有精神，满脸友善地等着我们。

活动还是由叶烈娜副教授主持。各学院的教师代表依次轮流或是针对具体的问题作答，或是把问题整合后就相关学科教学的情况做整体介绍，一揽子回答。因为语言不通，我们很难从俄方大学生翻译那儿完整地领会他们的意思，但从他们脱稿的演说中，从他们流畅的话语中，我再一次感受到他们的讲演水平。

这些天来，有一种现象一直令我震惊——俄罗斯的老师都很会说。米宁大学的教授们如此，学生教育基地的领导、老师如此，乌申斯基师范学院的校长、老师亦如此。他们的表达往往是脱稿下的一种演说，平静、持重而不失幽默。这首先应该是因为他们做了认真的准备，其次我们还应该想到俄罗斯的老师一定是比较注重这种即兴的表达，或者说他们有着练就一张会说的嘴的环境和机会。

西方人是比较重视演说的，古罗马的昆体良在自己的著作《论演说家的培养》中有系统论述，前苏联教育家马卡连柯更是认为，作为教师，演说是极其重要的一项能力，没有它几乎不能成为出色的教师。西方的文化鼓励人性的解放与自由，在这样的环境里，人得以表达自我的机会自然就多。讲演的实践有了保证，何愁能力得不到提升？除此之外，我以为还有一种情况值得我们关注，那就是他们的安静。也许正是这种安静，成全了他们的思考深度，正是这种安静让他们积蓄了表达的能量——任何出色的表达都应该建立在“慎言”“审问”“明辨”的基础之上。

这些天的课程，虽然翻译不能完全地表达各位老师的意思，但从提供给我们的中文培训稿和零零星星听懂的研究方向和理论成果可以做出这样的判断：他们的大学老师在扎扎实实地做着学问，其表达自然言之有物，自然出口成章。同样，我们所接触的老师，往往都是让他们介绍自己负责的工作，因为他们熟悉并有长期的思考，自然能够水到渠成。你不常吃西餐，如何能熟练使用刀叉？你不跳下游泳池，如何能够体验到游泳的乐趣？他们有滋有味的学术表情和姿态，让我颇多感慨。

说到这里，我想到了我们正在推进的“生本课堂”，想到郁校长特别论述的“分享表达”版块的构想与理念——因为中国儿童表达的机会太少，而时代需要我们具有出色的表达水平，于是，我们就应该从课堂入手，把话语表达的机会，把训练语言的时间，多多地交还给孩子们。我们知道，表达不仅仅成全表达，更促进思考，发展思维，而这些对于人的成长至关重要。

如何做到善于演说的确是个有趣的话题，而从育人的角度去思考，这又是异域的俄罗斯教育能带给我启迪的另一道人文风景。

写于2015年7月31日　星期五

澳洲行：姊妹校参访

夜里想来是下雨了，早上虽然朝阳迎面，但还能看到雨水的痕迹。植物、地面、建筑、车辆，一切都是清亮亮的——当然，昨天的所见亦是如此。极目远望，“每一处都是风景”。这里正值夏天，可我们是从冬季“飞”来的。这种反差给了我们极为特别的感受。何不利用这短短的参访机会，好好体验体验已经远离我们却又奇迹般地相遇的火辣辣的夏天！简单用过早餐之后，我们踏上了去姊妹校参访的行程。

车子是在导航的带领下找到Leanyer学校的。用我们的惯有思维去寻找学校，即便到了学校门口，我们都难以想象这就是学校——没有门楼，没有显眼的校名，没有围墙，没有高高飘扬的旗帜，甚至听不到学生琅琅的读书声。最终让我们确认这就是Leanyer小学的是学校前方靠公路的位置竖着的一块10多米高的牌子，以及在牌子不远处矮矮建筑墙壁上的校名。稍稍等候了片刻，一位女士打开了门，我一眼就认出她正是今年上半年造访过我校的莉亚校长。宾主握手，相互招呼，表达欢迎之意，表达访问心情。在莉亚校长的引导下，我们走进学校的办公区，除了几位老师与我们热情问候之外，一切都显得那么安静。此时，Steller女士也来到了学校，她是代表北领地教育厅来欢迎我们的——同时客串翻译，这令人感动。莉亚校长引荐了她的副校长和校长助理。我们互换礼品之后，她便开始了她的演讲。

宾主相见间似乎少了点中国式的热情，但所有程序都显得简约而得体。因为环境太过安静，因为很多人还是第一次出国，我们的团员多少显得有些拘谨、小心，生怕失了礼节。

莉亚校长保持着她惯有的演讲状态，亲自为我们介绍学校情况，包括办学历史及概况，她最津津乐道的是政府近期出台的2018—2022五年教育发展规划。她认为这为他们的办学提供了明确的方向和强有力的支持。规划所确立的目标、方案与本校的追求正好能够契合起来，这令她很开心。这所学校只有300多名学生，教职员工20多人，办学中推行的是一种源自意大利的，类似于“蒙台梭利思想”的教学系统——Rejjia Amilia（也不知写得对不对），其理念的出发点或者说归宿在于“孩子是公民的一部分”。于是，教育要将孩子作为现代公民加以培养，为他们的成长提供更广阔的空间，并能与社会生活联系在一起，以有效提升他们的公民素养。这个“系统”莉亚校长上半年到我校访问时也做了介绍，可见，她正矢志于此项研究，图学校之发展。在介绍中我们才知道，学校是幼儿园与小学共存的，莉亚校长是幼儿教育的专家，因此她在这方面有自己的思考和建树。

然后，我们提问，莉亚校长一一认真回答。气氛在交流中越来越轻松。我们将特意制作的两校间交往的短片播放、回顾，共忆美好瞬间，共话跨国情谊，大家愈发亲近。短暂的会面结束后，莉亚校长亲自带领我们参观校园。我们就更加确认Leanyer学校的物理结构、教育形态确实与中国的有着很大的不同。

他们的教室布局与我们不同，两个班会组合在一起。因为孩子少，也因为他们的课堂总体比较安静，所以，他们甚至可以没有教室之间的墙壁，互相可以看到对方，这让我们惊诧万分。四位教师的办公室就在四个教室的一侧，有玻璃墙可以通透地看到教室的情况。教室、办公室合围起来的中间是个公共区域，可以提供给学生休息或上课游戏，且可以放置包括书包在内的各种物品、用具。每个教室里都有自己的储物间，教师日常教学所需要的材料就会堆放在里边，很方便取用。教室的布局显得紧凑、精致、温馨、实用。教室基本都是用学生的作品、学生的照片、班级的时间表、活动的计划表以及我们不大看得懂的文字、图片“武装到了牙齿”。再加上为学生准备的工作台，教室绝不会因人少而显得空虚，也不因为这些装饰和家具而显得凌乱。孩子们被这样的环境包围着，很是自在。莉亚校长兴致勃勃地给我们介绍了正在扩建的教学区域，这意味着学生的人数有可能会进一步增加。顺便插一句，因为工程处在尾期，工人不多，甚是安静；油漆味儿是有一点，但绝不会被新装修的其他材料呛得捂鼻流泪。

他们的操场与我们的大不相同。我们所谓的室内运动场他们也有，只是他们的操场将四周的墙丢掉，只有顶棚，只有柱子，只有四周设置的座椅——我们理解，那是因为这里四季都是温热的气候，有墙确实不大合适。我们参观时，五年级学生正在上棒球课，两位老师执教，其中一位是校外的专业教练，据介绍是运动协会这样的专业组织免费提供的师资，为的是普及此项运动。当然，他们也一定会有室外的运动场。我们看到一块足有400米跑道的标准操场大小的草地，草皮修剪得格外齐整，老师告诉我们——确实如我们所料——这就是他们的室外运动场。我们再次生出感慨，他们人少，这样的草皮任他们运动、驰骋，是怎么也不会踩坏的。

他们的课堂形态与我们更是大不相同。校长带我们走访了几乎所有的教室，从幼儿班到小学的各年级。你很少看到教师在讲课，多半是学生在画，在写，在玩，在做，包括我们看到的在打棒球的学生和被校车送出去游泳的欢乐的孩子。这应该不是偶然，他们的课堂主张学生动手实践，主张学生的自主学习、探究，由此可见一斑。莉亚校长很是自豪地带我们参观了幼儿教室及室外场地。让我惊讶的是，孩子们或三三两两，或独自一人，那么安静、专注地做着自己的事情：画画，搭积木，扮演宇航员，吃东西，在室外奔跑，在花圃浇花，在与老师聊天，在一个人散步……你无法想象这就是幼儿的课堂，但孩子们很是享受。老师会根据需要参与到某一位或某一群孩子的学习活动中去，但绝不说教，就是在一起平等地聊天、游戏、讲故事。小朋友们见到有客人来，满脸可爱的笑容，我们说“hello”，他们也很礼貌地说“hello”，很自然，甚至也略带一点腼腆。但我们的到来并没有打破他们投入学习的状态——是习惯了被打扰还是他们真的很专注、很享受自己的游戏和活动？这个问题我们没有问，但从孩子们的表情可以作出基本判断，应该是后者比较合理。他们平时就是这样，他们已经习惯了这样的课堂，客人来并不比他们在做的事情有趣多少，所以，他们为什么要被我们吸引，放弃他们正在做的有意思的事情呢？其他的教室也多半如此。学生并不是像我们想象的“西方孩子”那样没有规矩，无法约束，而是那么安静地听老师说着什么，那么小声地交流着什么。我在想，这么少的孩子，这样的学习方式，质量想不好都难。莉亚校长对参访我校时听到的肖荣老师的音乐课印象深刻，很是快乐地将她介绍给正在上课的孩子们，并邀请肖荣老师为师生即兴演唱。宾主间的交流随着参观的深入，越来越放松，越来越快乐。

参观间隙，莉亚校长将我们带到茶歇的大厅，他们盛情地为我们准备了丰盛的糕点，而茶水、咖啡、奶茶任你选择，他们的大厅里应有尽有。当然，我们在校长的介绍中得知，这样的茶歇时间天天都有，但多半是老师们自己带东西分享，今天大家之所以能够共享丰盛的糕点，是因为我们的到来。大厅里坐满了老师，孩子们在休息，他们也在这里休息一下，聊聊天。宾主间打了招呼，大家开始热络起来，吃着聊着，亲如家人。特别是两位去过中国，到过安师大附小的老师更是认出了给他们上公开课的肖荣老师，上过书法课的姚金中老师，热情地握手、问候。我们的老师感受着这样的校园和氛围，相视一笑：我们可不可以这样工作和生活呢？

听汇报、参观校园、听课、茶歇、比萨中餐、问题交流，莉亚校长用很西方的方式向我们展示了学校的独特魅力和文化。这第一天的参访，着实强烈地冲击了我们的固有认知，强烈刺激了我们对西方教育的想象。

写于2017年11月20日　星期一

五、读书心得选录

好书，是一种力量

——读李镇西《教有所思》心得

平心而论，我好久没有找到“读书”的感觉了。不是没有书读，而是整个人空空地飘着，不知所向。

我要感谢我的校长，在我举目前途茫然不知所措时，小有斩获沾沾自喜时，他给我们推荐了大夏书系的七本“教育随笔”。这为我开启了一扇窗，让我看到了教育花园里热闹的景象：令人遐想的蔚蓝天空，流淌思想的潺潺小溪，辛勤劳作的可爱园丁，指点迷津的白发智者……呵呵，不知我在说什么，但是我真真切切地看到了郑杰给教师的一百个新建议、新主张，看到了张文质身处“教育的十字路口”所做的积极思考，看到了陈桂生在“碎思”中沉淀了一位学者对教育的责任……尤其要感谢的是李镇西。不！准确地说是要感谢我的校长将李镇西先生独立思考的精神、献身教育的情怀、率性真诚的人格、触人心弦的故事带进了我的生活。

我不想指责书商的粗制（还不至于滥造）——书看到一半居然掉页了！当然，也许是我翻得太勤。不管怎样，我前所未有地原谅了书商们的“精”。你想啊，是他们的策划、构想、印制，使得我有机会读到李镇西先生的文字，读到我现实生活以外的现实，读到我教育思考之外的思考。

当我翻开扉页的作者介绍，看到“教育哲学博士”“一直担任中学班主任和语文教师”“出版有《爱心与教育》《走进心灵》《从批判走向建设》《民主与教育》《怦然心动》等著作”，固有的思维让我受到冲击：一位博士，居然一直担任班主任和语文教师，而这样一位“普通”人，居然有如此多的成果。这些问号，催促我认真地端起《教有所思》细细读来。果不其然，清新率性的文字让我瞬间折服、时时动容——这是好书！我带着自己的无知、渴求、困惑逐渐走近了李镇西，我突破了狭隘的“小学主义”，“赤裸”着自己接受一位中学教师的思想洗礼。他离我是那么近——中学、小学一衣带水，是近亲，也是友邻；可他分明又离我那么远——他有着渊博的学识，他酷爱读书，读万卷书，他深入教育的内核，他关注着“准教育”现象，他敢向一切“不齿”开炮（至少是掷地有声的质疑）。我，能做到吗？能，但我没有做。我有理想，但我没有实质性的行动，这也是很多“有志青年”的通病。

那么，请允许我展开来，再次以自己的方式回味一下《教有所思》吧，我只想在读完这本书之后用这种方式来激励自我，强化印迹。

“第一辑，边教边想”——这是李镇西作为一个教育者思考的与教育有关的事情。我想，这里最可贵的是他对教育现象的关注与洞察。这样的品质无情地拷问着我的麻木抑或是懒惰。他思考现实与理想的差距；他从电影想到孩子，从儿童节想到儿童；他将“有偿家教”作另一种解剖；他旗帜鲜明地提出自己的教育主张和理想。在这里，教育是永恒的，孩子是永恒的，理想是永恒的。一线的教师还一定不能忽略他《面对实践的理论最亲切》的论述，正是这种忠于实践，反思实践的态度，造就了不一样的李镇西。

“第二辑，胡言乱语”——你以为？他是清别人之“胡言”，理他人之“乱语”，他在说别人不敢说的话，思别人不曾想到的事。他敢以《女儿长发祭》“非议”教育的制度；他能“不识抬举”地“遗憾”表彰大会上人性的缺失；他抨击“假教育”；他呼唤给教师以“心灵自由”和“精神发展”的空间；他同时教会我们要自我反思，不要总怨声载道地挑“体制”的毛病。如此等等。试问，哪一句是胡言？哪一句是乱语？李镇西先生当然知道自己要说什么，他的心中一定存有这样的期待：愿“胡”者不再胡，“乱”者不再乱。

“第三辑，师恩难忘”——这里珍藏着李镇西先生清澈、透明的情感世界，尤其是作为一名教师对其师、其友的拳拳感念之心。这让我更清楚地了解到他是“人”，充满着人性美的人。难得呀，对于这样一位取得如此成就的人来说，还能如此清晰地怀想着过去，怀想着师恩，非常人能为。他将自己的过去、现在极具逻辑而富有情感地关联起来，于是，他就一定还会有光明的未来。正是因为这样，他才能走得这么远，飞得这么高。

“第四辑，心动时刻”——他心动的是姨妈的爱，心动的是褪色的足球狂欢（1981年），心动的是某某领导的好口碑，心动的是网友“铁皮鼓”们的执著……这情，无一不打动着我。甚至，在其描述的文字面前，我居然噙着泪水。显然，他用他的真开启了我的真，用他的理触碰到了我的理。

“第五辑，说语论文”——读前面的文字时，我总感慨于作为语文老师，他对语文的见地如果不谈一谈是有点遗憾的，至少会让人怀疑他的“专业”。后来看到这一辑，我疑虑顿消，再度折服：他对语文课堂的认识何其深刻，何其独到！他理解的“活力”“灵气”是“活泼之力”“心灵之气”，他反思语文教学提倡“多元化”，他论述“文本也是特殊的‘主体’”，他咬文嚼字、义正词严地驳斥“必读”。深舒一口气，我服！

“第六辑，凝望窗外”——这对“两耳不闻窗外事”的读“圣贤书”的教师来说，启发一定很大。我当然还不至于到“两耳不闻”的地步，但我闻了又如何？闻了之后又想了些什么，做了些什么呢？李镇西敢想敢说，在敢想敢说中会让你感受到他的情怀是那么深沉、博大，他的学识又是那么贴近现实。他谈与女儿作关于“9·11”的对话及其困惑，他看完电视剧《大雪无痕》有对现实的思考，他渴望“自由精神”的张扬与解放（《给思想以个性的天空》），他关注文学与人性（谈王蒙、王朔的《读〈美人赠我蒙汗药〉》），他对历史事件有着让人感动的诠释和理解（《面对张志新同志的遗像》）。总之，他关心窗外之事，而窗外之事也更提升了他的境界，敏锐了他的洞见。

好书，就是有这样的力量，能无声地启迪甚至改变用心读它的人。

“玫瑰”的美丽

——读《玫瑰与教育》抒怀

读窦桂梅的《玫瑰与教育》，有着不一样的体验。

暑期买回这本书，两个多月来以来，我几乎一直在细细品味“玫瑰”（窦桂梅的网名）咀嚼过的生活，随她一道感受教育的脉搏，与她一起舒展生命的意趣。可以这么说，读她的书宛如享用大餐——我每天都是在晚间挑灯开读时首先捧起这本书，每天都不舍得多读，也容不得我多读——每一篇、每一句都凝练了深沉的感悟，想读懂确实需要“走近”，再“走进”。

读完这本书，窦桂梅老师的形象才算较为完整地印记在我的脑海里。或者应该说，是她真实的教育情怀一次次让我感动、羞愧，再激励我试图从中找到自我剖析的良方。我不曾找到，但我却抓到了最为珍贵的东西——追求、思考、读书、写作。这些于我，是一种拯救！

读《玫瑰与教育》，感受到玫瑰有着一位优秀的教育人该有的视野。她的陈述不是摆阔式的张扬，是实实在在的关注、沉潜，感受之深，令我钦佩。对于日本的教育，玫瑰给予了比较式的介绍，参照物是中国教育。不是对中国教育有最深的感情，不会看到日本教育中值得我们学习的优势；不是对中国教育寄予太多期待，不会用日本教育来针灸我们的经络。同样是“负担”，同样是“培训”，同样是“宣传”，同样是“以人为本”，日本人给我们的感觉是“小步”“鞠躬”背后的有条不紊；同样是追求教育公平，追求均衡发展，在日本，我们感受到的是机制的先进，而不是我们这里形形色色、咄咄逼人的行政手段——如果真是把该投的钱、物强制性地投入并强制性地落实、使用，这种行政手段倒也是无量功德。感谢玫瑰！她的视野触动了我的思考，她的思考引领我走向教育深处。

读《玫瑰与教育》，总觉得玫瑰在“清淡”中开满“忧患”。无论是对奖励“小红花”的质疑，还是对当今教育体制的叹息，无论是论述“教师的专业尊严”，还是谈“玫瑰”的网络生活，我都清晰地感受到花开的声响——她之所以为大家称道，不仅仅是课堂上下的率真、大气、自成一家，还因为成就这一切的内涵、底蕴。她不隐藏自己，书的第二辑“在听说读写的背后”所呈现的思想轨迹，让我深刻领悟到：在光彩照人的成功背后，她以及像她一样的名师、大家一定都默默承受着什么，静静思考着什么。也许可以这样说，读《玫瑰与教育》令我感动最深、收获最大的正是玫瑰精彩深刻的“背后”——这“背后”决定你能想多深、走多远。玫瑰说：教师的专业化发展，要求我们有底气、大气、灵气，即要有精深的专业知识、开阔的人文视野、深厚的教育理论功底，锲而不舍，孜孜以求，涵养浩然正气。这是对“背后”最好的阐释。

读《玫瑰与教育》，最让我意想不到却又在预料之中的，是玫瑰的“黑纸白字”。显然，她爱读书，读书是她的生活，书让她“飞翔”；然而，读书也让她沉重、惆怅、呼喊——因为博闻广见，因为思想至深，因为诸多的无奈、感慨。初读，感觉是文人惯有的悲天悯人式的感伤，再读，她的文字却于感伤中透出积极：“所以我经常说，读书是最高档的营养品、最名牌的抗衰老剂。就像女人护理自己的容颜一样，珍贵的文字饮食，修缮了灵魂，使心灵日益变得强壮，不再缺钙，不再孤寂，不再软弱。一个人，只有在读书中才能体验生命的滋味。我想，人只有具备了悲剧的审美逻辑，才能真正体悟悲剧的强大的拯救意义，才能体察到生活的喜剧之源——教育的悲喜亦如人生的悲喜，总是交织共鸣的。”

愿我们所有的教育人，先学着拯救自己，完善自己，发展自己，然后尽我们力量去改变这个世界，不要让玫瑰在书最后发出的呐喊成为一种“叹息”，更不要让她良好的祈愿“归于沉寂”。

玫瑰的美丽，但愿已经流到你的心里。

获得勇气

——读《教学勇气：漫步教师心灵》有感

我吃惊于自己居然以如此之快的速度读完了一本教育专著。

这是“大夏书系”中的一本译作。美国人帕克·J·帕尔默用自己独特的视角向我们剖析了别样的教学，别样的勇气。他是作家、活动家，但在我看来他首先是教师。掩卷沉思，我知道我被我内心的渴求和他具有魔力的语言、率真、勇敢深深吸引了——我似乎找到了一仄呼吸的管道。我恣意到近乎疯狂地享受着他的文字，并静静地接受着专业的乃至心灵的洗礼和点化。

我深爱着我的事业，于是我太需要这样的空气滋养。他说：“这本书适合这些教师：他们体验过快乐和痛苦的时日，而且其痛苦仅仅源自于其所爱，因为他们热爱学生、热爱学习、热爱教学生涯。”这近于知音的话语让我陷入了不能自拔的阅读旅程。说实话，我在读本书之前，并不清楚我是否缺少教学的勇气，也不知道自己到底需要怎样的勇气，我是带着自己的意气风发从书店发现了这本书，并因为他最贴近我现在的工作而选择了它。

读着读着，我确认他是“自己人”，他真正懂得教学，真正理解教师，他的每一句富有诗意的语言跃动，我几乎听见我的心跳同步。他告诉我们，教学是源自心灵的，只有在认识自我的基础上，教学才真正发生。然后，他几近固执地分析“自身认同和自身完整”之于教学的全部意义，道出“教师的内心不是良心的呼唤，而是自身认同和自身完整的呐喊”，是铸造真我，直到我完全折服。

接着，从我们的“恐惧”着手，让我们真实地面对自己的心灵：可以有恐惧，“但不必置身于我们的恐惧”，我们的心灵和言行“可以以真诚对待存在的恐惧为出发点，而不是以恐惧本身为出发点”——多么像一位心理医生，在你呼吸匀停的细节中早就知道你的症结所在。他还能从“悖论”里发现潜藏的教育哲学：这个空间既有界限又是开放的，既令人愉快又气氛紧张，既鼓舞个人表达又欢迎团体意见，既重视学生琐碎中的真实又重视传统和原则，既支持独处又不忽略集体的智慧，同时这个空间也应该是沉默和争论并存的！最后我不得不用上一个“！”，这是我无法用言语表达的激动。

让我收获最大的是帕氏的“共同体”的论述。如果说我之前就有关于“共同体”的时髦词汇的接触，而这里，“共同体”强迫我形成我的教学责任，清晰我的教学理念，明白我即将走的路。我知道了教学中的“伟大的事物”“第三事物”是形成“共同体”的凝聚力所在，是我所认识的“主体”的又一种表达。他说：“认知始于我们被某一个主体所迷住，但迷住是主体在我们身上作用的结果。”他还说：“我们必须相信主体的内在生命并全情投入之。”从而进一步告诉我们，以主体为中心的课堂，学生不会被忽略，教师也得到尊重，而此时，“主体”就是一个比学生经验世界更大的世界，能扩大他们个人界限的世界；也是令教师“一次比一次完整”的能激活我们的主体、我们的学生和我们的心灵之间的关联的“秘密”。于是，认知、学习、教学于共同体中，我们的教学才真正源自心灵。

“如果你身在曹营心在汉，就会带来致命的损害。”

作为教师，当我们身处职业的“场”中，我们就要心无旁骛，镇定从容，并努力“从真我与世界的景观中最真实的地方开始”“引导学生在自己的生活中去发现、去探索、去栖身”——这，就是教学勇气！

“生本”，我们可以更近些

——《谛听教育的春天——郭思乐生本教育思想随笔》阅读新得

为何取名“新得”？真不是为了标新立异。这本书确实是我第二次阅读，而这一次，因为比上一次更入心，于是也就有了之前不曾有的触动和感悟，故曰“新得”。

买这本书应该是五年前的事了。起初从那么多的书里挑中它，纯粹为了“生本”这个吸引我眼球的词语。我觉得它应该和“一切为了学生”“为了一切学生”那样，充满教育的理性和责任，同时也应该有具体的操作模式和具体路径方法。那时候的阅读，只是粗略地翻了翻文本，只是对郭思乐这个大学教授关心基础教育的事生出好奇，只是对生本教育思想有了一种启蒙式的认知，但其中的智慧，其中的气象，其中的奥秘，其中的价值，我并没有真正地捕捉与领悟。于是，束之高阁，很快我便忘了自己冲动间买下的这本书。

再次想到这本书，已经是购买它的五年之后。第一，是因为我校正在积极推进“生本课堂”的研究，读一读相关书籍，应该能开阔视野，或许也能帮助我找到方向；第二，是我要求我工作室的老师阅读此书，我当然需要再读一读，好与大家互动切磋；第三，则是纯粹为着研读“生本”，咀嚼“生本”，心甘情愿地想到它，阅读它的。平心而论，这一次的阅读，给了我不小的惊喜，或许可以这么说，我在很多问题上的思考或是想象找到了“高端”的回应，得到了“权威”的验证。当然，郭教授对“生本”幽默、新颖而又深刻的表达，也从思想深处给了我不小的启迪。我越来越有一种感觉，我们的现实与“生本”之间虽然有着一定的距离，但其实我们可以与它更近一些。或许，我现有的粗浅的理解，可以诠释我“可以更近一些”的呼吁。

为什么要“生本”？

没有人能够知道教育的发生，只有当它让学习者的心灵扬起风帆。

没有人能够知道孩子的灵慧，只有当他们自由地思考和实践。

（郭思乐语）

和很多教授不一样，郭思乐先生的教育话语显得感性十足，诗意浓浓。而就在这些充满生活气息、充满诗意的文字里，我们却能嚼出教育哲思的滋味。正如“没有人能够知道春风的颜色”一样，我们对“教育的发生”，对“孩子的灵慧”很难有客观、准确的评估，但是可以确定，当“学习者的心灵扬起风帆”之时，“教育”便一定会发生；当孩子们“自由地思考和实践”时，他们的“灵慧”才能够得以生长、丰盈。于是，我们需要“生本”——以学为本，让学生自由地学习、思考、实践，才是成长的根本要义。

为什么能“生本”？

只要是学习，事情终归要进入这样的境界——主体独立地思考，它拒绝一切外部的臆测、武断和强制，因为人的学习规律在起作用。比如说这样的规律：学习的基本过程是自己的悟，无论学习从先前的知识或智慧出发的逻辑可达的地方，还是逻辑不可达的地方，人的智慧和知识的拓展全在于悟。没有人的悟，所有的教育都是低效或无效的。

（郭思乐语）

“悟性”就这样旗帜鲜明地成为生本教育的一个理由。在郭教授的教育思想体系里，人所具有的天然的“悟性”是学习能够自然发生的核心前提。这一无比肯定的判断几乎让我不能不带着点怀疑去读他的文字。但读着读着，郭教授阐释的“毛估估的智慧”会冲击你，“杯子边上的智慧”会触动你，“学生的学，是原发的”会震动你，“无言而教化万方”的追求会征服你。因此，郭教授倡导“生本教育”的根本目的是想借此解释和弘扬教育的本质：“教育表面上是教者之事，但从其提升生命的本体来看，它最终基本上是生命自身——学生自己的事情，因而必须最大限度地让学生自己来做。”

现在的教育之所以能“生本”，郭教授的主要思考如下：

1.学习者自身有先天学习的、创造的、思维的和语言的本能。这种本能决定了儿童自主学习的主动性、安全性和向上性。于是，“生本”依靠的是教师在教育中的“不见自我”和解放学生，它符合当前学习心理研究的结论。

2. 把师本教育转变成生本教育是容易培训、操作的，因而是可以实行的。因为不是形而上的，是贴近教育实践的，是接地气的，所以，生本教育必然是有生命力的。

3. 生本教育依托的哲学是中国古老的特别是老子的“无为而治”的思想。用郭教授对其原理的剖析来说，就是把教育——人的提升过程这个事物回归到原主——学生身上，使教育找到回家的路。

怎样高效地“生本”?

我们如果想要让孩子们自主地、宽广地学，在非终端的学习阶段，就要暂时地放弃高分。

（郭思乐语）

关于“放弃高分”，很少有改革的倡导者这么直率、明朗，也很少有改革者愿意把自己的倡导与“高分”如此地对立起来。读着读着，我还是明白了，郭教授所倡导的生本教育不是害怕“高分”，而是想让“高分”成为“忘记”之后的必然；也不是不想“高分”，而是想让“高分”成为“放弃”之后的惊喜。关键是想摆脱“高分”的高压和束缚，从从容容地、坚定不移地让学生“自主”“宽广”地学。注意，郭教授对分数的理性还表现在“非终端”“暂时放弃”这种谨慎的表述中，这足以看出他作为本土专家真正的“生本”情怀和高效“生本”的主张。

应当教少学多，甚至教而无痕，把几乎全部可以实现的学习可能性，包括时间、空间和机会，特别是教学发生的核心之处的最可宝贵的机会，都给予学生——“教”只有在这种情况下才发挥其真正的作用，即促使“学”进入和占有知识发生和发展的核心部分。

（郭思乐语）

教是为了学的——这是“教学”的本质意义。如果我们从教出发却又被教羁绊，把原本属于学的机会为教所占据，那么，学生又如何获得学的知识，学的本领，学的体验？又怎么能在教后会学，教后爱学，教后乐学？不难理解，“知识发生和发展的核心部分”，就是学习知识的过程中学生自己的、自主的、自愿的思考与实践。只有让学生真正参与到“构成意义”“发现意义”的过程中，学才是有价值的学，获益终身的学。可以这么认为，生本教育所倡导的课堂里，“教少学多”是一条定律。

我们的教育既能看到人的业绩，又始终能摆脱其局限，把注意力永远集中到人身上，就保持了学习者的最广泛的发展可能性。教育也因而大有可为。（郭思乐语）

生本教育具体怎么实施，郭教授并没有在这本随笔中系统地阐述。细细想来，生本教育本就是一种思想，如果不先深刻地解决认识问题，再具体的操作办法也不能真正改造行动。但是，认真咀嚼，我们还是能够从郭教授的文字里读出最为核心的操作思想：关注“人”，研究“人”。教育只有做到顺应人性发展的需求才是真教育，教育也只有努力摆脱“业绩”的束缚才能做到顺应儿童，顺应天性。

生本——以学生为本，以学生的发展为本。如果我们认为这句话没有问题，那么，我们接下来就应该追问自己：我了解作为人的“学生”吗？我了解各不相同的“我的学生”吗？我了解作为儿童的他们“发展”的真义吗？先弄懂了我们再开始，或者，在弄懂的过程中努力贴近本质。

再读《谛听教育的春天——郭思乐生本教育思想随笔》，让我离“生本”更近了一些。

六、教学论文选录

找准“点”，走实点

——以《呼风唤雨的世纪》为例谈教学策略选择

教学策略的正确选择，决定着教学是否能扎实、有效地进行。现以人教版课标实验教材四年级上册的《呼风唤雨的世纪》磨课历程为例，谈谈我对课堂教学策略的思考与选择。

一、开发“兴奋点”——吸引学生更积极地参与教学

《呼风唤雨的世纪》是一篇说明性的文章，想设置多么动人的“情境”，想确立多么精彩的“解读”，想呈现多么煽情的“指导”，真的不是一件容易的事。很多公开课不愿意选择这类课文，就是因为有这样的顾虑。我在设计这课教学之初有着同样的困惑：说它理性吧，文字中有不少令人振奋的语言；说它情感充沛吧，实在算不上，毕竟更多的文字是在浓缩介绍过去一百多年的成就，是很典型的说明文。怎样让学生感兴趣，愿意亲近课堂、亲近文本呢？我进行了认真的思考，得出了这样的结论：我们考量一节课好坏的最直观的依据是学生参与的热情和参与面，缺少能引起学生持续关注学习内容的“兴奋点”，教学便很难获得良好的效果。那么，什么才是能引起学生关注的“兴奋点”呢？我想最重要的有两个层面：其一，文本内容本身能激发学生的学习热情；其二，启发诱导的形式能引起学生的兴趣。对于这篇课文，内容方面自然会有学生特别感兴趣的，但文字本身并没有太多能在感情上引起学生强烈共鸣的点。这就需要教师在教学的引导策略上进行必要的“兴奋点”开发。换一句话说，我们要积极地寻找可以有效激发学生兴趣，强化学习需求的“点”。磨课中，在大家的启发下，我着眼整体，关注细节，设计了一些在我看来能刺激学生学习的“兴奋点”。比如，第一课时的教学从“聊天”开始，让孩子们聊聊“与爷爷奶奶、爸爸妈妈的小时候比，我们的生活有哪些变化?”这样做是为了让孩子

们“兴奋”起来。由于这是要求预习的内容，孩子们在充分预习的情况下，一定会捕获到较多的信息，“有话可说”不成问题，再加上说的内容本身有着较大的反差和情趣，自然会吸引学生参与教学，给教学起始营造一个良好的话语氛围，从而激发学生以饱满的情绪进入新内容的学习。再如，在第二课时教学第三段的时候，为了让孩子们能更形象、直观地感受科技带来的变化，我预设了“你随便代我们祖先说一个幻想或者美好愿望，现在一定能帮你实现”的对话环节。这种类似于夸海口的表达，便是想利用学生爱游戏、爱争辩的特点，刺激学生思考，既活跃了课堂的气氛，又引起了学生对教学内容的关注。此外，像第一课时安排的小组互助认识易错、易混的字，第二课时“你还希望科学技术为我们创造怎样的奇迹”这一问题的提出，学习二、三、四自然段的最后都是以集体回应中心句的方式进行小结，等等，所有这些，都是期待以不同的方式刺激学生的感官，引起更多同学参与的热情，从而实现课堂教学的高效。

二、强攻“重难点”——启发学生更主动地建构知识

教学的“兴奋点”固然重要，但它好比是围墙，吸引学生进来固然重要，但真正的工作在围墙里边，在于对教学“重难点”的学习、思考与实践。《呼风唤雨的世纪》作者路甬祥先生仅仅用了五六百字就深入浅出地介绍了一百多年来科学技术的飞速发展，令人信服地说明了20世纪是一个呼风唤雨的世纪。文章写得好不在话下，但由于教学对象是刚刚走进四年级的孩子，他们自主学习的能力有限，他们知识、技能的积淀有限，加上课文是对整个世纪成就的高度浓缩，很多文字所蕴含的信息，对四年级的孩子来说，在理解上有难度。所以，教学的重点自然就定到了“了解20世纪科学技术给人类带来的巨大变化”上，难点确定在“理解课文中一些含义深刻的词语和句子”上。很显然，这样的“重难点”首先是具体、可行的，关键在于如何寻找到更符合本课实际的教学措施，并不着痕迹地引导学生成为更主动的探索者。我一开始想了很多“花花点子”，比如视频重现科技成就，比如配乐朗读课文，比如以一段带几段的学法指导，等等。但细细想来，这些办法或淡化了学生自己的参与、亲历，或忽视了他们的经验背景和意义网络，或设置的情境、采取的方法过于牵强，更重要的是忽视了

文本的个性特点。教学的方法需要创新，但不能惟“新”，方法的选择要紧紧围绕目标设定的“重点”“难点”去作必要的思考、评估，只有最合适的才是最好的。为此，针对《呼风唤雨的世纪》一文中难理解的词语、含义深刻的句子多的特点，磨课团队讨论之后比较认可的方法是遵循“化繁为简”的原则，将教学思路理清，教学环节简化。如第二课时的教学就是紧紧围绕着中心句“20世纪是一个呼风唤雨的世纪”展开的——顺着学生学的思路调整教的预设。先让学生自己深入课文读出理解，再在老师的点拨、示范下深入感悟词语、句子，最后根据孩子们的感悟引导他们读出感情，读出理解。重点段二、三、四自然段的教学，要么是对一两个问题理解，要么是对几个关键词的感悟，避免了“多点开花”，分散了注意力，也削弱了感悟理解的效果。比如第二自然段，“发现”“发明”这两个词语本身的理解并不难，但它们很好地串起了全文，是梳理课文、训练说话的好凭借。教学中，我先让学生在书中找事物进行分辨，再联系生活实际练习造句，从而较好地理解了“发现”和“发明”，也从一个新的视角理解了20世纪科技成就。这样的阅读教学坚持“以生为本”“以本为本”，充分调动学生已有的生活经验，积极融入对知识的理解、内化和表达，效果自然比较理想。

三、精选“训练点”——激励学生更有效地实践语言

语文课程标准强调：“语文是实践性很强的课程，应着重培养学生的语文实践能力，而培养这种能力的主要途径也应是语文实践。”也就是说，教学的过程应努力为学生创造言语实践的机会，依托教材精心设计“训练点”，充分利用好教材这个“例子”，以使学生能在一次次亲身经验中学习、积累、运用语言，激发学生语文学习的积极性，达到提升学生语文素养，促进学生主动发展的目的。所以，在设计《呼风唤雨的世纪》教学过程之初，我将学生的实践机会甚至时间都考虑到了。随着思考的深入，我发现很多教学环节机会是给了学生，但教师的作用被“边缘化”了。譬如学生的朗读，教师点不点拨或如何点拨总显得比较模糊，甚至有些地方的设计只是一句“读出感情来”。试教后，这样的问题被提出来，大家也进行了深入探讨，思路逐渐清晰：语言的学习应该为学生提供反复接触语言、运用语言的情境和机会，学生会在这个过程中自然地形成言语能力；教学中，

教师要想方设法地引导学生参与有效、立体的语文实践，要根据语言材料（课文）的特点来选择“训练点”，多途径、多形式地帮助学生完成语言的“习得”，这是行动策略。我统计了一下最终定稿的教学设计，《呼风唤雨的世纪》第二课时给孩子们读书的次数至少安排了14次之多。这里边有默读、朗读全文的，有个别、全体读段落、句子的，有集体朗读中心句的，等等。我在设计的时候，读的方式、时机、内容都尽量有所区别，而且每一次读都试图解决一个问题，每一次读都为理解整篇文章打下基础。这样的思考和设计得到了专家老师们的认可。还是在第二课时，教学开始和结尾都安排了交流探讨的环节：一是默读圈画之后与同学交流自己的发现和体会；一是引导学生展望未来，交流自己对科技改变生活的期盼。孩子们在与文本的多次接触和自由交流中能形成自己的理解，在自主感悟、教师点拨和同伴合作中也能逐步培养起良好的语感。

四、巧设“反馈点”——引导学生更真实地呈现学情

如果说前三项设计在某种意义上是教师基本可以控制的，最后我们要谈的“反馈”就存在着相对较多的不确定性，需要教师根据学生实际和现场的情况作出回应，对教师提出了更高的要求。从理论视角来思考，教学设计必须建立在对学习需要即学情的分析基础之上。这里的“学情”分析既包括课前对学生学力、心理、年龄特征等的分析，又包括教学过程中即时的学生学习状况的分析。其目的是了解学生已有的学习基础和当堂的学习效果，这在教学设计中是可以“预设”，却很难确定“生成”的环节。这就需要在教学设计中充分考虑教对学、学对教、学对学之间的多元的“反馈点”，从而帮助教师能在教学中随时、多元地接收学生的反馈信息，了解学生最真实的学情，并以此调控、修改、完善教学策略，努力使课堂达到最优化的程度。教学设计到这一部分的时候，我们首先想到的是将所有的“反馈点”做细致的猜想，力求将所有的反馈都“设计”到，那样教学会更流畅一些，互动也会少一些担忧。但同时也想到，如果写字全是教师认为难写的字才进行指导，如果学生朗读不管需不需要教师都来“秀”一把，如果学生理解明显有困难，教师却置若罔闻，这样的课堂还能称之为有效的课堂，真实、扎实的课堂吗？理解到这个层次，《呼风唤雨的世纪》第一

课时的识字、写字教学，我们便设计了个别、整体反馈，安排了同伴互相反馈，旨在摸清学生最真实的学习状况，然后教师根据学生的需要进行必要的点拨和示范，对难认和难写的字着重指导。而在对《呼风唤雨的世纪》进行第二课时的设计时，我们至少考虑到了这样一些环节的反馈：教学伊始，了解学生对资料、信息的占有和理解程度；深入学习时，了解学生对含义深刻语句的理解水平；各个阶段的读书，通过朗读了解学生内化语言、表达语言的水平；最后的拓展延伸，了解学生在情感、态度、价值观上的成长，等等。这些反馈“点”，既是反映学生学习状况的，又是帮助教师随时决策教学进程和选择方法的，对优化教学显然作用非同一般。

总而言之，一节求真务实的课，实际上是一个完整、和谐的整体，需要各种因素的协调共振。就教学策略的选择、打磨而言，我以为上述各“点”是一节好课的底线，须认真思考，并合理、有效地设计。如此坚持，我们的语文课将会少一些浪费，多一些收益；少一些花哨，多一些务实。

（此文发表于《小学语文》2009年第12期，收入本书时有改动）

语文教学，不妨先回到常识

基础教育第八次课程改革是成功还是失败，抑或成败参半，历史自有定论。在本次课程改革中，课程新理念的倡导和落实一直是我们研究的核心内容。无论是教材编写还是师资培训，是教研活动还是课堂教学，都在试图阐释或领会新理念“是什么”，也在努力追问或表达新理念“怎么做”。在这盛况空前的“场”里，小学语文学科自然不甘落后。在我亲历的教材培训、教学观摩、学术报告、各类大赛中，新课程理念俨然成为专家和一线教师言说、评价、研究的焦点。“自主”“建构”“合作”“尊重”“个性”“对话”等已经不知不觉成为我们表达的惯用语汇。然而，“过犹不及”，这种泛滥或许可以称为灾难。最让人尴尬的是，我们推崇备至的新理念并没有真正挽救我们小学语文的课堂，没有从根本上转变教师的教学行为，“自主、合作、探究”并没有真正成为学生学习的主要方式，“平等对话”也绝不是当前语文教学的课堂生态。日常教学甚至几经雕琢的公开课中“穿新鞋走老路”的现象屡见不鲜，有的教师索性放弃新理念，完完全全地回归传统。那么，课程改革的出路在哪里？小学语文教学的出路在哪里？教育是一项复杂的系统工程，简单化不是明智的选择，但走向真理也并不都像我们接受新理念、实施新理念的现状那么复杂。我斗胆建言，所有有识之士能不能先不谈新理念，能不能先从我们耳熟能详的教育箴言去反观我们的教学——也许，语文教学的本质和正途就藏在人人共知的常识中。

一、“语文的外延等于生活的外延”

这句话与“生活处处皆语文”有着异曲同工的意味。但说实话，刚听说到这句话的时候，我便觉得这是典型的夸张句，是在刻意突出语文与生活的密切联系。然而，随着生活阅历的加深和对语文教学的实践思考，我越来越觉得这一句平实得不能再平实的描述，却道出了语文的内涵，没有丝毫的夸张和做作。我渐渐觉得生活之于语文是生命，是起点和归宿；而语文之于生活是一种文化的空间，一种诗意的存在。那么，语文教学该如何与生活对接呢？我以为重点要关注以下几个方面：

（一）语文课要直面来自生活并终将回归生活的孩子们

忘记了孩子当下的生活和他们即将走入的生活，教育便不成其为教育；语文教学如果不关注孩子当下和未来生活的幸福，那它就是失败的教学。通过语文学习，我们要努力让孩子们爱上方块字，爱上阅读，爱上源远流长的中华文化，让他们做有“根”的人；通过语文学习，我们要让孩子们知道什么是自然，什么是艺术，什么是友爱亲情，什么是民主平等，让他们做有品位的人；通过语文学习，我们更要让他们会听说，会读写，会思考鉴赏，会观察生活，让他们做有能力的人。一个个来自生活造化的可爱的儿童，经由我们的语文课堂，要千方百计地将他们培养成有根、有魂魄、有智慧、有能力、有才干的少年，这是我们教育尤其是我们的语文课堂应有的责任。

（二）语文课要学会利用生活中取之不尽的课程资源

大街上的路牌商标，生活社区里的所见所闻，邻里亲朋间的日常交往，举目可及的山山水水、花花草草以及身边的故事、身边的人，没有不能成为语文学习资源的。我们要鼓励孩子们到生活中去认字，去发现，去交往，去记录，跟生活亲密接触。生活中的一切不仅仅能丰富他们对生活的感受，更能灵敏他们的感官和心灵，从而会极大地提升他们对文字的理解、感悟能力，丰富他们的想象力、表现力。凡此种种，特别需要语文教学有开放的视野，不能只将孩子封闭在小小的课堂里，薄薄的课本里，老师要主动为孩子打开生活的窗子，引导他们走进生活，体验生活，表达生活，最终服务于学生综合素养的全面提升。

（三）语文课要充分彰显“生活着”的情趣和诗意

语文是一种特殊的生存空间，它有着母语的馨香，也有着文化的厚重，更重要的是它有着给人当下的生活以温暖启迪和幸福观照的独特优势。所以，我们的语文课堂要努力地对接生活，彰显生活，服务孩子们成长的需要。其一，在活动中感受“生活”的情趣。用“玩”的方式上课，将他们熟悉的生活情境引入课堂，寓教于乐，这是他们需要的；不“唯分数”，坚持开展综合实践活动，带孩子们走出教室走进生活，让孩子们在实践中学语文，这是他们需要的；不搞“题海”，不只有“作业”，为他们腾出时间去观察生活，享受生活，这也是他们需要的。这样宽松、有情、有趣的教学，才能让学生有机会感受到“生活处处皆语文”。其二，在文本中读出“生活”的诗意。语言文字中所蕴含的令人迷醉的人文特质，其源头就是生活。我们在教学中要引领孩子们用自己的生活体验去感受文本中的生活，用文本中的生活启迪孩子们思考现实的生活。在教师、孩子、文本乃至编者的多维对话中，细细体味生活的五彩斑斓，感受生活的五味杂陈，使孩子们渐渐都能有一颗诗意的、幸福的心去读懂生活，爱上生活。把孩子们培养成为感性的、内心丰富的人，语文有着天然的优势。

二、“兴趣是最好的老师”

都说“兴趣是最好的老师”了，我们还争辩什么呢？如果你不反对这句话的成立，那么，我们作为教师应该先要成为孩子们的“兴趣”，同时更要努力让“兴趣”成为孩子们的老师。

什么叫老师成为孩子们的“兴趣”？简而言之就是孩子“亲其师”——

对老师的举手投足感兴趣，对老师的学识修养能佩服，愿意上这个老师的语文课，愿意在这个老师面前展示自己。他的学习似乎始终在围绕着老师走，因为他喜欢你，在乎你的评价，哪怕是你的一个眼神。怎么做到？需要你全心想着孩子的发展，呵护他们稚嫩的童心，了解他们的需要，和他们交朋友，要把自己的兴趣点放在孩子身上。比如，我们要去认真研究儿童心理，明白儿童是完全的生命体，有着完整的、特定的心理过程，但又是在不断变化，容易受到影响需要格外呵护的一群人；去专心研究教学理论，知道语文教学的前沿理念，知道最新的研究成果，并善于运用，善于反思，使自己的教学渐趋精彩……当孩子们发现你真诚，你有趣，你本领大，你懂他们，你爱他们，你可不就成了他们的偶像，他们最愿意“亲”的“师”？

什么叫“兴趣”成为孩子们的老师？孩子的特点在于他们的随心所欲，他们往往追随着自己的兴趣一往无前，兴趣指向哪儿他们就走向哪儿。这时，兴趣不就像是孩子们心中最富权威的老师吗？那么好吧，去了解孩子们的兴趣所在。他们喜欢听故事，你为什么不讲给他们听或让他们讲给你听？他们喜爱玩游戏，你为什么不把游戏带进你的语文课堂寓教于乐？他们向往大自然，你为什么不削减枯燥的作业给他们亲近大自然、多多实践的时间？他们热爱阅读，你为什么不腾出教学课文的时间让他们痛痛快快地多读点儿课外书？这兴趣就是他们无邪的童心，是他们成长过程中最最需要的、最自然形成的、带有普遍性的一种天赋的动力。你可以说他们的那颗童心是他们最好的老师，但我更要说，那颗童心也应是我们为师者最好的老师。

三、“教是为了达到不需要教”

所有的教育最终都应该指向“自我教育”，这是叶圣陶老先生说“教是为了不需要教”时一定会想到的。帮助孩子形成自主学习的意识和能力，在母语的大环境里爱上语文，会学语文，这是我们无论行走在怎样的理念下都应该努力实现的语文教学目标。那教师的“教”如何达成“不用教”孩子也愿意学、也会学语文的目标呢？

第一，要使孩子在情感态度上达到“不需要教”。说白了，在情感态度上达到不需要教的地步，就是要努力引领孩子喜欢上语文学科。和其他学科相比，让孩子喜欢语文是最容易，也是最难做到的事情。可不是吗？孩子每天都生活在母语的环境里，这是他们最熟悉、最安全、最能快速融入的天空，他们可以听故事、讲故事，可以背古诗、读课文，可以写自己想写的话，可以编织自己的童话，多有意思啊！但如果天天只是写写字，读读课文，只是忙于应付老师的提问和作业，只是为了满足家长的“考出好成绩”的意愿去学习，那么，即便是上帝也会对语文失去兴趣。小学的语文学习，莫非就是听、说、读、写。怎样让原本就会听、会说、会读、会写一点儿的孩子继续喜欢听、说、读、写，语文老师是关键。我们应该从细节做起，让孩子喜欢你的语文课堂。教学中要顺应学生的需要设置富有吸引力的教学情境，营造宽松的学习氛围，运用新颖的教学方法，控制适当的训练强度，等等，让孩子们更多地体会到语文课的轻松愉悦，体会到老师的宽容、期待，体会到自己每天都在进步。无论是听说还是读写，当孩子能时常感受到课堂的趣味，感受到老师的期待和自己的进步时，他们能不喜欢这样的语文课吗？

第二，要在方法能力上帮助学生达到“不需要教”。有了对学习的原初的喜爱或是在老师的引导下乐学语文的情绪，方法能力的训练提升对孩子们继续学习、继续喜欢语文就显得很重要了。毕竟，学生要有方法的掌握和能力的提升这样的基础才能收获成功，而成功是引领孩子走向更大成功的必要条件。我们以“写”（写字和习作表达）为例，会写字、会表达的孩子当然有自信，当然会成为课堂的主角，成为学习的主人，这毋庸置疑。那怎么帮助孩子去掌握“写”的方法，提升“写”的能力呢？如果我们把技能的东西当知识教，那三言两语就说完了，但这样的灌输与能力的提升无关。方法和技能的东西要侧重于创造训练的机会，要让学生自主地“在游泳中学会游泳”。一笔一画地写字，一句话一个标点地运用要让孩子们在不断的实践中自我实现，自我完成，这个道理应该不难理解和接受。学生会在教师的点拨中和自己的实践中掌握“横平竖直”该怎样表现，知道“撇低捺高”该怎样处理，渐渐地，写字你便不必多讲了；学生会在一篇篇、一段段的练笔中用标点表达情感，会把生活写在文字中，此时，写作还用教吗？

四、“读书破万卷，下笔如有神”

这是杜甫在其诗作《奉赠韦左丞丈二十二韵》中的表述。先不管他当时是否有情绪论述读书与写作的关系，但我们都渐渐愿意相信他道出了两者之间的逻辑关系和密切联系。你看，元代程端礼也说“劳于读书，逸于作文”，宋代苏轼则说“退笔如山未足珍，读书万卷始通神”，现代文学巨匠茅盾先生也告诫我们“读了再写，写了再读”，无不生动地描述了阅读与写作的关系。从古至今，谁也不能否认会读书和会写作是学好语文的重要标志。当下很多成功的教学实验也都表明，读书对写作表达，对语文素养的全面提升，有着直接的、必然的影响。我们的教学，应该毫不怀疑地从这两者的关系着手，切切实实地帮助学生“破万卷”。

语文教师先要“破万卷”方可教学生“破万卷”。言传不如身教。教师的“教”应该是先觉的，智慧的。以己昏昏怎能使人昭昭？一个不读书或少读书的教师是无论如何也不能够或不完全能够将孩子引到“破万卷”的道路上的。教师要读专业的书籍，这是在研究学问，修炼好专业才能掌握好方向；教师要读经典的书籍，“腹有诗书气自华”，饱读诗书的教师才知道引导学生读什么、怎么读；教师还要读孩子们爱读的书，那里边藏着儿童的天性，藏着学生的秘密，走进儿童文学的老师离孩子更近，离真教育更近。总而言之，语文教师首先要是读书人，才知道“破万卷”的艰苦和幸福，也才有引领孩子“破万卷”的能力和魅力。

我们更要竭尽全力为学生争取“破万卷”的时间和空间。相比于枯燥的上课、作业、考试，孩子们对读书的兴趣几乎可以说是天赋的。我曾经被那些课下疯狂地游戏而读书课上忘情阅读的孩子们深深打动。当孩子们真的有充分的时间和机会过上一种幸福的阅读生活，不爱上读书几乎是不可能的。可是，孩子们有读书的时间吗？他们的空间里有足够的适合他们读的书吗？这才是问题的关键。为此，我们的语文教学要学会取舍，学会甄别，打造最高效的课堂，把时间留给学生的“海量”阅读；我们的语文课堂要为“课外”阅读保驾护航，一方面要指导“课外”读书方法，另一方面要为孩子们推荐好书，有条件的还应该为班级建立图书架、图书角，营造浓浓的读书氛围。尤其需要提出商讨的是，阅读不要过于“功利”，在孩子读书时总“善意”地给他们提出这样那样的条件，布置这样那样的读书任务，我想这是会给一部分尚未建立浓厚读书兴趣的孩子带去消极影响的，其直接后果可能就是他们不愿意再去读书。这种“捡了芝麻丢了西瓜”的结果不是有违我们的初衷吗?

常识！常识！还有很多很多我们常常说在嘴里，写在论文中的教育箴言，都是教育教学的常识。那里边蕴含着最朴素的教育真理，它们往往与新理念一脉相承，殊途同归。只要我们有着一颗服务孩子发展的心，就算你不刻意迎合那些新理念，循着这些“常识”也同样可以成全学生，成全自己，成全我们的语文教学。

（此文发表于《七彩语文·教师论坛》2014年第8期，收入本书时有改动）

简单的复杂，生本的语文

——以《落花生》第二课时教学为例

语文课从来都不简单。无论是过去强调它的“工具性”“思想性”抑或“文道统一”，还是现阶段将它定位成“学习语言文字运用的综合性、实践性课程”，语文课在整个课程体系中都举足轻重。它承载着学习母语的文化使命，承担着培育“三观”的价值追求，承续着提升素养的课程重任。语文课要想完满地实现育人目标，教师就要专心地研究理念、研究教材、研究教法、研究学习规律。只有读懂新课程、新学生、新环境、新手段，成为教学行家，成为课程专家，语文课才能走出新路，上出实效。

然而，“本位语文”“真语文”“本色语文”等等新时期的教学实践与理论告诉我们，语文课从来不像我们想象得那么复杂。在专家们看来，语文教学的目标就是听、说、读、写能力的提升，而实现这些能力提升的教学方法也无非或应该就是听、说、读、写的具体运用和落实。说得再具体一点，语文课只要解决好“教什么”和“怎么教”的问题，效率和效果就在那里了。让语文回归本真，用语文的方式学语文的内容，按语文的规律做语文的事情，最终就必然能够提升学生的语文素养。

其实，一个“简单”或“复杂”又如何描述得了气象万千的语文课呢？那么，理想中的语文课应该是怎样的呢？这样的课期待用“简单”的目标、内容、方法、路径、手段去实现学生“复杂”的听、说、读、写能力和语文综合素养的提升，在“简单”中成全“复杂”，在简约中成全高效。我校近年来深入研究的语文“生本”课堂，就具有这种在简约中实现高效的禀赋。

一、目标适宜：宁少勿多，宁缺毋滥

教育的最高追求或终极目标是为了成就人。课堂教学当然地指向学生的发展和进步，这是“生本”课堂的要义与旨归。语文课堂如果真正能够从学生发展的角度去设计，那么它应该是以语言为核心，以语文学习活动为主要形式，以提高学生的语言素养为根本目的的教学活动[1]。语言素养——“‘听’‘说’‘读’‘写’四项本领”的提升就是语文学习的核心目标[2]。

我们的教学对象是6至12岁的儿童，他们有着自身特定的心理面貌和认知水平，有着自身独特的学习需求和承受能力，在学习目标的制定上不可太高、太难、太多、太杂。“生本”语文课堂从目标开始就规约教学，为学生“代言”，重点遵循两个原则：

一是宁少勿多。一节课毕竟只有40分钟，刨去学生注意力不够、不能集中的那一段，有效学习的时间并不长。因此，语文教学的目标切忌贪大求全、虚张声势。“生本”课堂赞同“一课一得”的观点，老师要逼着自己去做减法，逼着自己去筛选目标，力求使每一课的目标简化精炼、浓缩聚焦。这样的教学才有可能扎得下去，呈现富有实效的课堂。密切联系第三学段课程目标、悉心研读教材之后，我为《落花生》第二课时教学（下称“《落花生》教学”）设立了这样的目标：

第一，抄写、品读课文关键语段，领悟花生品格，明白做人道理。

第二，研读关键段落，掌握“借物喻人（理）”的描写方法。

第三，学习用一段话写身边的事物，表达从中领悟的道理。

细细审读，其实就是读懂“关键语段”，研习“描写方法”，就是理解和运用。在教学中，我领着学生一起聚焦两个问题——为什么写？怎么写的？这就使目标变得更清晰、简约，学生看得见，够得着，他们甚至可以在学习中自我检测，自我评价。

二是宁缺毋滥。语文“生本”课堂要求写进目标的每一项内容都指向学生的发展，都真正属于“语文”，侧重“语用”；目标与目标之间应该密切联系、自成体系，从而为高效推进“这一节”课的学习形成科学的逻辑起点和教学指引。如果“教”的思考不成熟，“学”的指向不明确，这样的目标宁可不要，否则南辕北辙，耗时耗力，最终会伤害学生学习语文的兴趣和质量。在《落花生》教学中，我抛弃了其他“创造性”的目标，选择上述三个方面，首先因为它们姓“语文”，是在“耕自己的地”；其次，目标之间相互照应，相互借力，层层递进，好落实，好推进。

让目标是“语文”的、清晰的、简约的、可操作的，让教好教，学好学，这是“生本”语文课堂目标制定的基本追求。

二、内容精当：紧扣目标，紧抓教材

“‘教什么’比‘怎么教’更重要”这个观点在教育界几成共识。“生本”语文主张选择精当的教学内容，不弯弯绕绕，不别出心裁，不臃肿，不急躁，为达成目标贡献力量。60年前，郭绳武先生在《初中国文课程标准草案中的几个问题》一文中指出：“任何一篇文章都包含无数的规律，在教学上，绝不能一下子全面地提出问题、解决问题，必须有计划有步骤地，根据学生的学习规律，逐步地适当地提出问题、解决问题。”[3]郭先生的话放在现在的语境中依然合适，“教什么”固然重要，但不能操之过急，要根据学生的学习规律，根据课程标准设定的年段目标，逐步地、适当地去选择、去落实。王荣生先生也说，我们的语文课，如果教学内容能够与语文课程目标一致，能够切合学生的实际需要，并最终有效达成语文课程目标，那么它就是“好课”[4]。实践中，“生本”语文追求不偏离轨道、不故弄玄虚的“好课”，它确定合适的教学内容的过程，实际上就是对照目标、对照教材做取舍、做提炼、做预设的过程。

（一）据目标而定，不枝不蔓

语文课之所以是语文课，是因为教学内容受语文教学目标的制约和指引，是因为教学内容指向教学目标，而不是教师想教什么就教什么、教师能教什么就教什么。具体到“这一节”课来说，我们在选择教什么的时候，绝不能游离之前定下的课时目标随心所欲、胡乱发挥，致目标与内容“两张皮”，致教学变成“无头苍蝇”，不仅效果不保，更会让教学变得复杂难控，徒增烦恼。目标既然已经定好，就要成为教学依循的方向和路径，就要以此去落实听、说、读、写能力的培养和训练。《落花生》教学的内容是完全依据这一课的教学目标而确定的。比如，整节课之所以花了几番工夫研读第十自然段，亦即父亲对我们语重心长地说的那段话，是因为目标一“领悟花生品格，明白做人道理”需要读懂它，目标二“掌握‘借物喻人（理）’的描写方法”需要研究它，目标三“用一段话写身边的事物”需要模仿它。

（二）据教材而定，省心省力

“生本”语文主张教学内容主要来自教材内容，从教材中发掘、筛选教学内容，这样不仅能够保证教学不会偏离主航道，也省去了挖空心思找内容的麻烦和焦虑，使教学变得清明、易控、省心、省力。为此，我们需要修炼一种工夫，就是要能够分得清本体性教学内容和非本体性教学内容，然后做出正确的选择。课文教材编写中已经包含了情感、态度、价值观等方面的非本体性教学内容，我们依据课文进行教学就可以了，无须另行选择，另起炉灶。需要重点关注的是知识、技能、方法等语文本体性教学内容，它们是教学的主要方面，需要我们拨云见日，结合教材的实际情况，从听、说、读、写能力培养的角度来认真选择，狠抓落实[5]。《落花生》的教学内容不是“空降”的，也不是绞尽脑汁创造的，而是在认真研究了教材之后，紧紧抓住教材编写的课后题寻找、确立的。如教材最后编写了“小练笔”，虽然老师们都知道这是读写结合的训练点，但在课堂教学实践中却很容易被忽视或处理失当。在“生本”课堂里，这应该是当堂落实的教学内容。于是我便借助第十自然段“借物喻人（理）”的写法这个现成的文本资源，指导学生发现写法，用心练笔，学生言之有序、言之有物，效果绝不是课外随便写写可以比的。

三、过程简约：以学为主，以教导学

一节好的课，或者说一节好的“家常课”应该是目标简明、结构简单、方法朴实、教师省力、学生卖力的课[6]。我们通常概念中的“家常课”多指向教学过程的“家常”，往往是对课堂不炫技、不花哨、简单、朴实的一种认同。“生本”语文的课堂就是这样，它强调以学为本，学教结合，以学促教，以教导学，追求过程的简约、朴实，特别主张在教师引导之下的学生自学。

语文学习为什么可以是自主、自学的？这关乎汉语、中文学习的本质。汉语和中文的学习过程，基本遵循的是“听说读写悟，语感为文悟，无悟则无文，语文贵文悟”的规律和主张。“语感文悟论”告诉我们，感悟既是汉语、中文学习规律的内化过程，也是汉语、中文应用规律的外化体现。汉语和中文学习主张的“博学”“审问”指向有所感，“慎思”“明辨”“笃行”指向有所悟。实际上就是强调自我学习、自我发展。可以说，学语文的一大特点就是无师自通，语文有着可以放手让学生自主学习的特质[7]。正如叶圣陶先生所说，语言是靠自己学到的。因此，“生本”语文课堂当然应该是自主学习的课堂，是以学为主的课堂。无论是认字写字、阅读理解，还是口语表达、练笔习作，都一定要实实在在地安排学生潜心自学，以使学生能够借助自己已有的经验和认知，通过言语实践，获取新知，收获真正属于自己的认、写、读、说等方面的意义。这种弥足珍贵的自我建构不是教师的“讲”和小伙伴的“帮”能够代替的。教师要做的，就是立足现场，保持倾听的姿态，了解学生的需要，提供必要的组织、帮助、点拨和引领。

《落花生》的教学过程，本质上就是教师引导下的学生自主学习的过程。比如感悟“花生品格”的过程中，我安排学生通过阅读“资料袋”捕捉信息，让学生自己抄写、批注第十自然段并和小伙伴交流，用适合自己的方式自学几句含义深刻的话，以及补充阅读《许地山》等教学环节，所有环节都是学生在自己学、自己悟，教师只是穿针引线，激励导引，他们学得有滋有味，效果自不待言。

四、结构明晰：制约随意，制造可能

课堂结构，是和教学效率紧密相关的一个因素。优化的教学结构将有效制约课堂的随意性，为高效教学制造机会和可能。我们在推进“生本”

语文课堂的研究过程中，不断优化课堂教学结构，形成了“四步七环节”教学框架。图示如下：

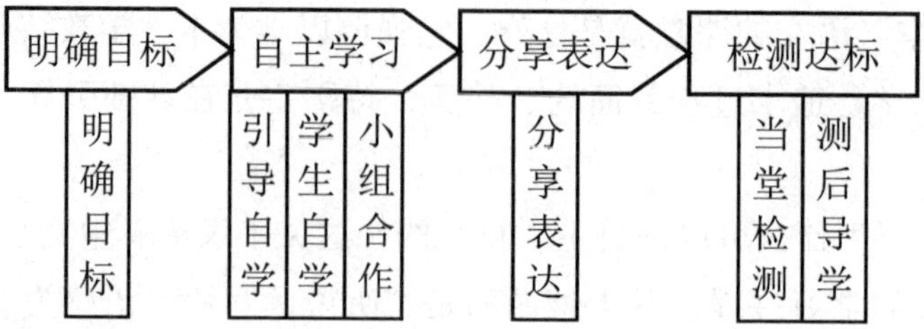

第一步，亦即第一环节：明确目标。

前文已经对目标进行了阐述，这里想强调的一点是，课堂教学不仅需要教师有明确的目标，学生也应该知晓目标甚至参与学习目标的制定，从而帮助学生明确学习方向，强化学习动机。《落花生》教学一开始带领学生明确本节课重点学习“为什么写”“怎么写”这两个问题就是这个意图。

第二步是自主学习，其中有三个环节：引导自学、独立学习、小组合作。

“引导自学”不只是心理动机的激发，还要帮助学生明确自学任务，为他们指引自学的方法和路径。“独立学习”，是那种挪到教师“教”之前的“学”，是“先学”，是进行自主建构的听、说、读、写实践。“小组合作”一定是在独立学习之后的合作，不仅可以缓解教师难以顾及每一个孩子的尴尬，更可以通过同伴之间的相互启发，互相帮助，使辅导者在辅导中获得“教”的体验和方法，进而促进学；使被辅导者获得“教”的“一对一”甚至“几对一”的关注，学习质量自会得以保证，同时也必将因为这样的关注和成功的体验而不断增强学习的自信。当然，也不是每个教学内容都必须有“小组合作”，要视学习内容的难易程度来确定合作的必要性。《落花生》教学在品读课文关键段落和语句的时候三个环节都有，其他教学内容则没有安排“小组合作”。

第三步为分享表达，同时也是第五环节。

经过前面的自学、合作，为学生创造一次分享表达的机会，不仅仅是汇报答案，更是指向学生语言表达水平和思维水平的提升。分享表达，可以面向小组，也可以面向全班。这个环节的设置是为了在课堂形成“交际”，是为了让学生通过分享表达自己的学习收获或是困惑，以此来历练胆量，淳化态度，借助“知识”促进“能力”。在《落花生》中，我先后安排了多次分享表达，对学会、会学意义深远。

第四步是检测达标，主要有当堂检测和测后导学两个环节。

教学“是否到了那里”需要评价、检测。“生本”课堂坚持当堂检测，反对将检测放到课后，变成家庭作业。课堂练习家庭化，不仅会增加学生课业负担，还会影响学习效果。在当堂检测的基础上了解学的情况，精讲释疑，适度点拨，进行测后导学，会让教学变得更加扎实。比如，在《落花生》教学中让学生进行练笔并汇报交流，就是为了检测学生是否学会了“借物喻人（理）”，而我和学生的互动及生生之间的评价，就是“测后导学”的具体落实。

简单的复杂，是“生本”语文教学的姿态，它更应该成为当前语文课堂向前推进的一种哲学，一种理念，一种境界。

参考文献：

［1］黄厚江.语文的原点——本色语文的主张与实践［M］.南京：江苏教育出版社，2011：7.

［2］叶圣陶.叶圣陶教育文集（第三卷）摘录［J］.语文建设，2014（12）：卷首.

［3］韩雪屏.教给学生新的言语方式［J］.语文建设，2014（4）：10.

［4］王荣生，等.语文教学内容重构［M］.上海：上海教育出版社，2007：91-95.

［5］吴忠豪.语文本体性教学内容研究［J］.语文建设，2014（12）：18.

［6］黄厚江.语文的原点——本色语文的主张与实践［M］.南京：江苏教育出版社，2011：12.

［7］戴汝潜.字本位与语文课程教学［M］.济南：山东教育出版社，2010：64.

（此文发表于《小学语文教学》2015年第7期，收入本书时有改动）

后　记

过去只是读书，未曾想过有自己的书；而今读着自己的书，却又抑制不住地想到自己曾经读过的书。过去我总觉得书是那些会写书该写书的人写的，与我们这些读书人无关；而今却不知从何时起，觉得自己也可以是写书的人，却不只是为了满足别人的读书。这是一本写给我自己的书，也是写给无数追梦人的书；书的故事是我的，思考是我的，但可能也在写大家的故事与思考。写成这本书，我用了一年多的时间，但我并不孤独；写成这本书，我更是倾注了二十多载青春芳华，却仍感觉肤浅。

这是一本被“逼”出来的书。我要感谢阮成武教授，感谢周兴国教授。他们给我机会和任务，给我具体的指导和帮助。他们给了我莫大的肯定与信任，让我搭载“江淮名师成长之路”丛书完成我的处女作。2016年策划启动，2017年年底提交初稿，2018年完善，这本书催我沉静，使我的生活陡增色彩与动力。撰写它的过程，实际上也是我系统思考“教育与人”“成长逻辑”的过程，更是我剖析自己、看清自己、发现规律的过程——它几乎是我完成一次“深造”的刻骨铭心之旅。我还要感谢一直鼓励、鞭策着我的郁培林校长、窦桂梅老师，感谢关注我新书上架的每一位朋友。他们给我不断灌注能量，让我确信此行的真实与意义。这些或当面或隐形的赞赏，是我在无数个漫漫长夜冥想时的灯光，是推着我以他们为镜，不断照见自我的温暖手掌。我急着完成它，居然有一部分原因是为了让书中的我早早与他们见面。

这也是一本真正“走”出来的书。父母很早就告诉我：吃得苦中苦，方为人上人；好好读书，才有出息。于是，七岁上学，耳畔总响着父母“要有出息”的叮咛。上师范，做老师，这个决定由父亲一锤定音——尽管他是一位商人。就这样，一走就是二十多年，直奔“有出息”的目标向前。当这个写作任务确定的时候，我不担心自己走过的路，没底的是能不能把

“行走”敲成一本书。在专家的启发下，我梳理着职业人生的每一个阶段，思考着每一个阶段经历的事，遇到的人，沉淀的感悟，竟也发现每一步其实都气象万千。师范是为师的“开蒙”，让我坚定了走这条路的信念；职业初期是“原始积累”，为后期的笃定和更多的追求夯实基础；课改、课堂帮我扎实根基，在“立人”“达人”的实践中立己、达己；读写给我增添翅膀，为我搏击教育的长空找到支点；儿童是我恒久的力量，一路帮助我认识自己，不致迷失、走散；环境恩赐我无限给养，催我上进，教我做人，让我开阔、敞亮；书的最后我还煞有介事地加入了“文字见证”，其实，不如说它是另一种行走，或是边走边看的回响。

我知道，因为才疏学浅，还不能很好地驾驭“成长”这个宏大的话题，唯求故事真实，感悟坦诚，方能回报我生命中关注、关心我的人。我知道，所有愿意捧起这本书并浏览三两文字的人，都是命定的有缘人。我只希望它多少能给您带去些许光明、温暖的东西，从而笃信：心向对了，只要出发，总有到达的希望。

书已经成书，但路还在脚下。我会以此为新的起点，为我钟爱的事业，为儿童，为同伴，为家人，为自己，“撑一支长篙，向青草更青处漫溯”……

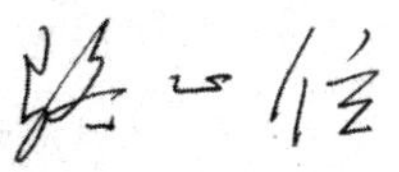

二〇一八年七月二十日